3

最新 社会福祉士養成講座

一般社団法人 日本ソーシャルワーク教育学校連盟　編集

児童・家庭福祉

中央法規

刊行にあたって

　このたび、新カリキュラムに対応した社会福祉士と精神保健福祉士養成の教科書シリーズ（以下、本養成講座）を一般社団法人日本ソーシャルワーク教育学校連盟の編集により刊行することになりました。本養成講座は、社会福祉士・精神保健福祉士共通科目13巻、社会福祉士専門科目8巻、精神保健福祉士専門科目8巻の合計29巻で構成されています。

　社会福祉士の資格制度は、1987（昭和62）年に制定された社会福祉士及び介護福祉士法により創設されました。後に、精神保健福祉士法が制定され、精神保健福祉士の資格制度が1997（平成9）年に創設されました。それから今日までの間に両資格のカリキュラムは2度の改正が行われました。本養成講座は、2019（令和元）年度の両資格のカリキュラム改正に伴い、刊行するものです。

　新カリキュラム改正のねらいは、地域共生社会の実現に向けて、複合化・複雑化した課題を受けとめる包括的な相談支援を実施し、地域住民等が主体的に地域課題を解決していくよう支援できるソーシャルワーカーを養成することにあります。地域共生社会とは支援する者と支援される者が一体となり、誰もが役割をもって生活していくことができる社会です。こうした社会を創り上げる担い手として、社会福祉士や精神保健福祉士が期待されています。

　そのため、本養成講座の制作にあたって、❶ソーシャルワーカーとしてアセスメントから支援計画、モニタリングに至るPDCAサイクルに基づく支援ができる人材の養成、❷個別支援と地域支援を一体的に対応でき、児童、障害者、高齢者等のさまざまな分野を横断して包括的に支援のできる人材の養成、❸「講義―演習―実習」の学習循環をつくることで、実践現場に密着した人材養成をする、を目的にしています。

　社会福祉士および精神保健福祉士になるためには、ソーシャルワークに必要な五つの科目群について学ぶことが必要です。具体的には、①社会福祉の原理・基盤・政策を理解する科目、②複合化・複雑化した福祉課題と包括的な支援を理解する科目、③人・環境・社会とその関係を理解する科目、④ソーシャルワークの基盤・理論・方法を理解する科目、⑤ソーシャルワークの方法と実践を理解する科目です。それぞれの科目群の関係性と全体像は、次頁の図のとおりです。

　これらの科目を本養成講座で学ぶことにより、すべての学生がソーシャルワークの基盤を修得し、社会福祉士ならびに精神保健福祉士の国家資格を取得し、さまざまな領域でソーシャルワーカーとして活躍され、ソーシャルワーカーに対する社会的評価を高めてくれることを願っています。

社会福祉士養成教科書の全体像

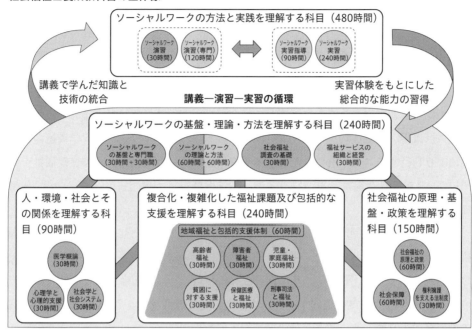

出典：厚生労働省「（別添）見直し後の社会福祉士養成課程の全体像」（https://www.mhlw.go.jp/content/000604998.pdf）
より本連盟が改編

精神保健福祉士養成教科書の全体像

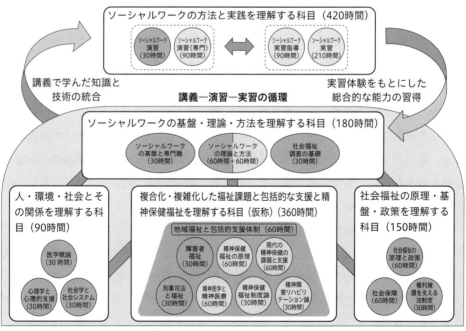

出典：厚生労働省「（別添）見直し後の社会福祉士養成課程の全体像」を参考に本連盟が作成

2020（令和2）年12月1日

一般社団法人日本ソーシャルワーク教育学校連盟
会長　白澤政和

はじめに

　日本には、ソーシャルワーク専門職であることを名乗れる二つの国家資格がある。社会福祉士と精神保健福祉士は、歴史的経緯から二つとなっているが、私たちはともに、「人権の尊重」「社会正義の実現」「多様性の尊重」「集団への責任」などの思想と価値を共有し、人々が直面する生活課題の原因を個人責任のみに帰するのではなく、当事者とともにいて、伴走し、その人の暮らしと人生がよりよいものになるように、あらゆる働きかけを行う。そのために学び、多くの人や機関とつながり、そこで得たすべてを用いて、一人ひとりがかけがえのない存在として大切にされる「社会」を築く。

　私たちは、ポストコロナの時代を生きる。今までどおりには行かない。明日を見通せない不安におののく。しかし、絶望することはない。このような時代だからこそ歴史を踏まえて現在と未来を思考することが大切である。

　100年前にも、格差が広がり、スペイン風邪が流行り、大地震が発生した。残念ながらその後の日本は、民主主義を手放し、全体主義に進み、多くの人々、特に多くの子どもたちの命とつながりを奪った。

　しかし、同じ失敗を再び繰り返すことさえしなければ、すなわち、自由と民主主義と平和を守り抜き、自らの誠実を深め、互いへの信頼を捨てることをしなければ、一人ひとりの幸福も社会の安定も実現できるはずだ。魅力的な地域をつくることと国と国を越えた豊かな交流をもつことは同時に手に入れられる。そのような未来を築くことは、私たちの子どもたちへの責任である。

　さて、本巻で特に留意したことをお伝えしたい。

　この数年、特に児童虐待への対応において、既存の二つの国家資格では、取り扱われている内容が足りないとの批判があった。具体的には、子どもの発達、子どもの声を聴き代弁すること、子どもと家族の両方を的確にアセスメントすること、他機関との連携において特有の事情や専門知識が必要なことなどについて十分ではないと指摘された。私たちは、いただいたこれらの指摘に真摯に耳を傾け、何より子どもたちから選ばれるような専門職となることが必要である。

　私たちは、すべてのソーシャルワークに共通するものを確実に身につけ、かつ、各領域に求められる専門性を深めなければならない。そして、さらに視野を拡げて、ニーズを満たす領域を超えた包括的な支援を、さまざまな人々や機関と力を合わせて効果的に展開する必要がある。

そのためにも、私たちは、本巻を学問的であると同時に、実践的なものにしようと努めた。

　まずは、子どもの権利や子ども家庭福祉の概念、子どもについての基本的な事項等を確認した。次に、この領域の歴史を振り返り、その発展過程をたどった。そして、制度政策やそれが実際に運用される今日の社会状況について理解できるようにした。

　続けて、これらの基盤の上に立って、非常に幅が広い子ども家庭福祉のさまざまな実践領域において知るべき内容や動向を概観した。

　さらに、この巻を、より実践的なものとするために、それまでの章で取り上げた内容を、いま一度、事例を用いて論じ直す第6章を置いた。同章は、それまでの章に基づく講義や学習の際に参照していただくという使用例のほか、演習教材として別に用いるという使い方も想定した。

　ただし、全体を通じて、欲張るだけでは、紙幅が増えすぎる。そうなれば学ぶ側にとっても負担になる。本巻では、「単純に知識量を増やすより、ソーシャルワーカーの基本姿勢を形成することに役立つかどうか」「各自が自分で調べて情報を得ることに譲る」ことを前提とした。

　あらためて振り返り、さまざまな無理を筆者の先生方に押しつけ、難題に対応していただくことを強いてしまった。心から深くお詫びを申し上げる。

　最後に、願っていることを二つ記しておこう。一つは、このテキストが子どもたちの幸福の実現とそれに取り組む実践者たちの力量の向上に資することである。もう一つは、このテキストに記された内容そのものが「発信」となって、一人ひとりの子どもとその家族の「生きる」権利を保障する社会づくりに役立つことである。

　大きな願いだからこそ、実現のための努力を重ね続けることにしたい。

　　　　　　　　　　　　　　　　　　　　　　　　　　　　　編集委員一同

目次

第3章　子ども家庭を取り巻く現代社会

第4章　子ども家庭福祉の支援の基盤

第 5 章　子どもの福祉課題と支援

第 6 章　子ども家庭福祉の ソーシャルワーク実践

本書では学習の便宜を図ることを目的として、以下の項目を設けました。

・学習のポイント……各節で学習するポイントを示しています。

・重要語句…………学習上、特に重要と思われる語句を色文字で示しています。

・用語解説…………専門用語や難解な用語・語句等に★を付けて側注で解説しています。

・補足説明…………本文の記述に補足が必要な箇所にローマ数字（ⅰ、ⅱ、…）を付けて脚注で説明しています。

・Active Learning……学生の主体的な学び、対話的な学び、深い学びを促進することを目的に設けています。学習内容の次のステップとして活用できます。

第1章

子ども家庭福祉とは
何か

　子ども家庭福祉の根幹には、人権と社会正義の尊重がな
ければならない。しかし、子どもの監護・教育の必要性に
目が奪われ、しばしば子どもの権利保障は不完全なものと
なりがちである。ソーシャルワーカーは、子どもの権利の
特徴や内容を深く理解し、子どもの尊厳を守る社会形成に
向けた実践を展開することが求められる。

　本章では、第1節で児童の権利に関する条約の概略と併
せて、その根底にある子ども観について学習する。第2節
では、一人ひとりの子どもが固有の生命を有し、発達して
いく存在であることについて理解を深める。第3節では、
子どもの権利保障における家庭や地域の重要性を確認し、
最後の第4節では、本章のまとめとして、ウェルビーイン
グを指向した子ども家庭福祉の全体像を把握する。

1 人権思想の広がり

現代日本において、一切の自由を奪われた状態におかれることを容認する人は、おそらくいないであろう。しかし、人類の長い歴史をみると、権力のある者が、人々の自由や財産、ときには生命までも奪うことは珍しいことではなかった。

近代になると、理性的に物事を捉えることを強調した啓蒙思想が広がり、上下関係を重視する封建的な発想を不合理だとして批判する人たちが現れた。そこから、生命や自由は一人ひとりにかけがえのないものとして備わっている人権であって、誰かに差し出したり、誰かから奪われたりすることは本質的にできないもの——人が人として生きることを可能にしているものだという思想が形づくられていった。そして、一人ひとりの生命や自由、財産をいかにして権力者から干渉されないよう保障していくかが、近代的な国家の形成と運営にあたって重要なテーマとなっていったのである。

その後、資本主義が発達して人々の貧富の差が拡大すると、国家が人々の社会権を保障することについても重視されるようになった。そのなかで、社会福祉を含むソーシャルサービスが発達し、各種サービスを活用しながら各自が自分らしい人生（＝自己実現の道）を歩めるようにすることへの支援が行われるようになっていった。人権と自己実現が保障され、身体面・精神面・社会面のすべてにおいて良好な状態にあることをウェルビーイングというが、この言葉は子ども家庭福祉のあり方を考え

★社会権
人が社会のなかで生きていくための基盤を確保するよう、国家に対して要求をすることのできるもの。教育を受ける権利、勤労の権利と並び、社会福祉とも深く関連する生存権（日本国憲法でいう「健康で文化的な最低限度の生活を営む権利」）も社会権に含まれる。

---

i 啓蒙思想が本当に「理性的」といえるのか、昔から共同体のなかで伝承されてきたもの、スピリチュアルなものを「非理性的」とみなしてよいのかについては批判的な見解がある。

るうえでも非常によく言及されている（本章第4節参照）。

2 子どもに特化して権利を考える必要性

まず、以下の場面で、あなたならどういう対応をするか考えてほしい。

ビネット

　子ども*の入所型施設で実習中のこと。幼児のAとBがおもちゃの取りあいを始めた。お互いにおもちゃで遊びたいという欲求がエスカレートしていくなか、AがBの顔をパチンとたたいた。Bは一瞬凍りついたように静止したが、次の瞬間、大声で泣き始めるやいなや、Aにつかみかかっていった。

　子どもは生産手段をもたないため、経済的な自立ができない。そのため、親ないしそれに代わる人物に経済的に依存し、同時に、心理的・社会的にも配慮された生活を送ることで、子どもは徐々に自立をする力を蓄えていく。その意味で、子どもには適切な監護（保護・監督）が必要不可欠である。特に年齢が低い子どもは、要監護性が高いため、かかわる大人（保護者*）は、子どもを自分の視野におき、保護された状態を保たなければならない。

　また、監護と同時に教育的な働きかけも行われる。ここは入所型施設なので、カリキュラムに基づいて展開される学校教育とは異なり、日常的な場で保護者により行われるものであって、子どもの基本的な生活習慣・能力を獲得できるような働きかけ（＝しつけ）を指していると考えてよい。ビネットに即していえば、AとBそれぞれがどのようにそれぞれの欲求を尊重していくのかを年齢や能力に即して学んでいく機会を創出することが求められる。

★子ども
「子ども」を表す用語や定義は多様である。法令ごとにその確認をしていくことが必要といえる。なお児童福祉法では、「満18歳に満たない者」を「児童」と称し、「乳児」（満1歳に満たない者）、「幼児」（満1歳から、小学校就学の始期に達するまでの者）、「少年」（小学校就学の始期から、満18歳に達するまでの者）という3区分に分けている。

★保護者
児童福祉法第6条に基づき、「親権を行う者、未成年後見人その他の者で、児童を現に監護する者」と定義される。親権者であっても、子どもを監護していなければ、保護者とはみなされない。現に監護をしている祖父母や里親、児童福祉施設長は保護者とみなされる。

---

ii 特に、現代社会における包括的な人権保障の歴史的経緯を振り返るとき、「すべての人民とすべての国とが達成すべき共通の基準」として1948年に国連総会で採択された世界人権宣言、そしてそれをさらに具体化し、1966年に国連総会で採択された国際人権規約、このなかの「経済的、社会的及び文化的権利に関する国際規約」（社会権規約：国際人権A規約）と「市民的及び政治的権利に関する国際規約」（自由権規約：国際人権B規約）がしばしば言及される。

iii 親子関係について法的に規定した民法では、「成年に達しない子は、父母の親権に服する」「親権を行う者は、子の利益のために子の監護及び教育をする権利を有し、義務を負う」と規定されている。すなわち、親権者は子の利益保障にかなう範囲であれば、子どもを自由に監護・教育できることが定められている。

ここで注意をしてほしいのは、監護にしても教育にしても、働きかける主体は大人であるということである。監護・教育自体は必要不可欠なものであるが、かかわる大人の意識や態度によっては、無条件に保障されるべき子どもの権利が不必要に制約されるリスクが生じる。

そこで重要になるのが、「子どもの最善の利益保障」という観点である。大人が子どもの監護・教育を不可避的に行うことになるからこそ、子どもの権利保障にあたっては、本当に大人による働きかけが子どもの利益にかなうものであるかを、子どもにかかわるすべての活動とかかわって考慮することが重要となるのである。

とはいえ、このビネット一つとってみても、何をすれば子どもの最善の利益を保障したことになるのか、簡単に答えが出るものではない。だからこそ、「子どもの最善の利益を保障するために、どういうポイントがあるだろうか」ということについて考える前提として、児童の権利に関する条約（子どもの権利条約）の読み込みが重要である（**図 1-1**）。そこに記されている権利はどれも、保障されることが望ましいものではなく、保障されなければならない。そのことを心にとどめ、個々の条文に目を通しておいてほしい。

★児童の権利に関する条約（Convention on the Rights of the Child）
児童の権利に関する宣言採択の 30 周年に当たる 1989 年に国連総会で採択された、54 条からなる国際条約。日本政府は 1994（平成 6）年に批准。批准国は、国際的に組織された児童の権利に関する委員会から、定期的に条約を遵守しているかチェックを受ける。子どもの権利条約と訳されることも多い。

3 ▶ 児童の権利に関する条約に通底する子ども観

児童の権利に関する条約の最も画期的な点は、これまであまり自覚的に取り上げられてこなかった参加の権利を認めたところにある。以下は、この点に関して特に言及されることの多い意見表明権（第 12 条）の

---

iv 権利（rights）には 2 種類のものがある。一つは権利行使にあたって責任が伴うもの。もう一つは、すべての人が等しく享有するもの。後者を人権（human rights）という。子どもの権利は、「人の」を意味する 'human' の部分が 'children's' に置き換わったものであり、すべての子どもたちに無条件で保障されるものである。なお、責任を伴わないとはいえ、他者の人権を侵害するような行為は認められない。

v 国家がこの観点を重視すべきことを明記したものとして、1924 年に国連総会で採択された、児童の権利に関するジュネーブ宣言（Geneva Declaration of the Rights of the Child of 1924）がある。この宣言のなかに「人類が児童に対して最善のものを与えるべき義務を負うことを認め」との表現が登場する。この表現は、1959 年に国連総会で採択された、児童の権利に関する宣言（Declaration of the Rights of the Child）にも引き継がれ、子どもの権利保障に欠かせない観点として定着した。

vi 政府訳では、条約名を含めて 'child' をすべて児童と訳している。しかし、「児童」が措置対象を表す用語として使用されてきた経緯が長く、権利主体という意味あいを込めて使用されているとは言いがたいとの見解のもと、「子ども」という表記を用いることが珍しくない。

図1-1 児童の権利に関する条約の骨子と主たる内容

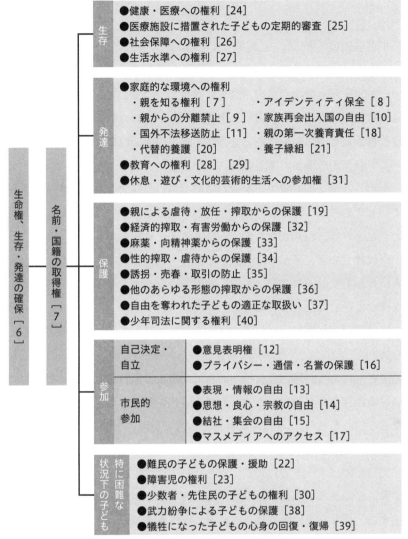

生命権、生存・発達の確保 [6]

名前・国籍の取得権 [7]

生存
- ●健康・医療への権利 [24]
- ●医療施設に措置された子どもの定期的審査 [25]
- ●社会保障への権利 [26]
- ●生活水準への権利 [27]

発達
- ●家庭的な環境への権利
  - ・親を知る権利 [7] ・アイデンティティ保全 [8]
  - ・親からの分離禁止 [9] ・家族再会出入国の自由 [10]
  - ・国外不法移送防止 [11] ・親の第一次養育責任 [18]
  - ・代替的養護 [20] ・養子縁組 [21]
- ●教育への権利 [28] [29]
- ●休息・遊び・文化的芸術的生活への参加権 [31]

保護
- ●親による虐待・放任・搾取からの保護 [19]
- ●経済的搾取・有害労働からの保護 [32]
- ●麻薬・向精神薬からの保護 [33]
- ●性的搾取・虐待からの保護 [34]
- ●誘拐・売春・取引の防止 [35]
- ●他のあらゆる形態の搾取からの保護 [36]
- ●自由を奪われた子どもの適正な取扱い [37]
- ●少年司法に関する権利 [40]

参加

自己決定・自立
- ●意見表明権 [12]
- ●プライバシー・通信・名誉の保護 [16]

市民的参加
- ●表現・情報の自由 [13]
- ●思想・良心・宗教の自由 [14]
- ●結社・集会の自由 [15]
- ●マスメディアへのアクセス [17]

特に困難な状況下の子ども
- ●難民の子どもの保護・援助 [22]
- ●障害児の権利 [23]
- ●少数者・先住民の子どもの権利 [30]
- ●武力紛争による子どもの保護 [38]
- ●犠牲になった子どもの心身の回復・復帰 [39]

注：[ ]の中の数字は条文番号を指す。(喜多明人作成)
出典：市川昭午・永井憲一監『子どもの人権大辞典』エムティ出版，p. 322，1997.

条文である。

児童の権利に関する条約 第12条

1 締約国は、自己の意見を形成する能力のある児童がその児童に影響を及ぼすすべての事項について自由に自己の意見を表明する権利を確保する。この場合において、児童の意見は、その児童の年齢及び成熟度に従って相応に考慮されるものとする。

2 このため、児童は、特に、自己に影響を及ぼすあらゆる司法上及び行政上の手続において、国内法の手続規則に合致する方法により直接

に又は代理人若しくは適当な団体を通じて聴取される機会を与えられ
　　る。

　子ども期は、身体的・心理的・社会的に自立をしていく時期であって、
大人による監護・教育を必要とする。このことは、大人の意識や態度に
よって、子どもの権利侵害が容易に発生しかねないことを意味する。大
人の意識や態度だけで一方的に最善の利益が決められてしまわないよう
な仕掛けとして、自分に影響を及ぼす意思決定過程に子どもが関与し、
そこで意見が尊重されるということが重要になる。

　ただし、子どもの意見表明権が実際に当たり前のものとして保障され
ていくためには、法的な枠組みが変わるだけでは意味がない。変革が求
められるのは、わたしたちのなかにある子ども観である。

　現代社会では、子どもは大人から監護・教育される存在であって、大
人に対して受動的な立場にある。別の言い方をすると、大人の言うこと
を聞かなければならない存在として理解されていることが多い。子ども
の意見表明権が実質化されるには、こうした子ども観を相対化するとと
もに、「子どもは大人とは異なる独立した人格をもっており、一人ひとり
の子どもにあった適切な支援があれば、自らの権利を認識し、行使して
いける存在なのだ」という子ども観を並列させていくようにしなければ
ならない。もちろん、子どもの年齢や障害の有無、文化的背景の相違等々
にかかわらず、その子ども観は保持されるべきものである。

　先ほどのビネットでいえば、AとBをトラブルから引き離すことだけ
に関心が向き、また人をたたいてはいけないという教育的メッセージを
出すことばかりが重視され、それぞれが何を必要としているのか、どう
したらよかったのかを子どもと一緒に考えること（子どもの当事者性へ
の対応）を軽視していないかについて、あらためて自分の考えを吟味す
ることが必要となる。

　なお、子ども家庭福祉の法制度には、子どもの権利侵害が起きないよ
う、さまざまな工夫が取り入れられている。これからソーシャルワー
カーになることを目指す諸氏は、権利保障の仕組みについて少しずつ知
識を増やすと同時に、本書でも解説されるアドボカシーの意義と方法に
ついて学びを深めていってほしい。

Active Learning

子どもの権利を大事
にしたかかわりとは
どのようなものか、
具体的なモデルを探
しながら考えてみま
しょう。

4 ▶ 子どもの権利が守られないとき

　精神保健福祉士であり、また薬物依存当事者でもある上岡陽江は、仲間たちと人権をテーマにしたグループ・ミーティングを重ねるなかで、自分たちにとっての人権が「ついたり消えたりするもの」でしかないことを見出している。

　上岡たちは、自分たちが大事にされたり、自分を大事にしたりすることが当たり前の子ども時代を過ごしてこなかった。そうした生活を送っていると、自分は大事にされてよいのだという感覚をもつことそのものが非日常的になってしまう。自己を肯定的に捉える感覚がもてないと、つらい子ども時代を抜け出して自立しようとするときに、社会のなかで包摂されている人たちと同じような生活（＝人権という灯が常に確認できる生活）を送ってよいのか、どうにも確信がもてず、「自分なんかが助けてもらえるはずはない」「どうせ搾取される」「誰かを信じることが難しい」という気持ちにさいなまれるという。そして、そうした気持ちから逃れるために、薬物摂取であったり自傷・他害という行動をとったりしているのではないかと当事者研究を進めている。

　社会福祉の世界に身をおくと、上岡のように、いわゆる受援力^{vii}がうまく発揮できない人たちの物語を少なからず聴く。そのようなとき、その人たちが子ども時代に人権という灯に照らされてきたのか、別の言い方をすれば、「あなたたちは大事にされるべき存在なのだよ」というメッセージを受け取ってきたのかを考えてみるとよい。そうやって思考することが、ソーシャルワーカーの基本姿勢を形づくることになるのである。

Active Learning

児童の権利に関する条約から自分が興味をもてそうな条文を取り上げ、それぞれについて日本の現状がどのようになっているのか調べてみましょう。

◇参考文献
・上岡陽江＋ダルク女性ハウス『生きのびるための犯罪』イースト・プレス，2012.
・市川昭午・永井憲一監『子どもの人権大辞典』エムティ出版，1997.
・木村草太「子どもの権利──理論と体系」木村草太編『子どもの人権を守るために』晶文社，2018.
・永井憲一・寺脇隆夫・喜多明人・荒牧重人編『新解説 子どもの権利条約』日本評論社，2000.
・森田ゆり『エンパワメントと人権 こころの力のみなもとへ』解放出版社，1998.

---

vii 受援力とは支援を受ける力のことである。もともとは、地域の防災力を高めるために、地域が防災ボランティアについてよく理解し、支援をうまく受ける力を高めておくことが重要であることに鑑みてつくられた造語で、その後、防災活動に限らず、つらいのに頼れない人たちのことを理解するための概念として、広く使われるようになった。

子どもの生命と発達

学習のポイント

● 生命の固有性を尊重する社会づくりへと意識を向ける

● 子どもの発達と環境的要因を結びつけて考えられるようにする

● 子どもの社会権保障の基盤として、出生のときから氏名と国籍が保障されるべきことを理解する

 生命に対する固有の権利

　前節の児童の権利に関する条約の構成図（図1-1　p.5）では、生存・発達・保護・参加という権利の4区分を包括する位置に、第6条、第7条に規定される、生命・生存・発達の確保、そして名前・国籍の取得権が記されている。これらの権利は、子どもがさまざまな権利行使をしていく基礎であって扇の要のような役割をしているものと理解できる。

　このことを念頭におきながら、まず、児童の権利に関する条約の第6条をみてみよう。

児童の権利に関する条約　第6条

1　締約国は、すべての児童が生命に対する固有の権利を有することを認める。

2　締約国は、児童の生存及び発達を可能な最大限の範囲において確保する。

　子どもに限らず、生命は一人ひとりに固有のものとして備わっており、世界に二つとないものである。そこにある生命の力を用いて、わたしたちはかけがえのない人生を歩み、自己実現を図ろうとする。このように考えると、生命権の保障は、個の尊重——自分が心理的・社会的にも良

---

i　生命がいつから始まるかについては、特に明確にされていない。これは、国によって考え方が大きく異なり、意見の一致をみる段階にはないという事情による。ただし、児童の権利に関する条約の前文では「出生の前後において、適当な法的保護を含む特別な保護及び世話を必要とする」ことに留意するとされていることに注目したい。このことは妊娠期から胎児の生命が守られ、生存・発達していくためのケアを提供していくことの重要性を示唆している。

好な状態が保たれるよう大事にされている、あるいは大事にされるべきであると思えることに通じているといえる。

　また、そのようなことが確保されるため、国家は、子どもおよび子どもの親や家族の人種、皮膚の色、性、言語、宗教、政治的意見その他の意見、国民的、民族的もしくは社会的出身、財産、障害、出生またはその他の地位にかかわらず、いかなる種類の差別も行われないようにしなければならない。「障害があるから仕方がない」「お金がないから仕方がない」といったことにより、児童の権利に関する条約に定められていることが保障されないなどということは、あってはならないのである。

　このように生命の尊重は、物理的な意味で生命が奪われないということにとどまらず、一人ひとりの健やかな発達の保障と結びつくものである。そのため、単純に皆に対して平等に対応をすることだけでなく、障害や経済的剥奪等、社会的不利の程度に応じて、心理的・社会的に良好な状態が保たれるように個別に配慮をすること（＝公正な対応）が重要となる。

2　子どもの生存・発達

　生命のもつ力に生存のための諸条件が整えられることで、生命のもつ力が花開いていく。このプロセスのことを、発達という言葉で表すことが一般的である。最近では、「子育ち」という言い方をすることも珍しくない。

　発達権を保障していくためには、大人と比べて変化のスピードが速い子どもの発達ニーズを的確に踏まえ、そのニーズを充足するようなかかわりや環境を用意することが重要となる。発達には臨界期があることもわかっており、その期間に適切な環境が用意されることが望まれる。

　子どもの発達については、実にさまざまな研究がなされてきたが、大

妊婦検診を受けず一人で自宅等で出産するリスクや背景について、母の立場、子の立場で考えてみましょう。

★臨界期
敏感期ともいう。子どものなかに眠っている機能が最もよく具現化する時期を指す。たとえば、言葉の学習の臨界期は9歳までとされ、9歳まで人間社会から切り離されて育った子どもの言語能力は、その後訓練を施しても十分には伸びないといわれている。

---

ii　子育ちは、子どもが主体的に育つ力に注目した用語で、保護者による子育てと対比的に使用される。発達は、認知・情動・行動といった心理的な側面に注目して使用されることが一般的である。発達に加えて身体的な成長を加味して育ちを理解する場合には、発育あるいは成育という用語が使われる。

iii　子どもと大人を分けるものとして、「自立」が挙げられる。これを踏まえると、子どもとは、身体的・心理的・社会的に自立しようとする存在と定義できる。なお、児童福祉法では、子どものことを「児童」といい、18歳未満の者と定義されるが、法令によって呼び方も定義も異なる。また、時代や社会によって異なるものであり、その時々で共有されている子ども観が、子どもの定義には大きくかかわっている。

きくは、❶哺乳・摂食、基本的な身体的活動、感覚遊びなどを行う時期である乳児期、❷言葉の獲得、対人関係の形成、目的やルールのある遊びなどを行う幼児期、❸集団での活動、課題の達成などを行う学童期、❹他者との出会い、自己概念の形成、自己実現への関心などが課題となる思春期・青年期に分けられる。詳しくは、個人の発達について多くの知見を積み重ねてきた心理学や医学関連の教科目で学びを深めてほしい。子どもの定型的な発達がどのようなものであり、だいたいどのくらいの時期に発達の変わり目があるのか理解していれば、次のビネットに出てくる放課後児童支援員が、子どもの収集癖を異常と即断せず、年齢相応のものである可能性を視野に入れて対応したことも納得できるものとなろう。

> ▌ビネット
>
> 放課後児童クラブのお迎えのとき、干乾しになったカエル数匹が子どもの部屋にあったという心配事が、ある保護者から話された。放課後児童支援員は、保護者がびっくりした気持ちに共感しながら、学童期の子どもはだんだんと外の世界に関心が向いて、興味関心のわいたものを拾って集め始めたりすることはよくあることなので、そうしたくなった子どもの気持ちも聴いてみてはどうかと伝えた。

このように子どもの一般的な発達ニーズについて知っておくことは、子ども理解の基本といってよいものであるが、子どもの発達には個人差が大きいので、ほかの子どもと同じように育てなければならないと考えることには慎重でなければならない。子どもたち一人ひとりの発達のペースを見極め、今ここで子どもにとって充足することが必要なニーズを特定することも大切である。また、幼少期に逆境的な体験をし、発達に適した環境が用意されなかったとしても、その後、その体験を乗り越えて成長発達していく例があることもわかっている[iv]。臨界期にマッチした環境が保障されていなかったからといって、その子どもの発達そのものが不可能になると考えてはならない。

いずれにせよ、子どもの発達は、子どものもって生まれた能力だけで具現化するのではなく、環境によって左右されるものである。暴力があふれた環境では、子どもは安心できないし、発達に必要な適切な刺激が

---

iv　ソーシャルワーク論において医学モデルが相対化され、ストレングスやレジリエンスといった、うまく物事を成し遂げていく力やプロセスに関心が寄せられていることも想起されたい。

得られなくなる。社会的差別や貧困などによって、学校教育を受けることが阻害されているような状況下で生活していては、知的な発達に影響が及びかねない。環境汚染が進むなど保健衛生面に課題が多い地域では、子どもの生理的な発達に大きな影響が出かねない。

　逆に、家族にまとまりがあり、個別的で温かな養育がなされ、子どもや保護者が安心して頼れる保育所や学校があり、近隣住民や親族などが応援団となって、子育て・子育ちに必要な支援や良質なロールモデル[★]を提供できていれば、それが子どもの健やかな発達の保護要因となる。ソーシャルワーカーは、人と環境とのかかわりあいに関心をもつ専門職として、こうした環境的な要因にも目を向け、成長発達権の保障に貢献していくことが必要である。

★ロールモデル
具体的な行動や態度を習得するうえで模範となるような存在。

3　子どもの名前・国籍

児童の権利に関する条約第 7 条には次のような規定がある。

児童の権利に関する条約　第 7 条
1　児童は、出生の後直ちに登録される。児童は、出生の時から氏名を有する権利及び国籍を取得する権利を有するものとし、また、できる限りその父母を知りかつその父母によって養育される権利を有する。
2　締約国は、特に児童が無国籍となる場合を含めて、国内法及びこの分野における関連する国際文書に基づく自国の義務に従い、1 の権利の実現を確保する。

　出生登録が必要なのは、その子どもが特定の国に所属している国民であることを確認するためである。日本でいえば、戸籍法[★]に基づいて子どもの出生が登録され、その際に子どもの氏名や性別、誕生日、出生地、父母の氏名や国籍といった事項と併せて、子どもの存在が公的に認められる仕組みとなっている。こうした仕組みのもと、出生登録をされた子どもの社会権が守られるよう日本政府に対して要求をすることができるほか、^{vi}長年実親に養育されることがかなわなかった子どもが、のちに親を知る権利を行使する機会を確保している。

★戸籍
日本人が生まれてから死ぬまでの家族関係を登録し、公に証明するために必要な公文書のこと。今では日本独特といってもよい制度で、国際条約で言及されることはない。

---

v　補償因子ともいう。
vi　実際には、日本が国際法を尊重する立場にあるとの規定（日本国憲法第 98 条第 2 項）に基づき、日本で居住する外国人の子どもの権利を保障している。

戸籍法の出生登録にかかわる条文を読んでみましょう。

逆に、何らかの事情で出生登録が行われなかった場合、基本的には住民票は作られず、さまざまな証明書の発行にも支障をきたすことになる。社会権の保障が行われないまま、学校に通えなかったり、保健医療サービスを受けられなくなったりする可能性も危惧される。そのままでは国籍も未確定とされることから、パスポートの作成もできない。

世界をみると、出生登録の仕組みそのものが整備されていない地域や難民を多く受け入れている地域を中心に、国籍のない状態で生活をしている子どもたちが数多く存在する。そして、実は日本でも、しばしば無国籍の子どもに国籍を保障する運動等が起こり、そのことが新聞等で取り上げられてきている。今後、戸籍法や国籍法が想定していない家族や外国人が増えてくれば、この問題はさらに大きくなるはずである。ソーシャルワーカーは弁護士等と協働して、子どもの国籍取得支援を行うことで、日本で育つ子どもの権利保障を行うことが求められる場合もあることを知っておきたい。

◇参考文献
・市川昭午・永井憲一監『子どもの人権大辞典』エムティ出版，1997.
・永井憲一・寺脇隆夫・喜多明人・荒牧重人編『新解説 子どもの権利条約』日本評論社，2000.

第3節　子どもと家庭・地域

学習のポイント

● 子どもの権利保障における親や保護者の重要性について理解する
● 子どもの福祉保障において保護者支援が不可欠であることを理解する
● エコロジカルな視点から事象を捉えられるようにする

1　保護者の重要性

　虐待によって子どもが亡くなる話を聞くと、なぜもっと早く公的機関は子どもを保護しなかったのかという疑念の声が社会のなかに広がる。たしかに、重大事例の検証結果等をみると、子どもが亡くなる前に何らかの手立てを打てた可能性があると思われる場合が少なくない。

　とはいえ、「異変があったらすぐに保護」というのは、子ども家庭福祉の実践原則としてはバランスを欠いている。

　ここで再び児童の権利に関する条約に立ち戻ってみよう。すると、まず前文において、「家庭環境の下で幸福、愛情及び理解のある雰囲気の中で成長すべきであること」が言及されている。その家庭環境には、親がいることが措定されている——子どもは出生のときからできる限り親を知り、親によって育てられることも権利であると明言され、親のもとでは子どもの最善の利益が図られないとされる場合を除いては、親の意思に反して子どもが分離されないことも確保される（第7条、第9条）。子どもの最善の利益が確保されるように何らかの公的措置がとられる場合であっても、親ないしそれに代わる者の権利や義務が考慮に入れられる

---

i　児童の権利に関する条約でいう「家庭環境」は‘family environment’の訳語である。すなわち、ここでいう家庭は別の言い方をすれば、「どの社会・文化にも普遍的に観察できる、子どもを産み育てる機能を伴う親族集団（環境）」を指していると考えられる。なお、我が国では子ども「家庭」福祉という表現が頻繁に用いられるが、社会的・歴史的に普遍的にみられる家族ではなく、民主的な価値観に基づいて運営される近代家族を指しており、児童の権利に関する条約でいう家庭環境とはやや異なる意味あいで使われている。

ii　子どもの権利保障では、親（親権者）と保護者のいずれもが重要ではあるが、子ども家庭福祉においては、日々子どもを監護する保護者の存在を重視することが多い。本節では、明らかに親を想定している場合を除き、保護者との表記を用いる。

（第3条）。これは、子どもが自らの権利を主体的に行使するにあたり、親もしくはそれに代わる者が子どもの発達しつつある能力に適合する方法で適当な指示および指導を与える責任、権利および義務を尊重するということとつながっている（第5条）。

　家族は、人類の長い歴史のなかで、社会を構成する単位として存在し続けてきたものである。子どもの福祉を考えるときにも、子どもが親から生まれ、家族のなかで育ち、そのなかで文化的な権利が保障され、自分が何者であるかという自己同一性（アイデンティティ）を形成していくことにもつながっていくことを重視すべきである。

2　保護者支援の重要性

　我が国の子ども福祉に関係する法制度に目を向けると、保護者が子どもの育ちに対して一義的な責任をもっていることを認める表現がしばしば出てくる。しかし、前項で述べたことを踏まえるならば、これを「保護者が子育てに責任を負わなければならない」といった規範を示しているわけではないと考えるべきである。保護者は子どもにとって最も自然な環境の一部であって、その事実から出発すれば子どもの権利を守るうえで重要な立場にいるということを述べているにすぎず、その立場に即した行動をとれない保護者を断罪する規定ではない。

　このことを踏まえて児童の権利に関する条約の前文を読み直すと、「家族が社会の基礎的な集団として、並びにそのすべての構成員、特に、子どもの成長及び福祉のための自然的環境として、社会においてその責任を十分に引き受けることができるよう必要な保護及び援助を与えられる

---

iii　親や保護者の権利には、保護者が日々の養育を通して子どもの最善の利益保障を行っているなかに国家・社会が不当に入り込むようなことを拒否することも含まれる。親や保護者を子どもの権利擁護の主体として尊重し、保護者支援が私的な権利の侵害に至らないように十分に留意する必要がある。

iv　「子どもの民族的、宗教的、文化的及び言語的な背景」（児童の権利に関する条約第20条）について十分な注意が払われながら子どもの福祉が考えられているか、現在のところ十分な研究の蓄積はない。今後、この点から子どものニーズが明らかにされ、多文化ソーシャルワークの視点を子ども家庭福祉保障に加えていくことが求められると思われる。

v　このことは、すべての子どもが必要に応じて生い立ちの整理をしていくことを、治療や支援の文脈にではなく、子どもの権利保障の一環に位置づけることにもつながっていく。また、離婚や親子分離の措置によって、一緒に暮らせない親と子どもが面接交渉権を可能な限り保障されていくことを意義づけることにもなる。

べきであることを確信し」という表現が出てくることに気づく。この考え方に従えば、保護者による責任と公的責任は二者択一ではなく、相補的なものである。

　この考え方が児童の権利に関する条約で国際的合意事項になっていることを理解していれば、本節の最初に述べた「異変があったらすぐに保護」ということが、国家の果たす役割を部分的にしか説明していないことがわかるであろう。そのような事態に至るまでの間、国家としてどれだけの援助を提供できたのかが問われるべきなのである。

3　保護者支援から社会的養育へ

　ここまで学んだことを基本とすれば、国家による保護者へのサービス提供を前提としながらも、結局は、保護者が子育てをしっかりと担えるようにすることが重要であると理解できる。しかし、保護者と国家という二つの責任主体に加えて、（地域）社会の役割・責任にも関心が集まっていることを忘れてはならない。

　たとえば、子ども虐待に関する新聞報道を注意深くみていれば、「これはしつけであって虐待ではない」という言い分が多く出てくることに気づくだろう。現に子どもに危害が生じているにもかかわらず、自らの行為を正当化しようとする保護者の責任をつい追及したくなるかもしれない。しかしその背景には、保護者自身の問題のほかにも「よい親であれ」という周囲からの無言の圧力、家族・親族間の人間関係の失調、家族成員の疾患、経済的困難等々のストレスが折り重なっていることも珍しくない。そうなると、余計に自分で何とかしなければと思って焦りを募らせたり、あるいは大変だということを誰かにわかってもらおうとすること自体をあきらめてしまったりしていることも起きてくる。

　もちろん、このような場合であっても保護者は、友人や子育て支援の場などとつながり、見守られながら子育てをしていく道を選ぶこともできる。しかし、自分で子育ての社会化（これを社会的養育と呼ぶことも多い）を形づくれる人ばかりではない。本章第 1 節でも述べた受援力を高め、また、支援を受けてよいと思えるような環境を形成することが今、子どもの福祉保障で重要な課題となっている。このことは、社会福祉界全体で進行している地域共生社会の実現とも深く関連するものである。

Active Learning

社会的養育を推進する社会的要因としてどのようなものがあるか、考えてみましょう。

エコロジカルな視点

　子どもは家庭や地域に囲まれ、さまざまな人たちと育っていく。たとえば、子どもはまず母親の胎内を唯一の環境として育つが、出生後は、母親、父親、親族などと接点をもちながら生活する。やがて保育所や幼稚園などの小学校就学前の教育・保育保障の場や、地域子育て支援拠点事業（子育てひろばなど）でさまざまな人たちとかかわりをもつようになる。小学校に就学すれば、子ども集団のなかで教育を受け、遊びと生活を保障される時間が増えていく。こうして生活環境が移り変わっていくなかで、子どもの発達は進んでいくものである。

　図1-2 および**表1-1** は、エコロジカルな視点の考え方を心理学者の

図1-2　エコロジカルなものの見方

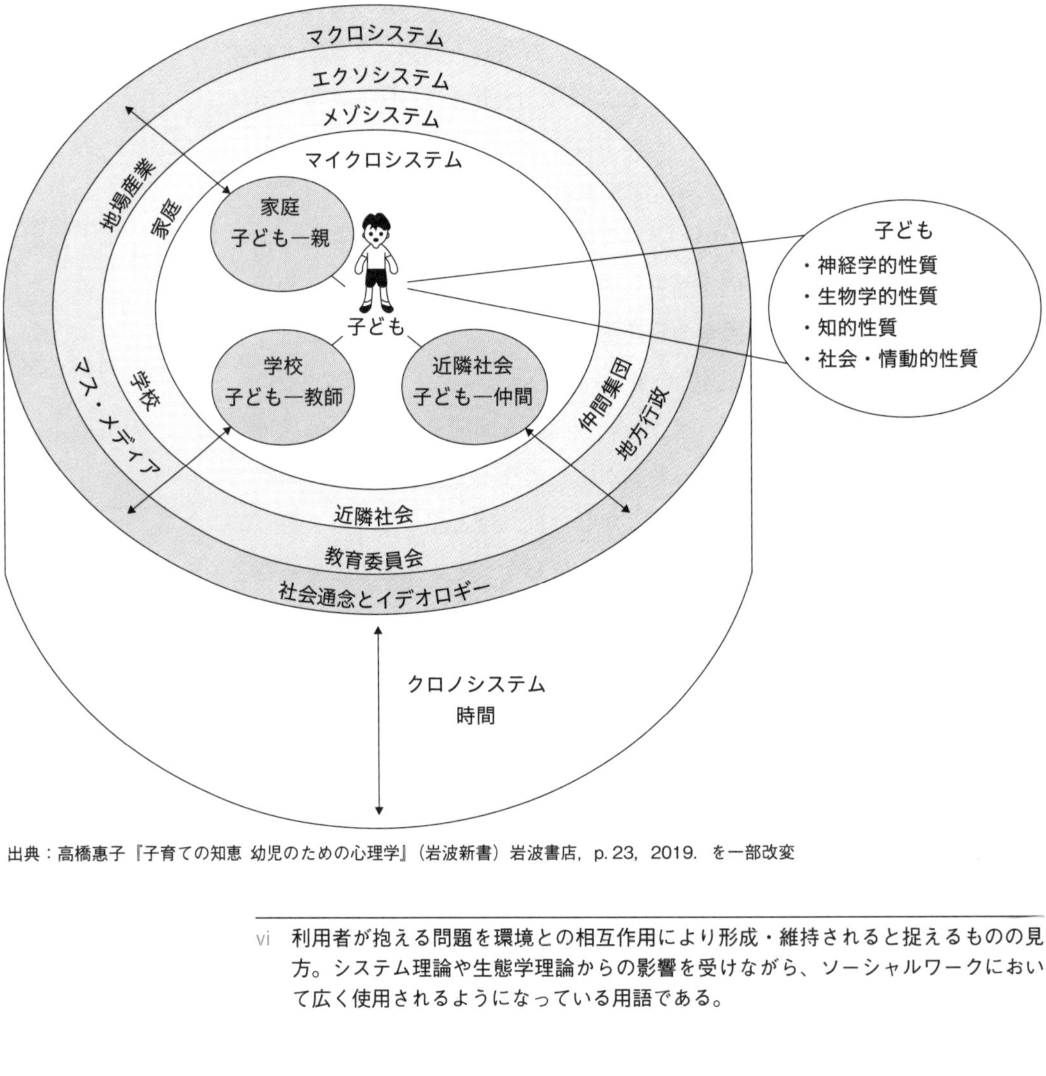

出典：高橋惠子『子育ての知恵 幼児のための心理学』（岩波新書）岩波書店, p.23, 2019. を一部改変

ⅵ　利用者が抱える問題を環境との相互作用により形成・維持されると捉えるものの見方。システム理論や生態学理論からの影響を受けながら、ソーシャルワークにおいて広く使用されるようになっている用語である。

表1-1 システムレベルの解説

レヴェル	解説
マイクロ	子どもが直接参加する身近な環境（家庭、学校など）
メゾ	身近な環境間の関係（家庭と学校のつながりなど）
エクソ	子どもが直接参加することはほとんどないが、子どもに重要な影響を及ぼす環境（マスメディア、地域社会など）
マクロ	子どもが生活する社会全体に影響を及ぼす環境（法制度、風土、文化、時代精神など）

注：マイクロは「ミクロ」と表記される場合もある。また、マイクロ、メゾ、マクロという３層に整理し直している場合もある。
出典：高橋惠子『子育ての知恵 幼児のための心理学』岩波書店, pp.23-24, 2019. の記述を参考に作表

高橋惠子がわかりやすくまとめたものである。子どもの発達は、家庭以外のさまざまな場面での相互作用を通して理解される必要があることがわかるであろう。しかも、その視野は子どもと直接的なかかわりをもつ環境だけでなく、身近な地域内での相互作用が観察される場であるメゾシステム、地域のさらに外にあって子どもたちの生活に影響力を及ぼし続けているエクソシステム、国家や文化圏など非常に広範囲にわたるマクロシステムへと広がっていく。

なかなか一人のソーシャルワーカーが全システムにわたる介入を繰り広げることは困難であるが、子どもの発達や子育てに適した環境を形成することをソーシャルワーカーのミッション（使命）とするなら、問題がこれだけの社会的な広がりのなかで発生し、また解決されるのだという考え方をしっかりともっておくことが大切である。

Active Learning

子ども時代を過ごした地域を思い起こし、徒歩で行ける範囲内、自転車で行ける範囲内にどのようなものがありますか。その場所やものが、今の自分自身にとってどういう意味があるのか考えてみましょう。これからソーシャルワーカーとして出会う子どもたちのことを踏まえて考えましょう。

5 問題解決の素地をつくる

本節では、家庭と並び、地域社会、さらにはその外に広がる法制度や風土のようなものまでを視野に入れながら、子どもの権利がしっかりと守られる環境をつくっていくことが大事だということを学んできた。しかし、さまざまな立場の人たちが子どもの生活に関与していることに気づくようになると、一つの生活課題について、いろいろな考え方が存在するということにも直面するようになる。

たとえば、ある子どもが不登校になったと仮定しよう。その子どもが在籍する学校や保護者は、子どもが学校に登校しないことが問題であり、再登校するようになることが問題解決だと信じている。しかし、子ども

からみると、学校は退屈で窮屈な場として映っており、学校に行かないことは何ら問題ではないと感じている。この場合、学校や保護者にとっては不登校状態そのものが問題であるが、子どもからみると学校のあり方が問題として認識されることになる。

　あるいは、別の不登校の事例では、学校が子どもに不利益をもたらしていると信じている保護者が、子どもが登校することを固く禁止している。しかし、子どもは学校に通うことに関心をもっており、学校も子どもに学校での教育を保障することが大事だと考えている。この場合、保護者にとって不登校という選択は子どもの最善の利益保障にかなうものであるが、子どもや学校、それから子どもの意見表明権を尊重するソーシャルワーカーにとっては、学校に通えない状態におかれていることが問題として認識されることになる。

　このように、子ども、保護者、関係機関等によって「何が問題なのか」が異なって捉えられていることは、まったく珍しいことではない。こうした状況下でソーシャルワーカーに求められることは、「子どもが悪い」「保護者が悪い」「学校が悪い」と問題を誰か特定の人や機関に帰属させ、その人や機関を変化させようとする実践に拘泥するのではなく、必ずしも同じ方向を向いていない子ども、保護者、関係機関等の間で、子どもの権利保障ということを理念としながら、一緒に問題に取り組む素地をつくることである。

◇参考文献
　・田村真菜「この子が生まれて──虐待を連鎖しないために」『世界の児童と母性』第85号，pp. 72-76，2019.
　・網野武博『児童福祉学〈子ども主体〉への学際的アプローチ』中央法規出版，2002.
　・市川昭午・永井憲一監『子どもの人権大辞典』エムティ出版，1997.
　・柏女霊峰『子ども家庭福祉学序説──実践論からのアプローチ』誠信書房，2019.
　・許斐有『子どもの権利と児童福祉法 社会的子育てシステムを考える』信山社出版，1996.
　・永井憲一・寺脇隆夫・喜多明人・荒牧重人編『新解説 子どもの権利条約』日本評論社，2000.
　・髙橋惠子『子育ての知恵 幼児のための心理学』岩波書店，2019.

第4節 子ども家庭福祉とは

学習のポイント

- 児童福祉法の総則と子どもの権利の関係について理解する
- ウェルビーイングを指向した子ども家庭福祉のあり方について理解する
- 理念・制度・方法を切り離さずに子ども家庭ソーシャルワークの全体像を理解する

1 子ども家庭福祉の誕生

子ども家庭福祉の学習を進めていくと、子どもを表す用語と定義の多様さに圧倒される。たとえば、同じ「児童」を使用しても、「満18歳に満たない者」（児童福祉法）を指すこともあれば、そうではない場合もある。児童ではなく「子ども」と表記し、その定義を「18歳に達する日以後の最初の3月31日までの間にある者」（子ども・子育て支援法）としている場合もある。子ども家庭福祉の関連分野に目を広げていけば、小児や少年、子供といった表記も登場する。

実は、子どもの福祉保障に対応した専門分野名についても、同じような表現上の多様性がみられる。本書のタイトルには「児童・家庭福祉」を採用しているが、実はこの表記は必ずしも一般的とはいえない。社会福祉学界全体でみれば「児童福祉」と称することも多く、「家庭福祉」あるいは「家族福祉」という分野を子どもとは切り離して理解することもある。また、「児童家庭福祉」という表記もしばしば用いられている。本書では、これら分野名は互換性のあるものとして理解して構わない。

しかし、少なくとも1990年代以降、子どもの権利保障への注目を背景としながら、「児童福祉」のリフォームを図ろうとする動きが現れ、そこで「子ども家庭福祉」という表記が使用されるようになったということは理解しておいてほしい。それは、現代的な子ども家庭福祉のあり方の理解と不可分なものであるからである。

> **Active Learning**
>
> 「子ども」を表す用語としてどのようなものがあるかリストアップしてみましょう。

---

i 「児童」の代わりに「子ども」という表記をする理由については、第1節の脚注vi、「家族」の代わりに「家庭」と表記する理由については第3節の脚注iも参照のこと。

2 ▶ ウェルフェアからウェルビーイングへ

　子ども家庭福祉とは何かという問いに答えるとき、しばしば言及されるのが、我が国の子ども家庭福祉の基本法である児童福祉法の総則である。

児童福祉法

第1章　総則

第1条　全て児童は、児童の権利に関する条約の精神にのっとり、適切に養育されること、その生活を保障されること、愛され、保護されること、その心身の健やかな成長及び発達並びにその自立が図られることその他の福祉を等しく保障される権利を有する。

第2条　全て国民は、児童が良好な環境において生まれ、かつ、社会のあらゆる分野において、児童の年齢及び発達の程度に応じて、その意見が尊重され、その最善の利益が優先して考慮され、心身ともに健やかに育成されるよう努めなければならない。

② 　児童の保護者は、児童を心身ともに健やかに育成することについて第一義的責任を負う。

③ 　国及び地方公共団体は、児童の保護者とともに、児童を心身ともに健やかに育成する責任を負う。

第3条　前二条に規定するところは、児童の福祉を保障するための原理であり、この原理は、すべて児童に関する法令の施行にあたって、常に尊重されなければならない。

　実は、このような条文になったのは、2016（平成28）年の児童福祉法改正以降である。ただし、この改正はいきなり行われたわけではない。長い議論の末にたどり着いたものである。たとえば、厚生省（現・厚生労働省）に設置された研究会が1993（平成5）年に発表した「「たくましい子供・明るい家庭・活力とやさしさに満ちた地域社会をめざす21プラン研究会（子供の未来21プラン研究会）」報告書」において、次のような理念の転換が促されたことは、この長い議論の先駆けとして非常に意義深いものである。

（前略）児童家庭施策の思いきった展開を図るためには、戦後 46 年間経過した「児童福祉」という概念を再点検し、新しい息吹を持ったものに再生させる試みも必要なことである。

国連などの国際機関や欧米諸国では、救貧的あるいは慈恵的イメージ

表1-2　ウェルフェアとウェルビーイングの違い

	ウェルフェア	ウェルビーイング
理念	最低生活保障を指向	身体的・心理的・社会的に良好な状態を指向
子ども観	私物的我が子観（親が私的責任により子どもを育てることが基本）	社会的我が子観（私的責任・社会的責任・公的責任が同時的・調和的に発揮）
対象	児童（子どもの要保護性を重視）	子ども、子育て家庭（環境）（子どもの能動性、主体性を重視；子どもに加えて環境も視野に入れる）
サービス提供のスタンス	事業主中心（いつでもどこでも誰にでも同じようにサービスを提供）	利用者の権利中心（平等性と同時に、個別的な状況に合わせて公正さを重視してサービスを提供）
モデル	イルネス（疾病）モデル（問題をなくすことを重視）	ウェルネス（健康）モデル（よりよい生活の実現を重視）
性格・特徴	救貧的・慈恵的・恩恵的（最低生活保障）	権利保障（市民権の保障）
	補完的・代替的	補完的・代替的＋支援的・協働的（パートナー）
	事後処理的	事後処理的＋予防・促進・啓発・教育（重度化・深刻化を防ぐ）
	行政処分・措置	行政処分・措置＋利用契約（利用者の能動性・主体性を基本）
	施設入所中心	施設入所＋通所・在宅サービス
職員	福祉職（個別対応中心のケースワーカー、ケアワーカー）	福祉職（社会変革を視野に入れたソーシャルワーカー、ケアワーカー）・心理職・看護職等々との協働
費用	無料・応能負担	無料・応能負担・応益負担の強まり
対応	ケアや相談が中心（問題の解決）	ケア・ソーシャルワーク（利用者本人の意思決定を中心に環境へのアプローチを積極的に）
権利擁護	消極的	積極的（権利侵害に対する救済措置の充実、アドボカシーの導入）

出典：髙橋重宏『子ども家庭福祉論——子どもと親のウェルビーイングの促進』放送大学教育振興会，p. 13，1998. を一部改変

を伴う「ウェルフェア（福祉）」に代えて「よりよく生きること」、「自己
実現の保障」という意味合いを持つ「ウェルビーイング」という言葉が
用いられつつあり、このことは、我が国における児童福祉理念の議論に
示唆を与えるものであろう（厚生省「『たくましい子供・明るい家庭・活
力とやさしさに満ちた地域社会をめざす 21 プラン研究会（子供の未来
21 プラン研究会）』報告書」）。

Active Learning

「家族」と「家庭」、
"welfare" と
"well-being" を
各々、国語辞典や英
英辞典、英和辞典な
どで調べてみましょ
う。

ウェルビーイングの増進に向けた子ども家庭福祉改革の必要性をいち
早く主張した髙橋は**表 1-2** を提示し、我が国の子ども家庭福祉が、理念、
制度、方法について何を目指すべきかを端的に示した。これは現在の子
ども家庭福祉のあり方を理解するうえで、大いに役立つものといえる。

3 ▷ 理念・制度・方法をつなぐ意義

　子ども家庭福祉をウェルビーイング指向で体系化していくための議論
が深化するにつれ、ますます子どもの権利保障という理念が中核的な役
割を果たすようになっている。また、本章を通じて述べてきたとおり、
子どもの権利保障は、公的な責任と不可分のものであり、子どもと環境
との相互作用をより豊かなものとする制度と方法が本質的に求められる
ものである。

　したがって、理念がいくら優れていても、公的に用意される制度に欠
陥や欠落があれば、子どもの人生行路は環境側の都合で大きく左右され
てしまうことになりかねない。あるいは、支援のための方法が十分に駆
使されず、非常に表層的な制度紹介しかできないのであれば、本当はそ
の子どもがアクセスすることが必要なサービスが利用されないという事
態を引き起こしかねない。さらには、理念が浸透しなければ、制度も方
法も目的を見失って迷走することになりかねない。

　ソーシャルワーカーとして子ども家庭福祉を適切に理解し、第 6 章で
取り上げるような実践として具現化していくためには、この理念・制度・
方法の 3 要素を統合的に学ぶことが欠かせない。そのことをしっかりと
頭に入れたうえで、第 2 章から学びを進めてほしい。

◇**参考文献**
・柏女霊峰『子ども家庭福祉学序説──実践論からのアプローチ』誠信書房，2019.

第2章

子ども家庭福祉の
歴史

　私たちは過ちを犯す。過ぎたことをすぐに忘れてしまう。忘れることは、生きるために必要なことだ。しかし、幸せな明日を築くためには、記憶にとどめ学ばなければならないことがある。歴史を学ぶとは、起こった年や用語を暗記することではない。出来事や営みの経緯を知り、その意味を考え、事と事とのつながりについて思いめぐらし、対話を試みることだ。

　子どもたちの幸せのために先達が取り組んだことを知ろう。できれば、失敗を繰り返すことをせずに、私たちが成すべきことを前に進めるために。

　過去から現在までを三つの節に分ける。第二次世界大戦まで、終戦から平成に入るまで、その後から今日まで。子どもたちの人権を守ろうとしてきた歩みについて学ぼう。

慈善・恩恵から権利保障へ

「子ども家庭福祉」に至る前の歴史をたどる

学習のポイント

● 昭和初期までの歴史について学ぶ

● 社会の歪みやそのなかで生じていた問題に対処しようとした取り組みについて知る

● 戦争に向かっての変質、その後の破綻、これを経て新生した福祉の意味を知る

1 近世までのあゆみ

Active Learning

江戸時代の人口の推移や明治以降から現代に至るまでの人口の推移を調べてみましょう。

Active Learning

第5代将軍徳川綱吉によって制定された「生類憐みの令」は、かつては悪法として有名でしたが、近年は評価が変化しています。百科事典や信頼できるサイトなどで調べてみましょう。また、歴史書(沢山美果子『江戸の捨て子たち』吉川弘文館、2009.など)の記述や歌舞伎や浄瑠璃などに描かれた親子の話なども興味深いものがあります。

　40年前の児童福祉論のテキストには、飛鳥時代に孤児救済のための施設が造られたとあった。30年前の厚生省(現・厚生労働省)の文書は、里親制度の始まりを平安時代の皇族の伝統にまでさかのぼるとしていた。しかし、近年の歴史教科書の多くは、前述の救済事業を始めたとされた聖徳太子を、厩戸皇子(うまやどのおうじ)に置き換えている。里親の歴史も、子どもの命や暮らしを守ろうとした市井(しせい)の人々の多様な営みから発したと考えることもできるのではないか。

　近世以降についてみてみよう。江戸期の人口はずっと3000万人程度で一定だった。これは、堕胎や間引きが広くあったためだとされる。一方で、これを防ごうとした仏教信仰に基づく普及啓発の運動や、幕府や藩の法度でこれらを禁止する取り組みがあったことも知られている。また、各地に捨て子があったものの、「子を捨てる」という行動は命を奪うのが目的ではなく、子が置かれた場所が橋のたもとなどの交通の要衝や、隣の村の富裕な屋敷前であったことなどから、個人や家(イエ)では受けとめ切れない事態に、里(さと)やその集まりの郷(ごう)の力を借りて対処しようとしたものだったとの研究もある。また、寺子屋が地方都市にまで拡がり身分の上下を問わず保護者が子どもの教育に熱心であったこと、また、貧しい町人であっても体罰を用いることは少ないといった記録や報告がある。

　歴史を学ぶことは、通説を暗記することではない。その時々の出来事の真の姿や意味を探求することである。そうして初めて、今起こっていることを深く理解し、これからについて展望できる。

2 明治期から昭和初期までのあゆみ

　明治新政府は 1868（明治元）年に最初の命令の一つとして産婆規則を布告し、堕胎やこれにかかわる売薬の取り扱いを禁止した。歴史年表によれば、続く 1869（明治 2）年に東京を首都とし、1871（明治 4）年に廃藩置県をなし、1872（明治 5）年に学制を公布し 6 歳以上の子どもの義務教育を定め、官製の富岡製糸工場をつくり、1873（明治 6）年に太陽暦の採用と徴兵制の実施、地租改正を行った。当時の政府が、いかに新しい国づくりを急ぎ、その中心に国を担う「国民」を育成しようとしていたかを知ることができる。

　さて、明治期から昭和初期までの子どもと家庭の福祉に関して振り返るとき、必ず確認しておくべき法令や出来事、あるいは優れた実践例がある。

1 法律の制定

この時代の代表的な法律のいくつかを挙げる。

1874（明治 7）年　恤救規則（じっきゅう）

1900（明治 33）年　感化法

1911（明治 44）年　工場法

1929（昭和 4）年　救護法

1933（昭和 8）年　児童虐待防止法（旧法）、少年救護法

1937（昭和 12）年　保健所法（旧法）、母子保護法

　明治政府は、それ以前から続く堕胎や間引きの禁止に加え、いくつかの救済策をとった。具体的には、迷子や捨て子を育てる者に定量の米を支給することや多子の貧困家庭に一時金を支給することだった。これに続いた恤救規則も、地縁と血縁を重視し相互扶助を求め、これが期待できない「無告の窮民」のみを対象とするきわめて制限的なものであり、国家責任として人々に命と安定した暮らしを保証するものではなかった。

　このような国の立場は、次項に述べる社会運動がありながらも基本的には変わることはなかった。具体的には、ここに記したいくつかの重要な

Active Learning

1868（明治元）年から 1877（明治 10）年までの出来事を、年表に従って調べてみましょう。また、日清・日露戦争、第一次世界大戦についても調べてみましょう。このような時代のなかで起こっていた人々の厳しい暮らしに対応しようとし、子どもと女性を守ろうとした二つの社会運動の内容や、それを進めようとした団体や個人を調べてみましょう。

Active Learning

これらの法律の成立までの経緯、内容、成立後の動きなどを、社会福祉用語辞典、百科事典、信頼できるサイトの記事などで調べてみましょう。

---

i　1868（明治元）年に戊辰戦争が始まった。明治の初めは、新旧入り交じる混沌とした時代状況があったことを前提として理解しておく必要がある。

法律の制定はあったものの、政府はその制定過程での引き延ばし、内容の後退、また、成立後の施行の延期などを繰り返した。

そして、1931（昭和6）年の満州事変に関するリットン調査団の報告書への反発から国際連盟を脱退した日本は、ファシズムが台頭したドイツとイタリアとの結びつきを深め、戦争への道を進んだ。

このことから、後には子どもの健康と福祉の保障にとって極めて重要な役割を果たす妊産婦手帳制度の採用や保育所の増設、あるいは母子寮の創設ではあったが、極端な人口増加施策や、兵として命を落とした夫・父をもつ母子のための施策として整備した。これらは個々の子どもの福祉のためでなく、人的資源の確保としての事業だったといえる。また、児童保護も、法制度上は、親の懲戒権を補強し、社会の秩序維持を目的とするものとの位置づけにとどまったといわざるを得ない。

■2 社会運動

●廃娼運動と児童保護運動

歴史を拓く働きには、いつも明と暗、光と闇の両面があり、その一方だけをみていたのでは浅い理解にとどまってしまう。新しい時代の幕開け、富国強兵・殖産興業の国づくり、そして戦争への歩みにも、これが当てはまる。

1868（明治元）年から1877（明治10）年の間をみれば、日本政府が沖縄、樺太、朝鮮半島に対して自国に優位な立場を得ようとして強硬姿勢をとったことは明らかである。しかし、この動きは江戸の終わりに列強と結んだ不平等条約を何としても解消して自国を守ろうとした動きともいえる。その後の日清・日露の二つの戦争も、当時圧倒的に支持を得た「義戦」との見方のほかに、当時から富を求めるだけの戦いだとの指摘もあった。

このように明治期から昭和期の初めの時代は、現代に続く日本の土台づくりがなされた前進の時代であったとされる一方、貧富の格差が拡がり、弱いもの、孤独なものが放置され搾取される、とても生きづらい時代でもあった。しかし、いずれの立場に立つにしても、この時代にあっ

---

ii　1931（昭和6）年に満州事変が起こり、1932（昭和7）年に五・一五事件が勃発し首相の犬養毅が暗殺された。1933（昭和8）年に日本は国際連盟を脱退、ドイツではヒトラーが政権をとった。1933（昭和8）年は旧児童虐待防止法が成立した年であるが、作家の宮沢賢治や小林多喜二が亡くなった年でもあり、また、上皇が生まれた年でもある。子どもの福祉の成立を大きな歴史の流れのなかで捉えたい。

て、守られることがなく、命を落とす子どもと女性、売られていく子どもと女性が少なくなかったことは否定できない。

当時の労働条件は劣悪で、児童労働や長時間労働がまかりとおっていた。また、表面的には「公娼」を廃止したとされながら本人の意思によるとされた人身売買や性の搾取が横行していた。彼らは、私的な扶助がないなかで、あるいは、むしろ家族や親族の負債を背負わされたために逃げ出すことができなかった。また、養育料を受け取ったうえでその子どもを殺害したり放置したりする「貰い子殺し」が頻発した。

このような状況を打破しようとして、山室軍平の救世軍やキリスト教矯風会や自由民権運動家らを中心に、この二つの社会運動が展開された。

3 国内の先駆的実践例

(1) 今日の社会的養護につながるもの

1869（明治2）年　大分日田養育館※

1872（明治5）年　横浜仁慈堂（横浜市）、東京市養育院※

1874（明治7）年　浦上養育院（長崎県）

以降、福田会育児院、岡山孤児院（石井十次）、滝乃川学園（石井亮一）、家庭学校（留岡幸助）など

(2) 保育・幼児教育、学習支援にかかわるもの

1890（明治23）年　新潟静修学校（赤沢鐘美）

1894（明治27）年　遠友夜学校（新渡戸稲造）

1900（明治33）年　二葉幼稚園（野口幽香、森島峰）

明治期から昭和期の初めまでの児童保護や事業は、天皇の赤子（せきし）である子どもに対する恩恵としての福祉であって、近代的な国家責任による福祉の保障ではなかった。この状況を補完したのが、ここに挙げた、民間の篤志家や宗教家らによって（※を除く）展開された先駆的な取り組みである。

これらの実践は、この時代に生じ拡大した貧困や甚大な被害をもたらした自然災害の発生などによって困難を抱えてしまった子どもとその家族のニーズを放置することをせず、実践者として彼らと「出会ってしまった」子どもと家族に対する自らの取り組み（使命）として、保育、養育、教育を提供しようとしたものであった。

Active Learning

日田養育館の設立には後に首相となる松方正義が知事時代に取り組んだとされています。短期間で閉鎖となりましたが、里子・養子へのあっせんなどを行った先駆性に注目しましょう。東京市養育院の設立の経緯や銀行制度などをつくった渋沢栄一が同院の院長を長く務めた歴史なども学びましょう。ほかの民間による取り組みの内容や事業を始めた経緯なども調べてみましょう。

戦争へのあゆみと国民生活の破綻、新生した福祉

1868（明治元）年からの60年とその後に続く15年の計75年間を見渡すことによってはじめて、戦後75年間の日本の歩みの意味とこれからの日本がどのように歩むべきかがみえてくる。

言い換えれば、戦前・戦中・戦後を含んだ150年間を踏まえずに、今の時代状況を正しく認識し、明日を築くはずの子どもたちのこれからの福祉を考えることはできない。

日本は、前項に記した戦前の取り組みがあった歴史を経たあとに、また、大正デモクラシーという自由と民主主義が拡がった時代のあとに、多くの人々、特に多くの子どもたちが命を落とし、あるいは、子どもたちが家族を失う戦争への道を進み国家の破綻に到った。同じ道を再びたどるようなことを絶対に許してはならない。

私たちが築こうとする子ども家庭福祉は、平和と国際協調のもとで、「一人も漏れることのない」一人ひとりの子どもを権利の主体とし、保護者と国、地方公共団体がともに子どもに対して共同の責任を負う、そしてすべての国民がその働きに取り組む（他人事としない、当事者として参加する）ものでなければならない。

◇参考文献
・吉田久一・岡田英己子『社会福祉思想史入門』勁草書房，2000.
・森山茂樹・中江和恵『日本子ども史』平凡社，2002.
・下川耿史編『近代子ども史年表 1868-1926 明治・大正編』河出書房新社，2002.
・下川耿史編『近代子ども史年表 1926-2000 昭和・平成編』河出書房新社，2002.
・三谷太一郎『日本の近代とは何であったか——問題史的考察』岩波書店，2017.

●おすすめ
・松沢裕作『生きづらい明治社会——不安と競争の時代』岩波書店，2018.
・鈴木範久『内村鑑三の人と思想』岩波書店，2012.
・菊谷和宏『「社会」のない国、日本——ドレフュス事件・大逆事件と荷風の悲嘆』講談社，2015.

iii 1924（大正13）年に国際連盟によって採択された「児童の権利に関するジュネーブ宣言」を調べてみよう。この宣言は、第一次世界大戦で多くの子どもたちが犠牲になったことを踏まえてつくられた。札幌市にある北海道大学博物館の展示には、この宣言の内容に、当時国連事務次長であった新渡戸稲造の思想と理念が反映されていると記されている。国際的には、20世紀は「児童の世紀」と位置づけられ、子どもにとっての家庭の重要性が理解され、それが浸透していく時代でもあった。この考えを提唱したスウェーデンの社会思想家ケイ（Key, E.）の著作は、大正デモクラシー期の日本にも紹介され、国内の運動にも影響を与えた。

第2節 子どもの権利擁護の変遷

学習のポイント

● 戦後から平成までの子どもの権利擁護の歴史について学ぶ

● 戦後から平成までにおける、子どもの立場や生活について理解する

1 第二次世界大戦後の混乱と子どもの福祉

1945（昭和20）年8月15日、日本は第二次世界大戦の敗戦国となった。この戦争によって親や家族を失った戦災孤児が急増し、彼らの保護・救済が当時の日本にとっての危急の課題となった。戦災孤児は自分の命を守るために、物乞いをしたり、時には盗みをはたらいたりしていたため、社会の治安を悪くする「浮浪児」と疎まれていた。

こうした戦災孤児や浮浪児には、社会的養護による保護・養育が必要だった。戦前から運営されていた育児施設や感化施設がその役割を担おうとしたが、その資源は圧倒的に不足していた。

こうしたなか、政府は戦災孤児への緊急対策として「戦災孤児等保護対策要綱」を1945（昭和20）年9月に決定し、1946（昭和21）年4月には厚生省が「浮浪児その他の児童保護等の応急措置実施に関する件」（通達）を出した。さらに同年9月には、大都市圏に「主要地方浮浪児等保護要綱」が通知された。

当時の戦災孤児たちは非常に厳しい状況におかれていたが、当時日本を占領していたGHQ（連合国軍最高司令官総司令部）による「公私分離の原則」に基づき、孤児たちの施設に対する国からの公的な援助はなかった。そのため、ララ（LARA：Licensed Agencies for Relief in Asia：アジア救援公認団体）による救済援助に頼りつつ急場をしのぐ状況だった。

Active Learning

戦災孤児に関する統計データ、当事の状況を示す映像資料、小説や映画（たとえば「火垂るの墓」「黒い雨」など）をみてみましょう。

---

i ララは、その活動を通して、1946（昭和21）年以降、施設で生活する子どものみならず、日本の多くの子どもたちに、食料や衣類、石鹸などの日用品などを救援物資として提供した。これらの物資は「ララ物資」と呼ばれた。また、現在の学校給食の前身は、ララによる施設や学校への給食支援であった。

2 ▶ 児童福祉法の制定

　戦災孤児など、保護を必要とする一部の子どもに対する応急的な対策だけでなく、すべての子どもたちの福祉を実現することを目的として、1947（昭和22）年に児童福祉法が制定された。児童福祉法は、戦後制定された新しい日本国憲法の理念に基づき、初めて「福祉」という言葉が用いられた法律である。

　この児童福祉法によって、戦前から運営されていた育児施設や、児童虐待防止法（旧法）による母子施設、疎開学童寮から転身した施設、戦後に孤児収容を始めた施設などが「養護施設」として認可されることになった。

3 ▶ 児童憲章の制定

　1951（昭和26）年には、「サンフランシスコ平和条約」および「旧・日米安保条約」が成立し、日本は独立を取り戻し、国としての再出発を果たした。

　同年5月5日（こどもの日）に、児童憲章★が制定された。戦後復興期であった当時の世相を反映して、子どもについて「守られるべき」「保護されるべき」存在であると受動的権利について強調した内容となっているものの、子どもを大切な存在として、社会全体で守り愛護していこうという理念が明確に示された、当時としては画期的な内容であったといえる。

　児童憲章は、三つの基本綱領（前文）と12条の本文から成っている。児童憲章の前文では「児童は、人として尊ばれる。児童は、社会の一員として重んぜられる。児童は、よい環境のなかで育てられる」と、子どもをどう捉えるべきかが明記されている。

★児童憲章
「日本国憲法」の理念に基づき、児童に対する正しい観念を確立し、すべての児童の幸福を図ることを目的に定められた児童の権利宣言。日本全国各都道府県の各界を代表する協議員236名が児童憲章制定会議に参集し、内容を考案した。

4 ▶ 児童福祉の整備拡充

1 健全育成と母子福祉の前進

　昭和30年代に入ると「高度経済成長期」と呼ばれる時期に入り、社会

福祉においても、戦後処理の段階から脱却し、整備拡充への動きがみえ始めた時期といえる。

　当時の児童福祉をとりまく課題として、経済成長のゆがみからか、少年犯罪の増加や非行の低年齢化が進み、「すべての子どもの健全育成対策（母子保健、非行防止、事故防止など）」の必要性が指摘され始めた。

　その一方で、離婚や親の家出、失踪の増加等によって、ひとり親家庭の増加が問題となり、1961（昭和 36）年に、母子家庭を対象に経済的支援を行うための児童扶養手当法が制定された。児童扶養手当法に先駆けて、1952（昭和 27）年には、母子福祉資金貸与が制度化されていたが、これを継承し、さらに内容を充実させた形で、1964（昭和 39）年に母子福祉法が制定された。これによって、母子福祉資金の内容の充実、母子相談員の配置などが実現し、母子福祉施策は大きく前進した。

　また、1965（昭和 40）年には、母性保護の尊重、乳幼児の健康の保持・増進等を目的とする母子保健法が制定された。

　さらに、1971（昭和 46）年には、児童手当法が制定され、子育て家庭と子どもに対する福祉が拡充した。

▋2 障害児福祉の前進

　重症心身障害児のための施設として、1958（昭和 33）年に草野熊吉が秋津療育園を、1961（昭和 36）年には小林提樹が島田療育園を開設した。さらに 1963（昭和 38）年には糸賀一雄[ii]がびわこ学園を開設し、重度の障害児の保護に加えて専門的な療育・養護を展開しようとした。こうした取り組みを受け、1967（昭和 42）年には児童福祉法のなかで、新たに「重症心身障害児施設」が児童福祉施設として位置づけられることになった。

　また、1964（昭和 39）年には重度精神薄弱児扶養手当法が制定された。この法律は、その後、特別児童扶養手当等の支給に関する法律と改められ、重度の心身障害をもつ子ども等に支給される各種手当について定められている。

　さらに、1974（昭和 49）年度から障害児保育事業が開始されるなど、

---

ii　糸賀一雄　1914-1968. 1946（昭和 21）年に知的障害児施設「近江学園」を、1963（昭和 42）年に重症心身障害児施設「びわこ学園」を設立。先駆的療育の実践と研究に尽力し「障害児福祉の父」と呼ばれた。著書『福祉の思想』のなかで、重症心身障害児の権利保障の必要性を主張し、「この子らを世の光に」という言葉を残した。

障害児のための福祉が大きく前進した。

5 オイルショックから平成まで

1 幻の「福祉元年」

　政府は、1973（昭和48）年を「福祉元年」として、西欧の福祉先進国をモデルとする福祉国家に向けて前進することを宣言した。しかし、その年の後半には第一次オイルショックが起こり、日本経済はインフレーションと不況によって低成長期に移行し、社会福祉予算も大幅に縮減されることになった。

2 保育制度の整備

★ベビーホテル
20時以降の夜間に及ぶ保育、あるいは宿泊を伴う保育を提供する認可外保育施設の通称。事業所内保育施設や院内保育所は除く。1960年代以降、都市部を中心に急増したが、法的な規制や施設設備基準等が未整備だったため、保育中の子どもの死亡事故が相次ぎ、社会問題となった。

　1970年代の半ばから、一般にベビーホテルと称する認可外保育施設における乳幼児の死亡事件が相次ぎ、国会でも取り上げられた。これに対応するために、1980（昭和55）年には、全国のベビーホテル実態調査が行われ、その結果を受けて、翌年から夜間保育、延長保育について運営費の加算、社会的養護関係施設における短期入所制度が開始された。

　また、女性の高学歴化が進み、子育てと就労の両立志向が顕著になった。さらに働き方の多様化やひとり親世帯の増加などもあり、保育ニーズは多様化し、延長保育や休日保育など多様な保育サービスの需要が高まっていった。もともとベビーホテル対策として開始された延長保育や夜間保育制度は、こうした「保育ニーズの多様化」に対応する制度として機能していくことになった。

　その一方で、バブル景気（1980年代後半から1990年代前半）と呼ばれる表面的な景気高揚や少子化傾向も影響して、保育所の利用者は減少傾向にあった。しかし、バブルが崩壊した1990年代後半以降になると共働き世帯が専業主婦の世帯を上回り、保育所利用者は増加していった。

◇参考文献
・京極髙宣『この子らを世の光に──糸賀一雄の思想と生涯』日本放送出版協会，2001.
・鈴木力編著『新しい社会的養護とその内容──生活事例からはじめる』青踏社，2012.

●おすすめ
・高橋重宏監、児童福祉法制定60周年記念 全国子ども家庭福祉会議実行委員会編『日本の子ども家庭福祉──児童福祉法制定60年の歩み』明石書店，2007.

第3節 子ども家庭福祉と現代社会

学習のポイント

- 平成以降の子ども家庭福祉の変遷について学ぶ
- 現在の「子ども・子育て支援制度」に至るまでの経緯を理解する
- 現代社会の子どもと家庭の現状と必要な施策の改善点を考察する

1 少子化対策の始まり

1989（平成元）年には、日本の合計特殊出生率が 1.57 を記録した。これは、戦後最低の出生率だった 1966（昭和 41）年（丙午の年）を下回っており「1.57 ショック」といわれた。同年の「厚生白書」には、初めて「少子化」という言葉が登場し、以後、少子化対策が日本において重要な政策課題の一つになっていった。

1994（平成 6）年には「今後の子育て支援のための施策の基本的方向について（エンゼルプラン）」が策定された。これは 5 か年計画だったため、5 年後の 1999（平成 11）年には「重点的に推進すべき少子化対策の具体的実施計画について（新エンゼルプラン）」が、2004（平成 16）年には「少子化社会対策大綱」とその具体的実施計画である「少子化社会対策大綱に基づく重点施策の具体的実施計画について」が策定された。

2 児童の権利に関する条約批准（1994（平成 6）年）

1989 年に国際連合で採択された児童の権利に関する条約（子どもの権利条約）に、日本も 1994（平成 6）年に批准した。その後、さまざまな分野から、子どもの権利に関する研究が進められた。

国際連合の国際児童年（1979 年）、国際障害者年（1981 年）、国際家族年（1994 年）などの動きも含め、国際動向が日本の子ども家庭福祉政策に大きな影響を与えた時期であったといえる。

★丙午（ひのえうま）
干支の一つ。60 年に 1 回めぐってくる。「丙午（ひのえうま）年の生まれの女性は気性が激しく夫の命を縮める」という俗信がある。そのため、丙午にあたる年には出産を控える人が多く出生率が下がるのだが、その年よりも出生率を下回ったことが、社会に「少子化社会到来」というインパクトを与えた。

★国際児童年
子どもに対する社会の関心の喚起を図るため、国際連合が、児童の権利に関する宣言採択の 20 周年に当たる 1979 年を国際児童年に定めた。日本でもこれを契機に、子どもの福祉や教育等に関するさまざまな啓発活動等が展開され、東京に児童厚生施設「こどもの城」が建設されたりした。

★国際障害者年
1971 年「精神薄弱者の権利宣言」、1975 年「障害者の権利宣言」を採択したことに次ぎ、これらを単なる理念として終わらせないために決議された。テーマは「完全参加と平等」。

3 措置から利用・契約、保護から自立支援へ

児童福祉法制定から50年経った1997（平成9）年には、大幅な改正がなされた。この法改正のポイントは、以下の三つである。

❶保育所の措置制度の廃止：措置から利用方式へ

保育所の利用について、保護者が利用したい保育所を選ぶことのできる「利用方式」が導入された。

❷児童福祉施設の名称変更と目的の変更

各種児童福祉施設の名称変更が行われるとともに、施設の目的として「自立支援」が明記されるなど、子どもの自立支援と権利擁護の視点が明確にされた。

❸地域の相談支援体制の拡充

児童養護施設等に附設されるものとして児童家庭支援センターが創設され、放課後児童健全育成事業が法定化され国の補助金対象となった。また、共働き世帯の子育て支援施策が拡充された。

4 児童虐待対応強化と地域に根差した子育て支援体制の整備

増加する児童虐待への効果的な支援・対応体制の確立を目指して、2000（平成12）年に児童虐待の防止等に関する法律（児童虐待防止法）が制定された。

1 地域に根差した子育て相談支援体制の整備

2000（平成12）年の社会福祉事業法の改正・改称に伴う児童福祉法の一部改正では、児童短期入所にかかる事務が都道府県から市町村に委譲された。

さらに2003（平成15）年の児童福祉法の一部改正では、同年に次世代育成支援対策推進法が制定されたことに伴い、児童福祉法についても、市町村における子育て支援事業の実施、市町村保育計画の作成等が規定された。また、乳児院、児童養護施設、母子生活支援施設等において、地域の子育て家庭における養育について相談・助言を行うこと等が新たに規定された。

Active Learning

1989年は児童の権利に関する条約が採択された年ですが、日本のバブル経済が崩壊した年、東西冷戦の終わりの象徴ともいえるベルリンの壁が崩壊した年でもあります。各々の出来事について調べてみましょう。

Active Learning

2000（平成12）年は、介護保険制度がスタートした年です。子ども家庭福祉と高齢者福祉の実施体制の違いを比較してみましょう。

▌2 増加する DV への対応

　年々増加する DV（ドメスティック・バイオレンス）への対応、支援、保護について定めた配偶者からの暴力の防止及び被害者の保護等に関する法律（DV 防止法）が 2001（平成 13）年に制定された。また、2004（平成 16）年の児童虐待防止法の改正では、子どもの前での DV（面前 DV）が心理的虐待に追加された。DV が増加し続けている背景には、雇用など経済的な不安からくるストレス、メンタルヘルス課題の増加などが挙げられる。

▌3 次世代育成支援からワークライフバランスの実現へ

　2003（平成 15）年に次世代育成支援対策推進法が制定され、次代の社会を担う子どもが健やかに生まれ、育成される社会の形成に資するという目的が示された。

　さらに 2007（平成 19）年に出された「子どもと家族を応援する日本」の重点戦略を踏まえ、2008（平成 20）年の児童福祉法の一部改正では、新たな子育て支援事業の創設、被虐待児童をはじめとする要支援児童を対象とした社会的養護の充実といった内容が盛り込まれた。

▌4 児童虐待対応における司法との連携の強化

　児童虐待の防止や子どもの権利擁護といった観点から、2011（平成 23）年に、民法や児童福祉法等の一部を改正する法律として「民法等の一部を改正する法律」が制定された。

　民法の改正においては、親権の停止制度について規定され、児童福祉法の改正においては、施設長等の権限と親権との関係の明確化、里親委託中および一時保護中の児童相談所長の親権代行等について規定された。

▌5 2016（平成 28）年の児童福祉法改正における児童の権利に関する条約の位置づけ

　2016（平成 28）年の児童福祉法の改正では、第 1 条において「全て児童は、児童の権利に関する条約の精神にのっとり（中略）その心身の健やかな成長及び発達並びにその自立が図られること（中略）を等しく保障される権利を有する」と定め、子どもの能動的権利を明確に規定した。

　さらに、第 2 条では、児童の権利に関する条約が謳う「児童の最善の利益」が優先して考慮されることと、児童の意見表明権を尊重すること

Active Learning

暮らしと働くことのバランスがとれない状態とはどういう状態だと考えますか。言葉で言い表してみましょう。

Active Learning

憲法と法律、条約との関係を調べてみましょう。

が明記された。

5 「少子化対策」から「子ども・子育て支援」へ

2000（平成12）年以降の変化がなぜ生じたのか考えてみましょう。また、このような対策がとられたのにもかかわらず少子化が止まらないのはなぜだと思いますか。いろいろな角度から考えてみましょう。

2010（平成22）年に子ども・子育てビジョンが閣議決定され、❶子どもが主人公（チルドレン・ファースト）、❷「少子化対策」から「子ども・子育て支援」へ、❸生活と仕事と子育ての調和の三つの基本理念が示された。

2012（平成24）年には、子ども・子育て支援制度として「子ども・子育て関連3法」といわれる❶子ども・子育て支援法、❷就学前の子どもに関する教育、保育等の総合的な提供の推進に関する法律の一部を改正する法律、❸子ども・子育て支援法及び就学前の子どもに関する教育、保育等の総合的な提供の推進に関する法律の一部を改正する法律の施行に伴う関係法律の整備等に関する法律が制定された。

2015（平成27）年には、新たに「少子化社会対策大綱～結婚、妊娠、子供・子育てに温かい社会の実現をめざして～」が閣議決定され、結婚や子育てがしやすい環境になるよう社会全体を見直し、5年間集中してそれぞれの対策の充実に取り組むことが方向づけされた。

さらに、2020（令和2）年5月には、新たに「少子化社会対策大綱～新しい令和の時代にふさわしい少子化対策へ～」が閣議決定された。ここでは、「希望出生率1.8」を目標に掲げるとともに、結婚や子育てがしやすい社会づくりのため、ICTやAI等の新たな資源の活用を含む、さらなる対策の充実を行うことが示された。

◇参考文献
・松村和子・澤江幸則・神谷哲司編著『保育の場で出会う家庭支援論——家族の発達に目を向けて』建帛社，2010.
・林浩康『子どもと福祉——子ども・家族支援論 第2版』福村出版，2013.

●おすすめ
・日本子どもを守る会編『子ども白書2016——「子どもを大切にする国」をめざして』本の泉社，2016.

第3章

子ども家庭を
取り巻く現代社会

　ソーシャルワーカーは、ミクロ・メゾ・マクロそれぞれのレベルで課題を捉えていく。子ども家庭福祉においてもマクロレベルの現代社会のありようが、どのように子育ち、子育てに影響を与えているのかを理解することが重要である。

　本章では、子ども家庭と地域社会の変容、それに伴う子育て環境の変化について触れ、現代社会の課題が子ども家庭に与えている影響について概観する。

　そのことを通して、子どもやその家庭が抱えている課題をソーシャルな視点で捉え、ミクロ・メゾ・マクロを意識した実践の必要性について理解を深める。

子ども家庭を取り巻く社会環境

- 子どもと家族、地域社会の変容を歴史的な流れのなかで理解する
- 近年の急激な社会の変容と子育て環境の変化について理解する

1 人口減少と少子高齢化社会

総務省統計局「国勢調査」（各年）によると日本の人口は、戦後1950（昭和25）年の8411万人から増加を続け、2008（平成20）年の1億2808万人をピークに減少に転じ、2017（平成29）年10月1日現在、1億2709万人となっている。一方、高齢化率（総人口に占める65歳以上の人口の割合）は、1950（昭和25）年には5％に満たなかったが、2017（平成29）年10月1日現在、26.6％に達しており、人口減少、高齢化が進んできている（**図3-1**）。また、経済社会の発展に伴い「多産多死」から「多産少死」、「少産少死」へと人口転換を起こし、1971（昭和46）年から1974（昭和49）年の第二次ベビーブーム以降少子化が進んできている。2018（平成30）年の合計特殊出生率★は1.42であり、少子化に伴い2019（令和元）年には人口自然減（死亡数から出生数を引いた数）は初めて50万人を突破する見込みである。

★**合計特殊出生率**
15～49歳までの女性の年齢別出生率を合計したもの。一人の女性がその年齢別出生率で一生の間に生むとしたときの子どもの数に相当する。

2 社会の変容と子育て環境の変化

戦後、家族のありようは社会環境の影響を受けて変容してきた。日本の産業構造の割合の変化をみてみると、1955（昭和30）年には、第一次産業が21.0％であったが高度経済成長を経て大幅に減少し、2008（平成20）年には1.6％になっている。一方、第三次産業は、1955（昭和30）年の42.2％であったが、2008（平成20）年には69.6％まで上昇している（**図3-2**）。

このような産業構造の変化に伴い、第一次産業中心の三世代の大家族における労働から人口の都市への流出に伴い核家族化が進み、高度経済

図3-1　高齢化の推移と将来推計

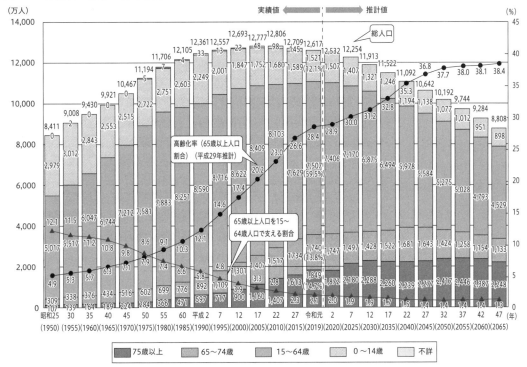

資料：棒グラフと実線の高齢化率については、2015年までは総務省「国勢調査」、2019年は総務省「人口推計」（令和元年10月1日確定値）、2020年以降は国立社会保障・人口問題研究所「日本の将来推計人口（平成29年推計）」の出生中位・死亡中位仮定による推計結果。

注1：2019年以降の年齢階級別人口は、総務省統計局「平成27年国勢調査　年齢・国籍不詳をあん分した人口（参考表）」による年齢不詳をあん分した人口に基づいて算出されていることから、年齢不詳は存在しない。なお、1950年〜2015年の高齢化率の算出には分母から年齢不詳を除いている。ただし、1950年及び1955年において割合を算出する際には、注2における沖縄県の一部の人口を不詳には含めないものとする。

　2：沖縄県の昭和25年70歳以上の外国人136人（男55人、女81人）及び昭和30年70歳以上23,328人（男8,090人、女15,238人）は65〜74歳、75歳以上の人口から除き、不詳に含めていない。

　3：将来人口推計とは、基準時点までに得られた人口学的データに基づき、それまでの傾向、趨勢を将来に向けて投影するものである。基準時点以降の構造的な変化等により、推計以降に得られる実績や新たな将来推計との間には乖離が生じうるものであり、将来推計人口はこのような実績等を踏まえて定期的に見直すこととしている。

出典：内閣府『令和2年版　高齢社会白書』2020.

成長期には父親が企業で働き、母親が専業主婦やパートで働く家族観ができ上がっていった。また、農業社会における大家族や親類による相互扶助は弱まり、家族の経済的基盤も父親の企業への正規雇用により支えられることになった。高度経済成長は1973（昭和48）年の第一次オイルショックまで続き、その後、低経済成長時代を迎えた。1980（昭和55）年より共働き世帯が増加し、1997（平成9）年に共働き世帯数が専業主婦世帯数を上回り、1999（平成11）年の男女共同参画社会基本法の制定・施行に伴い、その差は急速に広がった。2019（令和元）年には、共働き世帯数が1245万世帯に対し専業主婦世帯数は575万世帯となっている（図3-3）。

　1990（平成2）年以降は急激な社会変化がみられる。インターネット、

Active Learning

あなたの住んでいる市町村など身近な地域の人口や世帯数の推移、高齢化率や産業などを調べ、子育て環境に与えている影響について考えてみましょう。

図3-2　産業の構成割合の推移

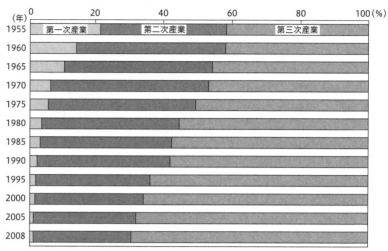

注1：数値は、国内総生産のうち各産業が占める割合
　2：第一次産業は農林漁業、第二次産業は製造業＋鉱業＋建設業、第三次産業はその他として算出
資料：内閣府「国民経済計算」
出典：厚生労働省「平成22年版 労働経済の分析」

図3-3　専業主婦世帯と共働き世帯

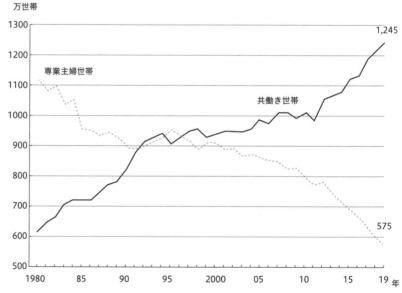

注1：「専業主婦世帯」は、夫が非農林業雇用者で妻が非就業者（非労働力人口及び完全失業者）の世帯
　2：「共働き世帯」は、夫婦ともに非農林業雇用者の世帯
　3：2011年は岩手県、宮城県及び福島県を除く全国の結果
　4：2013年〜2016年は、2015年国勢調査基準のベンチマーク人口に基づく時系列用接続数値
資料：厚生労働省「厚生労働白書」、内閣府「男女共同参画白書」、総務省「労働力調査特別調査」、総務
　　　省「労働力調査（詳細集計）」
出典：労働政策研究・研修機構「早わかり グラフでみる長期労働統計」

Active Learning

自分がよく知る場所の10年前頃と現在の写真をインターネットで検索して比較してみましょう。

携帯電話が普及し始め、普及率は 1990 年代後半より急増、2009（平成21）年には 90％を超え、情報化社会となってきた。またバブル崩壊後、雇用環境は変化し、非正規雇用が増加、2011（平成 23）年以降、非正規

雇用者の割合が、役員を除く雇用者の 35％を超える状況が続いている。それに伴い 2003（平成 15）年より子どもの貧困率も上昇し、2012（平成 24）年には 16.3％になり、6 人に 1 人が貧困状態になった。その後 2018（平成 30）年には 13.5％となり、7 人に 1 人が貧困状態にある。世帯員数は、1960（昭和 35）年の 4.13 人から年々減少し、2019（令和元）年の 2.39 人になり、家族の縮小が進んだ。児童のいる世帯も急激に減少し、1986（昭和 61）年には、世帯全体の半数近くを占めていたが、2019（令和元）年には 21.7％に減少し、特に児童が 2 人もしくは 3 人以上の世帯の減少が顕著である（**図 3-4**）。

　また、児童のいる世帯におけるひとり親と未婚の子のみの世帯の割合は、1975（昭和 50）年に 3.1％であったが、2005（平成 17）年に 6％を超え、2019（令和元）年には、6.5％となっている。

　子育て世代の減少も顕著である。子育て世代は、内閣府の「平成 17 年版国民生活白書」によると、「これから結婚しようとする若年から、大学生の子どもがいる親までで構成される世代」として 20～49 歳までを指している。

　この子育て世代は、1995（平成 7）年の 5426 万人をピークに減少に転じ、2015（平成 27）年には、4638 万人とピーク時より約 15％減少している。また、全人口に占める子育て世代の割合は 1970（昭和 45）年がピークで 47.7％であったが、2015（平成 27）年には 36.5％と（**図 3-5**）、1920（大正 9）年以降、1945（昭和 20）年と並ぶ過去最低の割

★**子どもの貧困率**
18 歳未満の子どもの総数に占める相対的貧困にある子どもの割合である。相対的貧困とは、等価可処分所得（世帯の可処分所得を世帯人員の平方根で除して調整した所得）の中央値の半分に満たないことであり、可処分所得とは、収入から税金・社会保険料等を除いたいわゆる手取り収入を指す。

Active Learning

食料品や日常生活に必要なものを、どこでどのように買いますか。自分と子育て世代、自分の親世代と比較してみましょう。

図3-4　児童の有無および児童数別にみた世帯数の構成割合・平均児童数の年次推移

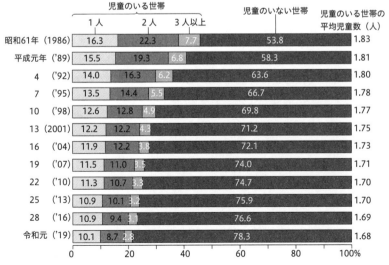

	1人	2人	3人以上	児童のいない世帯	児童のいる世帯の平均児童数（人）
昭和61年（1986）	16.3	22.3	7.7	53.8	1.83
平成元年（'89）	15.5	19.3	6.8	58.3	1.81
4（'92）	14.0	16.3	6.2	63.6	1.80
7（'95）	13.5	14.4	5.5	66.7	1.78
10（'98）	12.6	12.8	4.9	69.8	1.77
13（2001）	12.2	12.2	4.3	71.2	1.75
16（'04）	11.9	12.2	3.8	72.1	1.73
19（'07）	11.5	11.0	3.5	74.0	1.71
22（'10）	11.3	10.7	3.3	74.7	1.70
25（'13）	10.9	10.1	3.2	75.9	1.70
28（'16）	10.9	9.4	3.1	76.6	1.69
令和元（'19）	10.1	8.7	2.8	78.3	1.68

資料：厚生労働省資料を一部改変

図3-5　年齢別人口推移

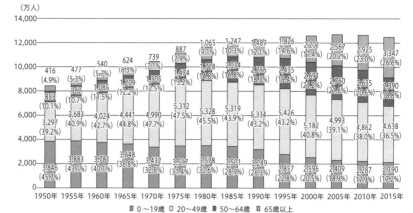

資料：総務省「国勢調査」より作成

合となっている。

　このように歴史的な社会変容とともに、大家族や親類による相互扶助の弱まりと地域共同体の衰退、情報化社会や非正規雇用の増加など社会と労働環境の変化、家族の縮小化、子育て世代の減少など子育て環境は大きく変化してきている。そしてそれは子どもたちの生活に大きな影響を与えている。その一つに子どもの貧困がある。

　先に述べたように18歳未満の子どもの7人に1人は貧困状態にある。この子どもの貧困は、経済的困難をもとに不十分な衣食住、適切なケアの欠如（虐待・ネグレクト）、文化的資源の不足のみならずそれに伴って低学力、低学歴、不安・不信感、低い自己評価、孤立・排除を生み出し子どもたちの日常生活およびその将来に大きな影響を与えている。

　2013（平成25）年に子どもの貧困対策の推進に関する法律（第4章第1節参照）が制定され、さまざまな施策が取り組まれているが、子どもの貧困は大人の貧困とつながっており、それは先に述べたような社会や労働環境の変化などが影響している。そのようなマクロレベルを含めたさらなる施策の展開が求められている。

◇**参考文献**
・栗原孝「子どもが育つ場としての家族の変容——共同性が失われた日本の家族」『アジア研究所・アジア研究シリーズ』第46号，2003.
・全国保育士養成協議会監，西郷泰之・宮島清編『ひと目でわかる　保育者のための児童家庭福祉データブック2020』中央法規出版，2019.
・小西祐馬「子どもの貧困を定義する」子どもの貧困白書編集委員会編『子どもの貧困白書』明石書店，2009.

第2節 現代社会における課題と子育ち・子育てへの影響

学習のポイント

- 現代社会における社会環境の変化を理解する
- 社会環境の変化が子育て環境や子どもたちの生活に与えている影響について学ぶ
- 子どもの福祉と子育てに支援が必要な状況であることを理解する

1 経済構造および労働環境

　産業構造は、先に述べたように第一次、第二次産業の割合が低下し、第三次産業の割合が上昇してきた。また 2000（平成 12）年以降グローバル化した市場競争から新自由主義★が台頭し、非正規雇用の割合が増加、そのなかで働いても貧困から抜け出せない「ワーキングプア」の問題も生じてきている。高度経済成長時代には企業の正規雇用・終身雇用により生活の安定が確保されていたが、近年の不安定な雇用状況から就労することが必ずしも生活の安定にはつながらなくなってきている。また新自由主義によりこれらの問題を自己責任と捉え、相互扶助による解決を求める傾向も強くなってきている。子どもの貧困もこれらの社会の経済構造や親の雇用環境の課題と密接に関係している。

　また社会保障における再分配において、日本の子どもの貧困率が悪化していることも指摘され、女性の雇用が進んできても家庭のケアの担い手は女性であることが多く、待機児童問題、介護離職などの問題も生じてきている。

★新自由主義
新自由主義とは、政府の介入を小さくし、規制緩和を進め市場の自由化・活性化を目指す考え方。

2 地域と家庭・子育て環境の変化

　地域社会は経済構造の変化から都市化が進み、農業社会にあった親類や地域の協力関係は衰退し、地域交流の減少、孤立、人間関係の希薄化が進んできている。それは家庭の孤立と子どもの交流機会の減少を生み出し、子育てにおける親、特に母親が担う役割が重くなり、子どもの問題が親の子育ての問題につながりやすくなってきている。

また子育て環境の変化として、家族規模の縮小、共働き家庭の増加、長時間労働の常態化によるワーク・ライフ・バランスの問題が指摘されている。「平成28年度文部科学省委託調査」によると、平日において1日当たりの子どもとふれあう時間は2008（平成20）年と2016（平成28）年で比較してみると1時間未満が17.2％から26.4％へ増加、休日においても4.3％から8.4％に増加しており（**図3-6**）、現在その対策として、国によって「働き方改革」が進められているところである。

さらに同調査では、子どもを通じた地域とのかかわりにおいても「子供を通じて関わっている人はいない」が24.2％に上っている。

近年の社会的課題としてメンタルヘルス課題の増加も挙げられる。厚生労働省の患者調査（2017（平成29）年）によると精神疾患を有する者は419万3000人であり、1999（平成11）年の204万1000人の2倍以上に増加している。特に気分障害の外来患者数は、1999（平成11）年の41万6000人から2017（平成29）年には124万6000人に、また、子育て世代の25歳から44歳の精神疾患を有する外来患者数も同じく、1999（平成11）年の50万9000人から2017（平成29）年には94万4000人に増加している。

これらのメンタルヘルス課題は、労働雇用環境の悪化や貧困などの問題とも関連している。さまざまな不安定な経済、労働環境などがメンタルヘルスの問題を生み出し、メンタルヘルスの問題がさまざまな家庭の生活基盤を崩していく。この連鎖により子育て環境は悪化していくこと

★気分障害
WHO（世界保健機関）の国際疾病分類（ICD-11）において、気分障害群として、躁うつ病などの双極性障害群と抑うつ障害群を含む疾病である。

図3-6　1日当たりの子どもとふれあう時間

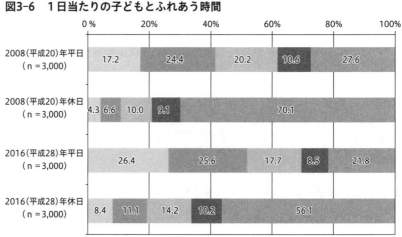

□1時間未満　■1～2時間未満　□2～3時間未満　■3～4時間未満　■4時間以上

資料：文部科学省「平成28年度 家庭教育の総合的推進に関する調査研究～家庭教育支援の充実のための実態等把握調査研究～」

につながる。

そのような状況からは、子どもが家族内のケアの担い手（ヤングケアラー）になる問題も生じてきており、神奈川県藤沢市における公立小学校・中学校・特別支援学校の教員を対象にした調査「藤沢市ケアを担う子ども（ヤングケアラー）についての調査＜教員調査＞報告書」（2017（平成 29）年）では、子どもが「ケアをしている相手」として、「きょうだい」に次いで「母」が多くなっており、「相手の状況」をみると、母は「精神疾患」が最も多い。

また、自治体の要保護児童対策地域協議会を対象とした全国調査「ヤングケアラーの実態に関する調査研究報告書」（厚生労働省平成 30 年度子ども・子育て支援推進調査研究事業）によると、ケアの対象としている相手は「きょうだい」が 72.6％と最も高く、「母親」が 46.9％、「父親」が 12.5％と続いている。ケアを行っている対象別に要介護・障害等の有無をみてみると、「母親」では「精神障害」が 51.8％と半数を超え、「依存症」も 10.4％となっている。「父親」では「依存症」は最も多く21.2％、次いで「精神障害」の 18.6％となっている。

3 子どもたちの生活変化

子どもたちの生活の変化について、少子化による遊び相手の減少、遊び場の減少やゲームの普及による屋内での遊びの増加がある。また生活リズムも夜型傾向であり、公益財団法人日本学校保健会の調査によると、2016（平成 28）年度の小・中・高校生の睡眠不足を感じている理由として、「なんとなく夜更かしをしてしまう」が最も多く、「テレビや DVD、ネット動画などを見ている」「宿題や勉強で寝る時間が遅くなる」が続いている。

また、内閣府の「令和元年度青少年のインターネット利用環境実態調査」によると、0 歳から満 9 歳までの子どものインターネットの利用率は、57.2％であり、1 日の平均利用時間は 84.9 分である。小学生では、利用率は 86.3％で 1 日の平均利用時間は 129.1 分であった。幼い子どもへの「スマホ子守」も問題となっている。さらに「第 11 回未成年者の携帯電話・スマートフォン利用実態調査」（2018（平成 30）年）によると、小学生（4 ～ 6 年生）の友達とのコミュニケーション手段として「LINE」が男子 53.4％、女子 49.5％で、「リアルな会話」の男子 19.4％、

Active Learning

現代社会における子育て環境の変化、メンタルヘルスの課題、子どもたちの生活変化等から子どもや家庭に必要な支援について話しあってみましょう。

図3-7　小・中・高校生の普段の友達とのコミュニケーション手段

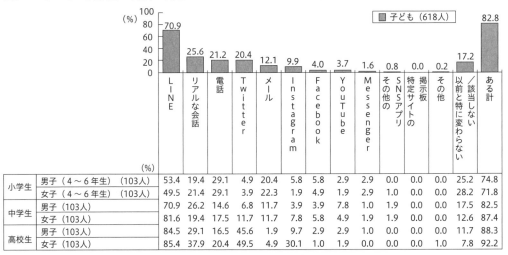

(%)		LINE	リアルな会話	電話	Twitter	メール	Instagram	Facebook	YouTube	Messenger	その他のSNSアプリ	特定サイトの掲示板	その他	以前と特に変わらない／該当しない	ある計
小学生	男子（4～6年生）（103人）	53.4	19.4	29.1	4.9	20.4	5.8	5.8	2.9	2.9	0.0	0.0	0.0	25.2	74.8
	女子（4～6年生）（103人）	49.5	21.4	29.1	3.9	22.3	1.9	4.9	1.9	2.9	1.0	0.0	0.0	28.2	71.8
中学生	男子（103人）	70.9	26.2	14.6	6.8	11.7	3.9	3.9	7.8	1.0	1.9	0.0	0.0	17.5	82.5
	女子（103人）	81.6	19.4	17.5	11.7	11.7	7.8	5.8	4.9	1.9	1.9	0.0	0.0	12.6	87.4
高校生	男子（103人）	84.5	29.1	16.5	45.6	1.9	9.7	2.9	2.9	1.0	0.0	0.0	0.0	11.7	88.3
	女子（103人）	85.4	37.9	20.4	49.5	4.9	30.1	1.0	1.9	0.0	0.0	0.0	1.0	7.8	92.2

注：2018（平成30）年1月31日～2月4日の期間におけるインターネット調査。
出典：デジタルアーツ「第11回未成年者の携帯電話・スマートフォン利用実態調査」p. 41，2018．を一部改変

女子21.4％を大きく上回っている（**図3-7**）。このようにインターネットの普及は子どもたちの生活習慣だけでなく、対人関係やコミュニケーションにおいても大きな影響を与えている。

2019年5月には、ゲーム障害がWHO（世界保健機関）の国際疾病分類に加えられ、ゲーム障害による昼夜逆転、不登校、家庭内の暴力も社会問題化している。

このように社会環境の変化に伴い、現代社会における子どもたちの生活環境も変化し、さまざまな課題が生じてきている。子どもたちへの支援のみでなく、それを取り巻く家庭が抱えている困難さ、またそれらを生み出している地域社会への働きかけなどソーシャルワーカーには、常にミクロ・メゾ・マクロを意識した実践が求められている。

◇**参考文献**
・藤原千沙「新自由主義への抵抗軸としての反貧困とフェミニズム」松本伊知朗編『「子どもの貧困」を問い直す──家族・ジェンダーの視点から』法律文化社，2017．
・恩賜財団母子愛育会愛育研究所編「日本子ども資料年鑑2019」KTC中央出版，2019．
・三菱UFJリサーチ＆コンサルティング「ヤングケアラーの実態に関する調査研究報告書」（厚生労働省平成30年度子ども・子育て支援推進調査研究事業）2019．

●**おすすめ**
・大西良編著『貧困のなかにいる子どものソーシャルワーク』中央法規出版，2018．

第4章

子ども家庭福祉の
支援の基盤

　現代の子ども家庭福祉は、子どもの権利を中核とする思想的・歴史的基盤に支えられつつ、法律に基づいた実施体制に規定されて推進されている。このことを踏まえ、本章では、子ども家庭福祉を保障するための各種法律や実施体制などについて学習する。

　ソーシャルワーカーを目指す諸氏は、どちらかといえば対人支援の現場にのみ目を向けがちだが、子ども家庭福祉ニーズに対応する法制度の不備・不足に気づき、政治や行政システムにフィードバックを行い、計画的な変化を起こす触媒となることが求められるのも忘れてはいけない。このため、本章に扱う法制度を固定的で変化のないものとみなすのではなく、子どもの権利保障のために変革すべき対象として認識することも心がけたい。

子ども家庭福祉の法体系

● 児童福祉六法と関連法律の概要について理解する

子ども家庭福祉の法体系

憲法と条約と法律との関係、法律と政省令との関係、通知の意味について調べてみましょう。

子ども家庭福祉の法体系の根幹には、日本国憲法による基本的人権や幸福追求権、生存権等の規定がある。また、児童の権利に関する条約の理念に基づき子どもを権利主体と捉え、子どもの最善の利益の実現を目指している。子ども家庭福祉の法体系は、児童福祉六法、社会の基本的なルールを定めた法律、社会福祉、保健医療および公衆衛生、教育、労働、司法等多くの関連法律によって成立している（**表 4-1**）。

1 子ども家庭福祉に関する法律

まず、児童福祉六法と呼ばれる基盤を成す法律を確認する。

❶児童福祉法

1947（昭和 22）年に日本国憲法の理念に基づいて、すべての子どもと家庭の福祉の実現のために制定された。子ども家庭福祉において最も基本的で総合的な法律である。

本法は、「総則」「福祉の保障」「事業、養育里親及び養子縁組里親並びに施設」「費用」「国民健康保険団体連合会の児童福祉法関係業務」「審査請求」「雑則」「罰則」の 8 章で構成されている。理念や原理、児童や妊産婦の定義、児童相談所や福祉事務所等業務の実施機関、児童福祉審議会、要保護児童対策地域協議会、児童福祉司、児童委員、保育士等について定められているほか、福祉の保障として療育の給付、児童福祉施設や里親等における要保護児童の保護、在宅福祉サービス等についても規定されている。

子ども家庭福祉の基本的理念および原理は、第 1 条から第 3 条にかけて定められている。第 1 条では「全て児童は、児童の権利に関する条約の精神にのっとり、適切に養育されること、その生活を保障されること、愛され、保護されること、その心身の健やかな成長及び発達並びにその

表4-1 子ども家庭福祉を支える主な法律

法体系の基本	日本国憲法
児童福祉六法	①児童福祉法（1947（昭和22）年） ②児童扶養手当法（1961（昭和36）年） ③母子及び父子並びに寡婦福祉法（1964（昭和39）年） ④特別児童扶養手当等の支給に関する法律（1964（昭和39）年） ⑤母子保健法（1965（昭和40）年） ⑥児童手当法（1971（昭和46）年）
子ども家庭福祉に関連する主な法律	社会の基本にかかわる法律 ①民法 ②少子化社会対策基本法 ③男女共同参画社会基本法 子ども家庭福祉に関連する法律 ①次世代育成支援対策推進法 ②児童虐待の防止等に関する法律 ③子ども・子育て支援法 ④子どもの貧困対策の推進に関する法律 ⑤就学前の子どもに関する教育、保育等の総合的な提供の推進に関する法律 ⑥子ども・若者育成支援推進法　など 社会福祉に関する法律 ①社会福祉法 ②生活保護法 ③発達障害者支援法 ④障害者の日常生活及び社会生活を総合的に支援するための法律 ⑤障害者基本法 ⑥精神保健及び精神障害者福祉に関する法律 ⑦生活困窮者自立支援法　など 保健医療及び公衆衛生に関する法律 ①母体保護法 ②学校保健安全法　など 教育に関する法律 ①教育基本法 ②学校教育法 ③いじめ防止対策推進法　など 労働に関する法律 ①育児休業、介護休業等育児又は家族介護を行う労働者の福祉に関する法律　など 司法等に関する法律 ①少年法 ②少年院法 ③少年鑑別所法 ④売春防止法 ⑤児童買春、児童ポルノに係る行為等の規制及び処罰並びに児童の保護等に関する法律 ⑥配偶者からの暴力の防止及び被害者の保護等に関する法律　など

出典：山縣文治『子ども家庭福祉論 第2版』（シリーズ・福祉を知る）ミネルヴァ書房，2018.，柏女霊峰『子ども家庭福祉論 第6版』誠信書房，2020. を参考に作成

自立が図られることその他の福祉を等しく保障される権利を有する」と規定した。第2条第1項では、「全て国民は、児童が（中略）児童の年齢及び発達の程度に応じて、その意見が尊重され、その最善の利益が優先して考慮され（中略）るように努めなければならない」ことが規定され、

同条第2項では、保護者の子どもの育成における第一義的責任を明記している。第3条では、第1条および第2条が児童の福祉を保障するための原理であることが示されている。なお、第3条の2では、国および地方公共団体が保護者を支援する義務や、家庭において養育することが困難でありまたは適当でない児童について家庭と同様の環境における養育を推進することを規定し、第3条の3では、国、都道府県、市町村の行わなければならない業務や措置を明確化している。

本法において「児童」とは満18歳に満たないすべての者、「妊産婦」とは妊娠中または出産後1年以内の女子、「保護者」とは親権を行う者、未成年後見人その他の者で児童を現に監護する者と定義されている。なお、法律に基づく児童福祉法施行令、児童福祉法施行規則によってサービスの実施等が規定され、さらに児童福祉施設の設備及び運営に関する基準や里親が行う養育に関する最低基準等の各種省令により、運用の詳細を示している。

❷児童扶養手当法

本法は、「父又は母と生計を同じくしていない児童が育成される家庭の生活の安定と自立の促進に寄与するため、当該児童について児童扶養手当を支給し、もって児童の福祉の増進を図ること」(第1条)を目的として、1961(昭和36)年に制定された。本手当の支給対象は、父母が婚姻を解消した児童、父または母が死亡した児童、父または母が重度の障害の状態にある児童、父または母の生死が明らかでない児童、未婚の母の子等を監護または養育する者となる。現在は父子家庭にも所得に応じて手当が支給されている(2010(平成22)年8月以降)。また、父または母が公的年金を受給できる場合等には、年金額が手当額を下回るときにその差額分が支給される。本法における児童は、18歳に達する日以後の最初の3月31日までの間にある者または20歳未満で政令で定める程度の障害の状態にある者とされる。費用の負担割合は国が3分の1であり、都道府県、市(特別区を含む)または福祉事務所設置町村が3分の2である。

❸母子及び父子並びに寡婦福祉法

本法は、1964(昭和39)年に母子福祉法として制定され、1981(昭和56)年に寡婦家庭を対象として母子及び寡婦福祉法となり、2002(平成14)年改正で父子家庭を対象とし、2014(平成26)年に父子を名称に加えて現行の名称となった。「母子家庭等及び寡婦の福祉に関する原理を明らかにするとともに、母子家庭等及び寡婦に対し、その生活の安

定と向上のために必要な措置を講じ、もって母子家庭等及び寡婦の福祉を図ること」（第1条）を目的とし、児童については20歳未満と定義している。母子・父子自立支援員制度、母子福祉資金・父子福祉資金・寡婦福祉資金の貸付け、母子家庭・父子家庭・寡婦日常生活支援事業、母子家庭・父子家庭・寡婦就業支援事業、母子家庭・父子家庭自立支援給付金、母子・父子福祉施設等が規定されている。

❹特別児童扶養手当等の支給に関する法律

本法は「精神又は身体に障害を有する児童について特別児童扶養手当を支給し、精神又は身体に重度の障害を有する児童に障害児福祉手当を支給するとともに、精神又は身体に著しく重度の障害を有する者に特別障害者手当を支給することにより、これらの者の福祉の増進を図ること」（第1条）を目的として、1964（昭和39）年に制定された。

20歳未満の障害児を対象とした特別児童扶養手当および20歳未満の重度障害児を対象とした障害児福祉手当、20歳以上の重度障害者を対象とした特別障害者手当の3種類がある。特別児童扶養手当と障害児福祉手当は重度障害児に重ねて支給される。20歳以上の者は障害の程度および経済状況により、特別障害者手当や障害基礎年金が支給される。ただし、どの手当についても在宅で生活していることを前提としており、施設に入所しているときなどは支給されない。費用の負担割合は、国が4分の3、都道府県、市（特別区を含む）または福祉事務所設置町村が4分の1となっている。

❺母子保健法

本法は、「母性並びに乳児及び幼児の健康の保持及び増進を図るため、母子保健に関する原理を明らかにするとともに、母性並びに乳児及び幼児に対する保健指導、健康診査、医療その他の措置を講じ、もって国民保健の向上に寄与すること」（第1条）を目的に1965（昭和40）年に制定された。母子保健の向上に関する措置として、保健指導、新生児訪問指導、健康診査（1歳6か月児および3歳児）、妊娠の届出、母子健康手帳の交付、低体重児の届出、未熟児養育医療、母子健康包括支援センター（子育て世代包括支援センター）の市町村設置の努力義務等を規定している。

❻児童手当法

本法は、「児童を養育している者に児童手当を支給することにより、家庭等における生活の安定に寄与するとともに、次代の社会を担う児童の健やかな成長に資すること」（第1条）を目的として1971（昭和46）年

Active Learning

子ども家庭福祉に関する各法律が対象とする児童（子ども）の年齢の違いを確認し、なぜそのように定めているかを考えてみましょう。

第4章 子ども家庭福祉の支援の基盤

表4-2　児童手当の概要

制度の目的	○家庭等の生活の安定に寄与する ○次代の社会を担う児童の健やかな成長に資する		
支給対象	○中学校修了までの国内に住所を有する児童 （15歳に到達後の最初の年度末まで）	受給資格者	○監護生計要件を満たす父母等 ○児童が施設に入所している場合は施設の設置者等
手当月額	○0〜3歳未満　一律15,000円 ○3歳〜小学校修了まで 　・第1子、第2子：10,000円（第3子以降：15,000円） ○中学生　一律10,000円 ○所得制限以上　一律5,000円（当分の間の特例給付）	実施主体	○市区町村（法定受託事務） ※公務員は所属庁で実施
		支払期月	○毎年2月、6月及び10月（各前月までの分を支払）
		所得制限 （夫婦と児童2人）	○所得限度額（年収ベース） ・960万円未満
費用負担	○財源については、国、地方（都道府県、市区町村）、事業主拠出金（※）で構成。 ※事業主拠出金は、標準報酬月額及び標準賞与額を基準として、拠出金率（2.9/1000）を乗じて得た額で、児童手当等に充当されている。		

費用負担

0歳〜3歳未満
- 特例給付（所得制限以上）：被用者 国2/3・地方1/3 ／ 非被用者 国2/3・地方1/3 ／ 公務員 所属庁10/10
- 児童手当：被用者 事業主7/15・国16/45・地方8/45 ／ 非被用者 国2/3・地方1/3 ／ 公務員 所属庁10/10

3歳〜中学校修了前
- 特例給付（所得制限以上）：被用者 国2/3・地方1/3 ／ 非被用者 国2/3・地方1/3 ／ 公務員 所属庁10/10
- 児童手当：被用者 国2/3・地方1/3 ／ 非被用者 国2/3・地方1/3 ／ 公務員 所属庁10/10

資料：内閣府「児童手当の概要」を一部改変

に制定された。支給対象児童は、日本国内に住所を有していれば国籍を問わない。施設等入所児童に対しては、その設置者を通じて支給される（**表4-2**）。

▌2 子ども家庭福祉の主な関連法律

　子ども家庭福祉の関連法律は非常に多岐にわたる。ここでは特に重要な関連法律を取り上げて概要をみていくこととする。

❶少子化社会対策基本法

　本法は、「少子化に対処するための施策を総合的に推進し、もって国民が豊かで安心して暮らすことのできる社会の実現に寄与すること」を目的として2003（平成15）年に制定された。施策の基本理念、国・地方公共団体・事業主・国民の責務、雇用環境の整備や保育サービス等の充実、地域社会における子育て支援体制の整備、母子保健医療体制の充実、ゆとりのある教育の推進、生活環境の整備、経済的負担の軽減等が規定されている。

　こうした規定に関する総合的な検討の場として、内閣総理大臣を会長

とする少子化社会対策会議を設置することとされている。政府には、少子化に対処するための施策の指針として、総合的かつ長期的な少子化に対処するための施策の大綱を策定する義務があり、それにより少子化社会対策大綱が策定され、子育て安心プラン等の国による計画の策定に結びついている。

❷次世代育成支援対策推進法

本法は、「次世代育成支援対策に関し、基本理念を定め、並びに国、地方公共団体、事業主及び国民の責務を明らかにするとともに、行動計画策定指針並びに地方公共団体及び事業主の行動計画の策定その他の次世代育成支援対策を推進するために必要な事項を定めることにより、次世代育成支援対策を迅速かつ重点的に推進し、もって次代の社会を担う子どもが健やかに生まれ、かつ、育成される社会の形成に資すること」を目的として 2003（平成 15）年に制定された。当初は 2015（平成 27）年 3 月末までの時限立法であったが、2014（平成 26）年の改正時に 2025（令和 7）年 3 月末まで期限を延長した。

都道府県および市町村は、5 年を 1 期とする次世代育成支援のための地域における行動計画を策定することができる。国および地方公共団体の機関等の特定事業主は行動計画を策定するものとされ、101 人以上の従業員を抱える一般事業主に対しては行動計画を策定する義務が課せられている。

❸児童虐待の防止等に関する法律

本法は、2000（平成 12）年に制定された。児童虐待の定義、児童虐待の禁止、児童虐待の防止に関する国および地方公共団体の責務、虐待を受けた児童の保護のための措置等を定めており、児童虐待は著しい人権侵害であると明記されている。児童虐待の定義については第 2 条に定められており、身体的虐待、性的虐待、ネグレクト（養育放棄や保護の怠慢等）、心理的虐待の 4 類型が定義づけられている。

❹子ども・子育て支援法

本法は、「子ども・子育て支援給付その他の子ども及び子どもを養育している者に必要な支援を行い、もって一人一人の子どもが健やかに成長することができる社会の実現に寄与すること」（第 1 条）を目的として、2012（平成 24）年に制定された。子ども・子育て支援制度の給付内容のほか、子育てが社会連帯の理念のもとに社会全体で行われるものであることが示されている。

❺生活困窮者自立支援法

　本法は、「生活困窮者自立相談支援事業の実施、生活困窮者住居確保給付金の支給その他の生活困窮者に対する自立の支援に関する措置を講ずることにより、生活困窮者の自立の促進を図ること」（第1条）を目的として2013（平成25）年に制定された。生活困窮家庭の子どもへの学習の援助を行う事業、その他の自立促進のために必要な事業について定められている。

❻子どもの貧困対策の推進に関する法律

　本法は、「子どもの現在及び将来がその生まれ育った環境によって左右されることのないよう、全ての子どもが心身ともに健やかに育成され、及びその教育の機会均等が保障され、子ども一人一人が夢や希望を持つことができるようにするため、子どもの貧困の解消に向けて、児童の権利に関する条約の精神にのっとり、子どもの貧困対策に関し、基本理念を定め、国等の責務を明らかにし、及び子どもの貧困対策の基本となる事項を定めることにより、子どもの貧困対策を総合的に推進すること」（第1条）を目的として2013（平成25）年に制定された。子どもの貧困対策会議（会長：内閣総理大臣）を内閣府に設置し、都道府県および市町村に対し、国が定める子供の貧困対策に関する大綱をもとにした子どもの貧困対策計画を策定することを努力義務としている。

❼就学前の子どもに関する教育、保育等の総合的な提供の推進に関する法律

　本法は、「小学校就学前の子どもに対する教育及び保育並びに保護者に対する子育て支援の総合的な提供を推進するための措置を講じ、もって地域において子どもが健やかに育成される環境の整備に資すること」（第1条）を目的として2006（平成18）年に制定された。いわゆる「認定こども園法」である。その後、子ども・子育て支援法の施行による子ども・子育て支援システムの一環として、幼保連携型認定こども園を創設するための一部改正が2012（平成24）年に行われた。なお、幼保連携型認定こども園は、学校教育および保育を一体的に行い、また保護者に対する子育ての支援を提供する施設とされ、教育基本法に基づく学校であり、かつ児童福祉法に基づく児童福祉施設および社会福祉法に基づく第二種社会福祉事業を行う施設である。

❽子ども・若者育成支援推進法

　本法は、子ども・若者をめぐる環境の悪化やその他の問題の深刻化のなかで、従来の個別分野における縦割り的な対応では限界があるという

★子供の貧困対策に関する大綱
子どもの貧困対策の推進に関する法律の施行を受けて2014（平成26）年に閣議決定され、さらに2019（令和元）年に新たな大綱が決定された。基本方針、子供の貧困に関する指標、重点施策等が提示されている。同法の第10条〜第14条に示された項目に則り、教育の支援、生活の支援、保護者に対する就労の支援、経済的支援を柱とする。

ことから、子ども・若者育成支援について「基本理念、国及び地方公共団体の責務並びに施策の基本となる事項を定めるとともに、子ども・若者育成支援推進本部を設置すること等により、他の関係法律による施策と相まって、総合的な子ども・若者育成支援のための施策を推進すること」（第 1 条）を目的とし、基本法的な性格をもつ法律として 2009（平成 21）年に制定された。国の本部組織や大綱、地域における計画やワンストップ相談窓口などの枠組みの整備、困難を有する子ども・若者を支援するためのネットワーク整備等が規定されている。

❾いじめ防止対策推進法

本法は、学校におけるいじめの定義やいじめ防止基本方針の策定と基本施策、重大事態への対処等が規定されており、2013（平成 25）年に制定された。いじめの定義は第 2 条第 1 項において「児童等に対して、当該児童等が在籍する学校に在籍している等当該児童等と一定の人的関係にある他の児童等が行う心理的又は物理的な影響を与える行為（インターネットを通じて行われるものを含む。）であって、当該行為の対象となった児童等が心身の苦痛を感じているものをいう」と定義されている。

❿育児休業、介護休業等育児又は家族介護を行う労働者の福祉に関する法律

本法は、「子の養育又は家族の介護を行う労働者等の雇用の継続及び再就職の促進を図り、もってこれらの者の職業生活と家庭生活との両立に寄与することを通じて、これらの者の福祉の増進を図り、あわせて経済及び社会の発展に資すること」（第 1 条）を目的としており、育児休業、介護休業、時間外労働の制限、深夜業の制限等について規定している。

⓫少年法

本法は、「少年の健全な育成を期し、非行のある少年に対して性格の矯正及び環境の調整に関する保護処分を行うとともに、少年の刑事事件について特別の措置を講ずること」（第 1 条）を目的としている。20 歳に満たない者を少年と定義し、少年の保護事件、少年の刑事事件等を規定し、また、犯罪少年、触法少年、虞犯少年を規定している。関連する法律として、少年鑑別所法、少年院法がある。

⓬売春防止法

本法は、「売春を助長する行為等を処罰するとともに、性行又は環境に照して売春を行うおそれのある女子に対する補導処分及び保護更生の措置を講ずることによって、売春の防止を図ること」（第 1 条）を目的としている。売春とは、「対償を受け、又は受ける約束で、不特定の相手方と

★犯罪少年
審判に付すべき少年として 14 歳以上で刑罰法令に触れる行為をした少年。

★触法少年
14 歳に満たないで刑罰法令に触れる行為をした少年。

★虞犯少年
その性格または環境に照らして、将来罪を犯し、または刑罰法令に触れる行為をするおそれのある少年。

性交すること」(第 2 条)と定義され、売春を禁止している。また、婦人相談所、婦人相談員、婦人保護施設等が規定されている。

❸配偶者からの暴力の防止及び被害者の保護等に関する法律

本法は、「配偶者からの暴力に係る通報、相談、保護、自立支援等の体制を整備することにより、配偶者からの暴力の防止及び被害者の保護を図る」ことを目的として 2001(平成 13)年に制定された。DV 防止法とも呼ばれる。配偶者からの暴力(DV：ドメスティック・バイオレンス)については、身体に対する暴力またはこれに準ずる心身に有害な影響を及ぼす言動をいい、離婚後の暴力も含まれる。本法では、配偶者暴力相談支援センターの設置、婦人相談員、婦人保護施設の活用、都道府県基本計画の策定、被害者の保護および保護命令等についても規定されている。

◇参考文献
・柏女霊峰『子ども家庭福祉論 第 6 版』誠信書房，2020.

● おすすめ
・山縣文治・福田公教・石田慎二監，ミネルヴァ書房編集部編『ワイド版 社会福祉小六法2020(令和 2 年版)資料付』ミネルヴァ書房，2020.
・『児童福祉六法 令和 2 年版』中央法規出版，2020.

---

i　厚生労働省「困難な問題を抱える女性への支援のあり方に関する検討会」において、売春防止法を根拠とする自立支援の実施や関係機関との連携等種々の課題があることから、制度全体の見直しと新たな法律の必要性が検討されている。

第 **2** 節　子ども家庭福祉の実施体制

子ども家庭福祉の行政と機関

国および地方公共団体の責務

　児童福祉法第 2 条第 3 項において「国及び地方公共団体は、児童の保護者とともに、児童を心身ともに健やかに育成する責任を負う」と規定している。これを受け、同法第 3 条の 2 では「国及び地方公共団体は、児童が家庭において心身ともに健やかに養育されるよう、児童の保護者を支援しなければならない」とされている。ただし、児童を家庭で養育することが困難である、または適当でない場合、児童が家庭における養育環境と同様の養育環境（里親やファミリーホーム）において継続的に養育されるように、児童を家庭および当該養育環境において養育することが適当でない場合にあっては児童ができる限り良好な家庭的環境において養育されるよう必要な措置を講じなければならないとされている。国、都道府県、市町村の役割は、児童福祉法第 3 条の 3 に示されている。

　子ども家庭福祉の実施体制をみると、**図 4-1** のようになる。ソーシャルワーカーは社会の状況と子どもと家庭を取り巻く実態、子ども家庭福祉の関連法改正に伴う実施体制の変更に敏感でなければならない。

　子ども家庭福祉は、国、都道府県、市町村という三つのレベルで行われている。児童福祉法第 3 条の 3 に規定されるそれぞれの役割を紹介し、行政機関を概観する。

２ 国の役割と機関

　国の役割は、「市町村及び都道府県の行うこの法律に基づく児童の福祉に関する業務が適正かつ円滑に行われるよう、児童が適切に養育される体制の確保に関する施策、市町村及び都道府県に対する助言及び情報

図4-1　子ども家庭福祉行政のしくみ

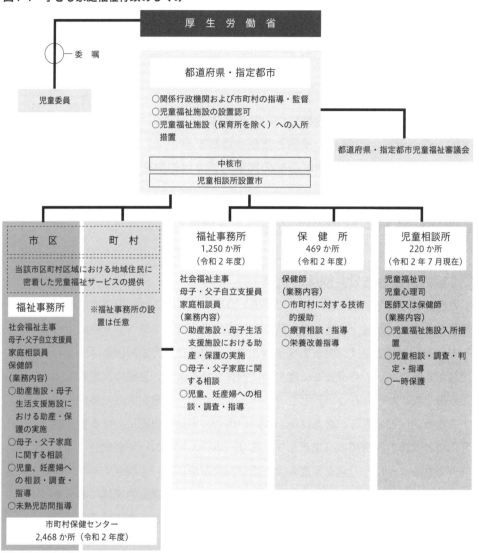

厚　生　労　働　省

委　嘱

児童委員

都道府県・指定都市

○関係行政機関および市町村の指導・監督
○児童福祉施設の設置認可
○児童福祉施設（保育所を除く）への入所措置

中核市

児童相談所設置市

都道府県・指定都市児童福祉審議会

市　区

当該市区町村区域における地域住民に密着した児童福祉サービスの提供

福祉事務所

社会福祉主事
母子・父子自立支援員
家庭相談員
保健師
（業務内容）
○助産施設・母子生活支援施設における助産・保護の実施
○母子・父子家庭に関する相談
○児童、妊産婦への相談・調査・指導
○未熟児訪問指導

市町村保健センター
2,468か所（令和2年度）

町　村

※福祉事務所の設置は任意

福祉事務所
1,250か所
（令和2年度）

社会福祉主事
母子・父子自立支援員
家庭相談員
（業務内容）
○助産施設・母子生活支援施設における助産・保護の実施
○母子・父子家庭に関する相談
○児童、妊産婦への相談・調査・指導

保　健　所
469か所
（令和2年度）

保健師
（業務内容）
○市町村に対する技術的援助
○療育相談・指導
○栄養改善指導

児童相談所
220か所
（令和2年7月現在）

児童福祉司
児童心理司
医師又は保健師
（業務内容）
○児童福祉施設入所措置
○児童相談・調査・判定・指導
○一時保護

出典：一般社団法人全国保育士養成協議会『ひと目でわかる保育者のための児童家庭福祉データブック』中央法規出版, p.11を一部改変

Active Learning

厚生労働省のウェブサイトを検索し、子ども家庭福祉に関する施策についてどのような情報が掲載されているかリストアップしてみましょう。

の提供その他の必要な各般の措置を講じなければならない」と規定されている。

　福祉行政を担う国の行政機関は厚生労働省である。省内には子ども家庭福祉の担当部局として子ども家庭局が置かれ、総務課、保育課、家庭福祉課、子育て支援課、母子保健課の5課がある。子ども家庭に関する福祉行政全般についての企画調整、監査指導、事業に要する予算措置等、中枢的な機能を担っている。障害児福祉については、社会・援護局障害保健福祉部障害福祉課が所管し、子ども・子育て支援制度は厚生労働省、

文部科学省が所管する事項のほか内閣府子ども・子育て支援本部が所管するなど、国レベルでは部局や省庁をまたいで行われている。

3 都道府県の役割と機関

都道府県の役割は「市町村の行うこの法律に基づく児童の福祉に関する業務が適正かつ円滑に行われるよう、市町村に対する必要な助言及び適切な援助を行うとともに、児童が心身ともに健やかに育成されるよう、専門的な知識及び技術並びに各市町村の区域を超えた広域的な対応が必要な業務として、第11条第1項各号に掲げる業務の実施、小児慢性特定疾病医療費の支給、障害児入所給付費の支給、第27条第1項第3号の規定による委託又は入所の措置その他この法律に基づく児童の福祉に関する業務を適切に行わなければならない」と規定されている。

都道府県は、広域にわたる事務、市町村間の統一的な処理を必要とする事務等を管轄し、子ども家庭福祉では専門的な相談援助、児童福祉施設入所の決定、児童福祉施設の設置・認可、条例での基準の制定、児童相談所や福祉事務所、保健所等の設置・運営、児童家庭に関する市町村相互間の連絡調整、市町村に関する情報提供、研修その他必要な援助、広域的な見地からの実情の把握等を行う。政令指定都市も都道府県とほぼ同様の業務を行うほか、中核市も子ども家庭福祉の一定の事務を行う。

4 市町村

❶市町村の役割

市町村（特別区を含む）の役割は「児童が心身ともに健やかに育成されるよう、基礎的な地方公共団体として、第10条第1項各号に掲げる業務の実施、障害児通所給付費の支給、第24条第1項の規定による保育の実施その他この法律に基づく児童の身近な場所における児童の福祉に関する支援に係る業務を適切に行わなければならない」と規定され、基礎的な地方公共団体として住民に密着した行政を実施している。

子ども家庭福祉では、児童および妊産婦の福祉に関し必要な実情の把

Active Learning
総務省や都道府県のホームページから「広域自治体」と「基礎自治体」の意味を調べてみましょう。

第4章 子ども家庭福祉の支援の基盤

★一定の事務
1996（平成8）年4月より、中核市が設けられ、特定児童福祉施設の設置認可等、一部の児童福祉行政について都道府県・指定都市の事務を行うこととされた。

Active Learning
市町村の行っている子ども家庭福祉に関する業務が実際にどのように住民に周知されているか調べてみましょう。

---

i 児童福祉法第11条第1項各号に掲げる業務とは、市町村の業務の実施に関し、市町村相互間の連絡調整、市町村に対する情報の提供、市町村職員の研修その他必要な援助を行うこと及びこれらに付随する業務を行うこと、児童および妊産婦の福祉に関する業務を行うことなどを指す。

ii 児童福祉法第27条第1項第3号の規定については、児童を小規模住居型児童養育事業を行う者もしくは里親に委託し、または乳児院、児童養護施設、障害児入所施設、児童心理治療施設もしくは児童自立支援施設に入所させることを指す。

握や情報提供、家庭その他からの相談に応じ、必要な調査および指導を行い、必要に応じて児童相談所に援助依頼を行うことができる。通告を受けた児童に対し、必要に応じて児童相談所に送致し、市および福祉事務所を設置する町村は社会福祉主事等に指導させる等の措置をとらなければならない。児童相談所から送致された子どもの支援も必要となる。

　2005（平成17）年度以降は、子ども家庭相談の第一義的窓口と位置づけられており、児童相談所や都道府県福祉事務所と並んで要保護児童の通告を受けるなど、基礎自治体としての役割が強化されており、2017（平成29）年には子ども家庭相談に係る通知として、「市町村子ども家庭支援指針」（ガイドライン）が厚生労働省より発出され、それに基づいた相談支援を実施している。市町村が子ども家庭相談の窓口となって以降、要保護児童等に対する支援のために要保護児童対策地域協議会が全国的に整備された。

　2016（平成28）年の改正により2017（平成29）年度から、市町村は児童および妊産婦の福祉に関し必要な支援を行うための拠点の整備に努めなければならないとされ（児童福祉法第10条の2）、市区町村子ども家庭総合支援拠点が法定化された。コミュニティを基盤にしたソーシャルワークの機能を担い、すべての子どもとその家庭および妊産婦等を対象に、その福祉に関し必要な支援に係る業務全般を行う。母子保健法に基づく母子健康包括支援センター（子育て世代包括支援センター）との役割整理等の課題はあるが、包括的・継続的な支援を担う機関といえる。都道府県と市町村との相談援助の体系は図4-2のとおりである。

❷要保護児童対策地域協議会

　要保護児童対策地域協議会（以下、要対協）が、2004（平成16）年の改正により法定化された。要対協は、要保護児童もしくは要支援児童およびその保護者（延長者等の親権を行う者、未成年後見人その他の者で、延長者等を現に監護する者を含む）または特定妊婦（以下、支援対象児童等）に関する情報その他要保護児童の適切な保護または要支援児童もしくは特定妊婦への適切な支援を図るために必要な情報の交換を行うとともに、支援対象児童等への支援に関する協議を行う（児童福祉法第25条の2）ためのネットワークで、地方公共団体が設置主体である。

❸新たな拠点の現状と課題

　市町村には、2016（平成28）年の改正により、児童福祉法（第10条の2）、母子保健法（第22条）に基づき、市区町村子ども家庭総合支援拠点や母子健康包括支援センターが設置されている。

図4-2　市町村・児童相談所における相談援助活動系統図

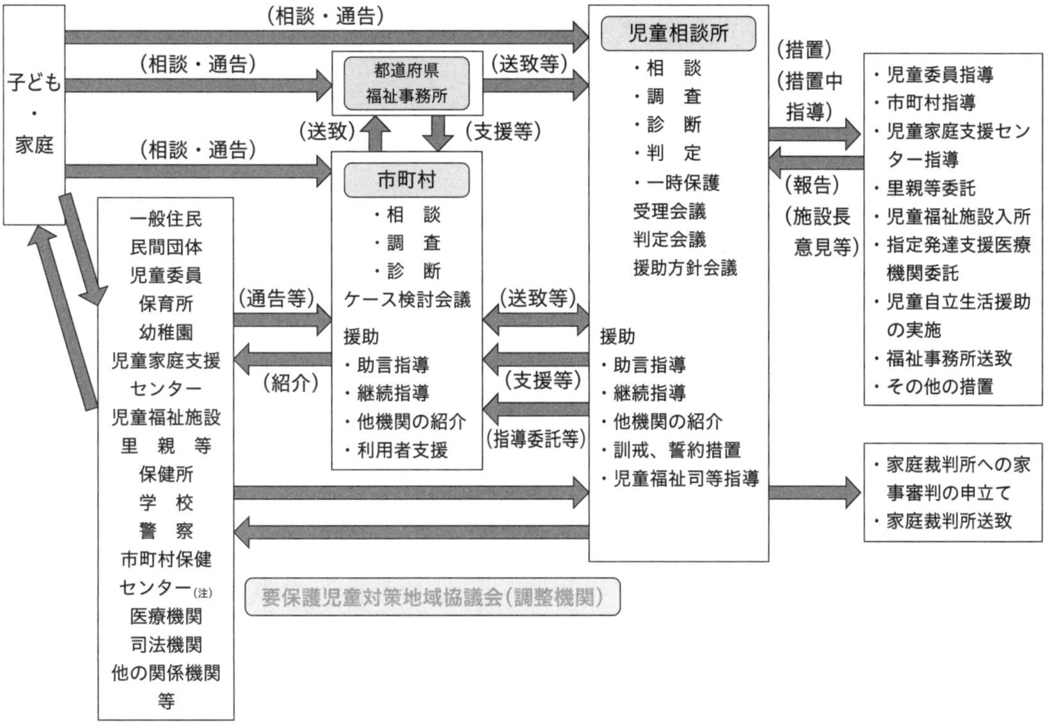

子ども・家庭			

（相談・通告）

（相談・通告）

（相談・通告）

都道府県福祉事務所

市町村
・相　談
・調　査
・診　断
ケース検討会議
援助
・助言指導
・継続指導
・他機関の紹介
・利用者支援

（送致）　（支援等）

（送致等）

（通告等）

（紹介）

一般住民
民間団体
児童委員
保育所
幼稚園
児童家庭支援センター
児童福祉施設
里親　等
保健所
学　校
警　察
市町村保健センター(注)
医療機関
司法機関
他の関係機関
等

要保護児童対策地域協議会（調整機関）

児童相談所
・相　談
・調　査
・診　断
・判　定
・一時保護
受理会議
判定会議
援助方針会議

援助
・助言指導
・継続指導
・他機関の紹介
・訓戒、誓約措置
・児童福祉司等指導

（送致等）

（支援等）

（指導委託等）

（措置）
（措置中指導）

（報告）
（施設長意見等）

・児童委員指導
・市町村指導
・児童家庭支援センター指導
・里親等委託
・児童福祉施入所
・指定発達支援医療機関委託
・児童自立生活援助の実施
・福祉事務所送致
・その他の措置

・家庭裁判所への家事審判の申立て
・家庭裁判所送致

注：市町村保健センターについては、市町村の児童家庭相談の窓口として、一般住民等からの通告等を受け、相談援助業務を実施する場合も想定される。
資料：厚生労働省「児童相談所運営指針」

　子ども家庭総合支援拠点はソーシャルワーク機能が求められるが、2020（令和２）年度までに全国展開が目指される子育て世代包括支援センターとの効果的な連携や一体的に運営する場合の役割分担など、要対協を含む既存の資源との効果的な体制を構築することが課題となっている。

5 審議機関

　子ども家庭福祉の審議機関として、国（厚生労働省）には社会保障審議会に児童部会が設置され、都道府県および指定都市には、児童福祉審議会または地方社会福祉審議会児童福祉専門分科会が設置されている。市町村（特別区を含む）は、市町村児童福祉審議会を置くことができるとされ、任意設置となっている。

★**特定妊婦**
出産後の養育について出産前において支援を行うことが特に必要と認められる妊婦のことをいう。望まない妊娠など妊娠葛藤、母子健康手帳の未発行や妊婦健康診査の未受診、経済的な問題等により妊娠期からの支援を必要とする状態にある妊婦が該当する。

要対協の対象に要支援児童や特定妊婦が含まれている意義について考えてみましょう。

iii 子ども家庭総合支援拠点は、児童福祉法に基づき市町村に対する設置の努力義務があり、2018（平成30）年12月に決定された「児童虐待防止対策体制総合強化プラン」（新プラン）による市町村の体制強化の一環として、2022（令和４）年度までに全市町村への設置が目標とされている。

社会保障審議会や児童福祉審議会には、子ども家庭福祉の行政担当者や専門家、市民等が参画し、児童、妊産婦の福祉、母子福祉や母子保健等に関する事項を調査・審議し、それぞれが属する行政機関の諮問に答申し、関係行政機関に対し意見具申をすることができる等の機能がある。

６ 子ども家庭福祉の実施機関

❶児童相談所

Active Learning

居住する（していた）市町村を管轄する児童相談所が、何という名称でどこにあるか。またそこまで公共交通機関を使ってどのくらいかかるか。組織や職員体制についても調べてみましょう。

　児童相談所は児童福祉法に基づき、市町村からの援助依頼や送致を受けた事例のほか、家庭その他からの相談に応じ、児童が有する問題または児童の真のニーズ、児童のおかれた環境の状況等を的確に捉え、個々の児童や家庭に最も効果的な援助を行い、児童の福祉を図るとともにその権利を保障すること（相談援助活動）を目的として設置される。

　児童福祉法第12条および第59条の4に基づき都道府県と指定都市に児童相談所の設置義務があり、政令で定める児童相談所設置市（特別区を含む）は設置することができる。相談、判定、指導、措置、一時保護の五つに大別される業務を担う。本来、要保護児童の児童福祉施設入所措置や里親委託、家庭裁判所への審判請求等は都道府県知事による事務の一部であるが、実際には児童相談所長に権限が委任される形で実施され、専門的な相談援助を行う第一線の専門相談機関であるといえる。

　所長をはじめ児童福祉司や児童心理司、医師、児童指導員、保育士等が配置されており、2016（平成28）年10月から弁護士が配置されることとなった（配置に準ずる措置を含む）。こうした職員による機関におけるチームアプローチと合議制によって判定や指導、措置等を行う。児童相談所の具体的な運営は児童相談所運営指針に示されており、相談援助活動の体系・展開は**図 4-3** のとおりである。

　相談・助言、カウンセリングや心理療法、一時保護等[iv]のほか、要保護児童の児童福祉施設入所措置や障害児施設給付決定などの施設入所援助と児童福祉司指導措置等の在宅援助が行われている。家庭裁判所に対する親権喪失や親権停止の審判請求も行う。

　市町村の業務の実施に関し、市町村相互間の連絡調整、市町村に対する情報の提供、市町村職員の研修その他必要な援助を行うことおよびこれらに付随する業務を行うことが役割であるほか、里親に関する普及啓

---

iv　援助決定のための一時保護や保護者の意向に反する一時保護等の手続きによって子どもの権利を守りながら対応している。

図4-3 児童相談所における相談援助活動の体系・展開

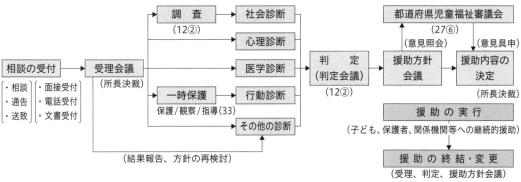

(数字は児童福祉法の該当条項等)

資料：厚生労働省「児童相談所運営指針」(令和2年3月31日改正現在)

発、里親の相談に応じ、必要な情報の提供、助言、研修その他の援助を行うこと、養子縁組に関する者につき、その相談に応じ、必要な情報の提供、助言その他の援助を行うことも児童相談所の業務である。

児童虐待へのさらなる対応強化のため、2016（平成28）年から2019（令和元）年度までの4年間に専門職の増員とその専門性の向上等を盛り込んだ「児童相談所強化プラン」を2015（平成27）年から前倒しで取り組んできたが、2019（令和元）年度から2022（令和4）年度までに取り組む「児童虐待防止対策体制総合強化プラン」(新プラン)も策定、実施されている。さらに2019（平成31）年3月に、「児童虐待防止対策の抜本的強化について」が決定された。

❷福祉事務所

福祉事務所は、社会福祉法に基づく「福祉に関する事務所」であり、都道府県、市および特別区に設置義務があり（町村は任意設置）、福祉六法（生活保護法、母子及び父子並びに寡婦福祉法、老人福祉法、身体障

害者福祉法、知的障害者福祉法、児童福祉法）を担当する総合的な社会福祉行政機関である。子ども家庭福祉分野については児童福祉法に基づき、児童および妊産婦の福祉に関し、実情の把握、相談、調査、指導を行うことが主な業務とされている。

　1964（昭和39）年度から、福祉事務所の子ども家庭福祉の業務に関する機能強化のため、家庭児童相談室が設置されている。地域において児童相談所のような権限行使や判定を伴わない専門的な相談支援を担当しており、市町村の子ども家庭相談対応の第一義的窓口となったことからその役割が強化されている。

❸ 保健所

　保健所は、都道府県と指定都市、中核市、政令で定める市および特別区に設置され、地域保健法に基づいて地域における公衆衛生の中核的な行政機関として広域的・専門的な事業を担う。児童福祉法における保健所の業務は、①児童の保健について、正しい衛生知識の普及を図ること、②児童の健康相談に応じ、または健康診査を行い、必要に応じ、保健指導を行うこと、③身体に障害のある児童および疾病により長期にわたり療養を必要とする児童の療育について、指導を行うこと、④児童福祉施設に対し、栄養の改善その他衛生に関し、必要な助言を与えることとされている（児童福祉法第12条の6）。

　なお市町村保健センターは、妊産婦や乳幼児等の健康診査、訪問指導等母子保健の観点からのサービスを中心に地域に密着した業務を担う。

❹ 児童委員・主任児童委員

　児童委員は、児童家庭福祉の民間奉仕者として、厚生労働大臣の委嘱により任命され、民生委員を兼務している。担当区域の児童家庭および妊産婦について、その生活および環境の状態を把握し、必要な援助や指導を行うとともに、社会福祉主事、児童福祉司の職務に協力することとされる。1994（平成6）年から区域を担当しない主任児童委員が置かれ、児童委員と一体的な活動をしている。

◇参考文献
・柏女霊峰『子ども家庭福祉論 第6版』誠信書房，2020.
・厚生労働省「児童相談所運営指針」
・厚生労働省「市町村子ども家庭支援指針（ガイドライン）」
・厚生労働省「要保護児童対策地域協議会の概要」
・厚生労働省「市区町村子ども家庭総合支援拠点の設置運営等について」

●おすすめ
・柏女霊峰『子ども家庭福祉学序説——実践論からのアプローチ』誠信書房，2019.
・柏女霊峰編著，藤井康弘・北川聡子・佐藤まゆみ・永野咲『子ども家庭福祉における地域包括的・継続的支援の可能性 社会福祉のニーズと実践からの示唆』福村出版，2020.

子ども家庭福祉にかかわる関係機関・施設と利用方式

学習のポイント

● 児童福祉施設やその他の関係機関の目的および役割等について理解する
● 児童福祉施設の利用方式について理解する

1 子ども家庭福祉の施設とその運営

子ども家庭福祉においては、多様な専門機関や施設が子どもと家庭への支援をしている。以下、児童福祉施設について概観する。

1 児童福祉施設

児童福祉法第7条に規定されている児童福祉施設としては、助産施設、乳児院、母子生活支援施設、保育所、幼保連携型認定こども園、児童厚生施設、児童養護施設、障害児入所施設、児童発達支援センター、児童心理治療施設、児童自立支援施設および児童家庭支援センターの12種類がある。児童厚生施設や障害児入所施設、児童発達支援センターにはさらに類型もある。

居住している近くに表4-3の児童福祉施設があるか探してみましょう。

児童福祉施設は、施設の目的によって子どもとその保護者等に対し適切な生活環境等を提供し、保護、養育、訓練、退所後の相談を含めたアフターケア等をすることで子どもの福祉を図り、自立を支援する。施設の利用については、行政機関による措置や施設給付費の支給決定を要する施設、子どもや保護者の意思で利用可能な施設に分けられる。なお、施設には入所型と通所型があり、病院・診療所の設備と職員を要する医療型施設とそれを要しない福祉型施設がある（**表4-3**）。

2 児童福祉施設の設置・運営

❶児童福祉施設の設置

国は、児童自立支援施設と障害児入所施設を、都道府県は児童自立支援施設の設置をしなければならない。その他の児童福祉施設は、都道府県、指定都市、中核市の条例等に基づいて設置される。指定都市と中核市を除く市町村は、あらかじめ必要な事項を都道府県知事等に届け出る

表4-3　児童福祉施設

分　野	施設区分		機　　能
A. 母子保健の施策	助産施設		保健上必要があるにもかかわらず、経済的理由により、入院助産を受けることができない妊産婦を入所させて、助産を受けさせる施設
B. 保育の施策	保育所		日々保護者の委託を受けて、保育を必要とするその乳児又は幼児を保育する施設
	幼保連携型認定こども園		満3歳以上の幼児に対する教育及び保育を必要とする乳児・幼児に対する保育を一体的に行い、これらの乳児又は幼児の健やかな成長が図られるよう適当な環境を与えて、その心身の発達を助長する施設
C. 子どもが健やかに育つための施策	児童厚生施設	児童館	屋内に集会室、遊戯室、図書室等必要な設備を設け、児童に健全な遊びを与えて、その健康を増進し、又は情操をゆたかにすることを目的とする施設
		児童遊園	屋外に広場、ブランコ等必要な設備を設け、児童に健全な遊びを与えて、その健康を増進し、又は情操をゆたかにすることを目的とする施設
D. 養護を必要とする子どもたちへの施策	乳児院		乳児を入院させて、これを養育し、あわせて退院した者について相談その他の援助を行う施設
	児童養護施設		乳児を除いて、保護者のない児童、虐待されている児童その他環境上養護を要する児童を入所させ養護し、あわせて退所した者に対する相談その他の自立のための援助を行う施設
	児童心理治療施設		家庭環境、学校における交友関係その他の環境上の理由により社会生活への適応が困難となった児童を短期間入所させ、又は保護者の下から通わせて、社会生活に適応するために必要な心理に関する治療及び生活指導を主として行い、あわせて退所した者について相談その他の援助を行うことを目的とする施設
	児童自立支援施設		不良行為をなし、又はなすおそれのある児童及び家庭環境その他の環境上の理由により生活指導等を要する児童を入所させ、又は保護者の下から通わせて、個々の児童の状況に応じて必要な指導を行い、その自立を支援し、あわせて退所した者について相談その他の援助を行う施設
	児童家庭支援センター		地域の児童の福祉に関する各般の問題につき、児童、母子家庭その他の家庭、地域住民その他からの相談に応じ、必要な助言、指導を行い、あわせて児童相談所、児童福祉施設等との連絡調整、援助を総合的に行う施設
E. ひとり親家庭への施策	母子生活支援施設		配偶者のない女子等及びその監護すべき児童を入所させて保護するとともに、自立の促進のため生活を支援し、あわせて退所した者について相談その他の援助を行う施設
F. 障害児への施策	福祉型障害児入所施設		障害のある児童を入所させて、保護、日常生活の指導及び独立自活に必要な知識技能の付与を行う施設
	医療型障害児入所施設		障害のある児童を入所させて、保護、日常生活の指導、独立自活に必要な知識技能の付与及び治療を行う施設
	福祉型児童発達支援センター		障害のある児童を日々保護者の下から通わせて、日常生活における基本的動作の指導、独立自活に必要な知識技能の付与又は集団生活への適応のための訓練を行う施設
	医療型児童発達支援センター		障害のある児童を日々保護者の下から通わせて、日常生活における基本的動作の指導、独立自活に必要な知識技能の付与又は集団生活への適応のための訓練及び治療を行う施設

出典：公益財団法人児童育成協会『目で見る児童福祉2020』p.12を一部改変

ことによって施設の設置ができる。国、都道府県、市町村以外の者が施設を設置しようとする場合には、都道府県知事等の認可を得なければならない。

❷児童福祉施設の設備及び運営に関する基準

　児童福祉施設は、児童福祉施設の設備及び運営に関する基準をもとに都道府県等が定める条例により運営される。基準には、職員の一般的要件、児童処遇の原則、懲戒権濫用禁止、苦情への対応等の規定がある。児童福祉施設最低基準が2011（平成23）年に改正されこの名称となった。

　この基準に基づき都道府県知事等による監査が実施され、基準に満たない場合は施設設置者に対する改善勧告や命令、事業停止命令、許可・

認可の取り消し、閉鎖命令等の措置がとられる。障害児の施設や保育所、幼保連携型認定こども園等は、この基準のほかに、児童福祉法に基づく指定障害児入所施設等の人員、設備及び運営に関する基準、子ども・子育て支援法に基づく、特定教育・保育施設及び特定地域型保育事業の運営に関する基準等が定められている。

❸施設長の権限と義務

施設長は、正当な理由がない限り、子どもの措置委託を拒むことができない。親権者のいない入所児童や後見人のいない児童は、施設長が親権を行使する（未成年後見制度は、2012（平成 24）年の民法改正により法人後見や複数後見も可能となった）。入所児童に親権者がいても、子どもに必要な監護、教育、懲戒について必要な措置をとることが認められているが、体罰を含む懲戒権の濫用は禁止されている。また、施設長は入所児童を就学させなければならない。家庭で養育される権利の実現のため、子どもとその家庭の環境調整を行い、退所した者に対するアフターケア、地域の子育て家庭に対する支援も求められている。

入所型の施設に措置されている子どもに対する被措置児童等虐待の通告、子ども本人からの相談受付、都道府県等の対応に関する仕組みとガイドラインが 2009（平成 21）年度より設けられている。**被措置児童等虐待**とは、児童福祉法第 33 条の 10 によると、小規模住居型児童養育事業（ファミリーホーム）や里親、乳児院や児童養護施設等の社会的養護の施設、児童相談所の一時保護所や委託一時保護等の生活の場において、施設職員や里親などから虐待を受けることをいう。制度としては、主に入所型の施設・里親を対象としているが、特定教育・保育施設及び特定地域型保育事業並びに特定子ども・子育て支援施設等の運営に関する基準第 25 条により、「特定教育・保育施設の職員は、教育・保育給付認定子どもに対し、児童福祉法第 33 条の 10 各号に掲げる行為その他当該教育・保育給付認定子どもの心身に有害な影響を与える行為をしてはならない」と虐待等の禁止が規定されている。

---

i 身体的虐待、性的虐待、ネグレクト、心理的虐待を指す。

1 措置制度から契約制度への移り変わり

2000（平成12）年に社会福祉事業法が改正・改称され、社会福祉法が制定された。「パターナリズムからパートナーシップへ」というスローガンのもと、施設から在宅・地域へ、措置から契約へ、保護から自立へなどの大きな理念の変容と援助方法の転換が図られた。福祉専門職や機関が判断して利用者を支援するのではなく、福祉サービスに関する情報を利用者に示し、利用者本人の選択に基づく自己決定を支援することを重視するようになった。これにより、成年後見制度等の権利擁護のためのサブシステム、虐待等の契約になじまない状況にある利用者の支援方法を整備した。

子ども家庭福祉分野のサービス利用方式も変化し、要保護児童福祉は子どもの権利と最善の利益の観点から公的責任による措置制度が一定の役割を担う。意見表明権等の権利擁護システムが必要とされている。

2 児童福祉施設入所の仕組み

❶措置制度

措置制度は、児童相談所に対し子どもの施設入所に関する相談があったとき、児童相談所がその調査や判定に基づいて児童養護施設等への入所決定を行う。この決定は行政処分であり、本来的には児童相談所を設置する都道府県知事や政令市の市長、児童相談所設置市の市長により行われるものであるが、実際には、調査や判定を行い、子どもと保護者の状況をよく把握している児童相談所の長に権限の委任がなされている。

❷保育所等入所の仕組み

保育所入所について市町村は、保育の必要性の認定を受けた保護者から保育所に対する入所の申し込みがあった場合、それらの乳幼児を保育所において保育しなければならない。保護者は、市町村や保育所から提供される保育所の施設・設備や運営の状況、保育内容等に関する情報をもとに、利用を希望する保育所を選択し申し込む。市町村はその申し込みに基づき、乳幼児の状況を確認し、適当であると判断される場合に保護者が希望する保育所での保育の実施を決定し、子どもへの保育サービスを提供する。ただし、定員を一定以上超える場合は、市町村の客観的な選考基準と方法により調整が行われる。虐待やリスク要因を抱える保

Active Learning

自分の子どもを保育所に入所させようとした場合に、いつまでに、どのような手続きが必要なのかを調べてみましょう。

護者に対して、市町村は保育所入所を勧奨する義務が課せられており、職権保護による入所もできる。2012（平成24）年に制定された子ども・子育て支援法、認定こども園法の一部改正法、児童福祉法など関係法律の整備法が施行されたことに伴い、教育・保育施設については施設型給付に基づいて利用者と事業者が公的契約を結ぶ方式がとられている。ただし市町村の保育の実施義務が継続されるため、私立保育所については、市町村が委託費として支払う制度が残っている。

母子生活支援施設、助産施設は、都道府県、市および福祉事務所設置町村に対し、利用を希望する者が申し込む。申し込みを受けた実施主体は、利用要件の確認を行い、利用者を希望する施設に入所させ、委託費を支払う。利用者は、収入に応じて実施主体に対して負担額を支払う。

❸障害児施設給付制度

障害児の施設利用においては、2006（平成18）年の障害者自立支援法（現・障害者の日常生活及び社会生活を総合的に支援するための法律）と改正児童福祉法の施行により障害児施設給付制度が導入され、その後、2010（平成22）年には障害児施設給付費から、障害児入所給付費、障害児通所給付費の仕組みへと変更された。

障害児入所施設の利用を希望する保護者は、都道府県に対し、障害児入所給付費の支給を申請しなければならない。申請を受けた都道府県は、障害児の心身の状態や障害児の介護を行う者の状況等を勘案し、障害児入所給付費の支給の要否を決定する。都道府県は、障害児入所給付費の支給決定を受けた保護者に対し、入所受給者証を交付し、保護者はそれを持って指定障害児入所施設等へ行き、契約を結ぶことで入所による支援を受けることができる。ただし、虐待を受けていたり、子どもの権利擁護の観点から措置による入所が必要であると児童相談所が判断する場合には、措置制度による施設入所も行われる。

なお、児童発達支援センターの入所決定は、障害児相談支援事業者の作成するケアプランに基づいて、市町村が決定する仕組みとなっている。

3 児童福祉施設以外の関係機関

❶家庭裁判所

家庭裁判所は家事部と少年部に分かれ、家事部では夫婦関係や親子関係等の家庭内の紛争解決にかかわる援助を担当し、子どもの特別養子縁

組、親権の停止および喪失の審判等を扱う。少年部は原則14歳以上の非行少年にかかわる保護事件の審判を担当している。触法少年については児童相談所からの送致を受け審判することとなり、虞犯少年については児童相談所と家庭裁判所の連携を図っている。

❷警察

警察法に基づき、個人の権利と自由を保護し、公共の安全と秩序を維持することを任務としている。子どもにかかわる事項として、触法少年、虞犯少年の通告、迷子・棄児・被虐待児等の通告・調査（立入調査、臨検・捜索）、少年補導や非行防止活動、配偶者暴力の防止と保護等がある。

❸配偶者暴力相談支援センター

配偶者からの暴力の防止及び被害者の保護等に関する法律（DV防止法）により、都道府県が設置義務を負い（市町村は努力義務）、一時保護施設を有する婦人相談所や適切な施設を指定し、配偶者暴力相談支援センターの機能を果たすこととされている。また、DV防止法により売春防止法に基づく婦人保護施設が配偶者からの暴力の被害者の保護を行うことができると明確化されている。DV被害者からの相談およびカウンセリング、被害者の保護（委託も可）のほか、自立支援や保護命令制度の利用、保護施設に関する情報提供を行う。

❹その他

地域包括的・継続的な支援のため市区町村子ども家庭総合支援拠点（第2節参照）や母子保健法に基づき妊娠期から子育て期にわたり支援する母子健康包括支援センター（子育て世代包括支援センター）がある。

子ども・若者育成支援に関する相談に応じ、関係機関の紹介その他の必要な情報の提供および助言を行う拠点として子ども・若者総合相談センター、15〜39歳までの若者に対する就労支援機関として地域若者サポートステーションがある。

◇参考文献
・柏女霊峰『子ども家庭福祉論 第6版』誠信書房，2020.
・児童育成協会監，新保幸男・小林理編『新基本保育シリーズ③ 子ども家庭福祉』中央法規出版，2019.

●おすすめ
・小木曽宏・橋本達昌編著『地域子ども家庭支援の新たなかたち』生活書院，2020.
・相澤仁編集代表，川﨑二三彦編『児童相談所・関係機関や地域との連携・協働』明石書店，2013.

子ども家庭福祉の財源と費用負担

学習のポイント

● 子ども家庭福祉の財政について、資金の概要と財源の種類を学ぶ
● 施策の財源がどのようにまかなわれているかを理解する

1 子ども家庭福祉の財源

1 公的資金と民間資金

　社会福祉事業をはじめとする多様な社会福祉の対策は、多様な資金に基づき進められている。この資金は、公的資金と民間資金に大別することができる。公的資金は、法令に基づく実施責任を果たすために、公費とも呼ばれる国費や地方公共団体の税源をもとに支出される（法令では「支弁する」とされる）ものを含む。民間資金は、公益財団等が支給する助成金、個人や団体からの寄附金等を指すことが多いが、広く捉えれば、利用者が事業者に支払う利用料等も民間資金として活用されている。

　また、地方公共団体が、公的資金の支弁を行った一部を本人やその扶養義務者から徴収することもある。

❶国の財源

　国が支出する主なものとしては、国庫補助金等と地方交付税交付金がある。国庫補助金等は、国の法令に基づく特定の事業を地方公共団体で実施するために、使途を限定して支出されるもので、補助金や負担金などがある（補助金等に係る予算の執行の適正化に関する法律）。子ども家庭福祉施策に係る国庫補助金として代表的なものは、児童福祉施設措置費等国庫負担金（厚生労働省所管）や子ども・子育て支援交付金（内閣府所管）等がある。

　地方交付税交付金は、本来地方公共団体が自らの税収で事業を行うべきであるが、地方公共団体間の税収の格差を調整するために支出される。地方公共団体に代わって、国税として国が税を徴収し、一定の基準（積算基準等）に基づき配分することで、すべての地方公共団体が一定の財政水準を維持し、行政サービスの格差低減を目指している。地方交付税交付金は、国庫補助金等と異なり、一般財源として位置づけられ、使途

★行政サービスの格差低減
地方交付税は、本来は地方公共団体の税収とすべきところ、団体間の財源の不均衡を調整し、行政サービスの格差を低減する役割をもち、地方交付税法により規定されている。

は限定されない。子ども家庭福祉施策では、児童相談所等の運営や妊産婦健康診査、民生・児童委員の活動費などに要する費用等が対象となる。

❷地方公共団体の財源

地方公共団体は、法令に基づく実施責任を果たすために、条例に基づき、税収を財源として、公的資金を支出する。社会福祉事業については、地方公共団体が公的資金として支出する額は、厚生労働大臣が定める基準により、各会計年度単位で、事業ごとに国・都道府県・市町村の負担の割合が規定されている。

❸民間資金

民間資金は、公的資金以外の多様な資金を指すが、助成団体等から支出されるものや、企業等から事業者へ支出される寄付金等が代表的である。たとえば、公益財団法人が、社会福祉法人の施設や設備を整備する資金を提供する例がある。また、企業からの寄付金を特定非営利活動法人が事業運営費に活用したりする例がある。

❹本人および扶養義務者の負担

子ども家庭福祉のサービス提供の費用の一部や、児童福祉法に規定される措置に伴う費用の一部について、利用する本人やその扶養義務者が負担することがある。

2 国と地方公共団体の税源の背景

国と地方公共団体の関係は、これまで、地方分権改革の進行により変更が行われてきた。地方分権改革は、平成12年に「地方分権一括法」が施行されたことで本格化し、「基本方針（骨太の方針）2002」で国庫補助金・地方交付税交付金・税財源の三つを一体として改革することが閣議決定された。その後、基本方針が継続して出され、国から地方公共団体へ税源を委譲することが進められてきている。国庫補助金等の使途が限定される事業は、国全体でサービスを共通して実施すべき事業として位置づけられ、それ以外の事業は、地方公共団体の地域の実情に応じたサービスが目指される事業として位置づけられてきている。

2 費用負担の仕組み

国庫補助金等の支弁の仕組みは、国と地方公共団体等の間で負担割合が異なる。費用負担の仕組みを次の二つの事業を例にさらに詳述する。

1 児童入所施設措置費等国庫負担金

児童入所施設措置費等国庫負担金は、児童福祉施設への入所措置や里親委託が行われた際に、児童の保護や養育等について基準を維持することを目的として、運営等に要する費用として用いられている。児童福祉施設や里親が、措置の実施者等から、毎月措置費等として支弁を受ける費用がこれに当たる（児童福祉法第 50 条第 7 号）。

費用の支弁は、都道府県や市町村が支弁した費用の総額と、その実支出額から措置費等のためになされた寄付金を除いた額とを比較していずれか少ないほうの額がもとになる。そこから厚生労働大臣が定める基準により算定した本人または扶養義務者からの徴収額を除いた額を精算額として、その 2 分の 1 を国庫負担から支弁する。

2 子ども・子育て支援制度の財源

子ども・子育て支援制度は、すべての子ども・子育て家庭を対象として、市町村が実施主体となり所管地域の子ども・子育て支援を一元的に計画的に実施することを目的としている。これまで事業別に所轄官庁ごとに財政が進められていたものを内閣府に一元化することで、事業自体を一元化して市町村で実施することが目指されている。

内閣府の財源は、一般会計と特別会計とで構成される。国の会計は、網羅的に把握し経理の明確化と財政の健全化を確保するために、一般会計として整理されることが基本であるが、事業により、受益者（サービスを受ける者）と負担者（税を負担する者）の関係が明確となる必要があるものを特別会計として別に整理している。

子ども・子育て支援制度の財源は、内閣府が所管するもの、厚生労働省が所管するもの、文部科学省が所管するもの、内閣府と厚生労働省が共管するものなどに分かれている。以下、主なものについて概説する。

❶子どものための教育・保育給付費負担金（内閣府年金特別会計、内閣府所管）

保育や教育を必要とする子どもが、保育所等の施設を利用した場合に給付され、施設型給付と地域型保育給付がある。施設型給付は、保育所、幼稚園、認定こども園に係る運営費として給付される。地域型保育給付

★措置費等
施設等の運営に必要な事務費と事業費に大別される。事務費は職員処遇費（人件費）と施設自体の管理費（物件費）に分かれ、事業費は直接子どもたちのために使用される諸経費である。金額は、たとえば児童福祉施設への入所措置であれば、措置児童等 1 人当たりの保護単価の月額に、施設の定員や毎月の措置児童数などを乗じて計算され施設へ支払われる。保護単価は、毎年度の初めに、都道府県知事または指定都市もしくは中核市の市長および市町村長が各施設単位に費目ごとに定めている。

第 4 章　子ども家庭福祉の支援の基盤

---

i 本人またはその扶養義務者から徴収する額は、その負担応力に応じて、国や地方公共団体が、全部または一部を徴収することができるとされている。国が支弁した場合は厚生労働大臣が、都道府県や市町村が支弁した場合はその長が、徴収する（児童福祉法第 56 条第 1 項、第 2 項）。

は、家庭的保育、小規模保育、事業所内保育、居宅訪問型保育に係る運営費に給付される。

　費用の額は、国が算定する保育に必要とされる費用を給付する（０〜２歳児利用は応能負担）。国と地方公共団体との負担割合は、施設型給付で、私立施設の場合、国２分の１、都道府県４分の１、市町村４分の１、また公立施設の場合、市町村がすべて負担する。地域型保育給付では、国２分の１、都道府県４分の１、市町村４分の１である。

　また、企業の事業主（一般事業主）は、児童手当や地域子ども・子育て支援事業等に充当するための拠出金（子ども・子育て拠出金）の納付が義務づけられている（子ども・子育て支援法第69条第２項）。

❷子ども・子育て支援交付金（内閣府年金特別会計、内閣府・厚生労働省共管）

　市町村が地域の実情に応じて実施する事業（地域子ども・子育て支援事業）のための財源である。利用者支援事業、放課後児童健全育成事業、延長保育事業、一時預かり事業、地域子育て支援拠点事業、子育て援助活動支援事業（ファミリー・サポート・センター事業）等が対象である。負担割合は、国３分の１、都道府県３分の１、市町村３分の１である。

❸児童手当等交付金（内閣府年金特別会計、内閣府・厚生労働省共管）

　児童手当法に基づき、子育て家庭等の生活安定と次代の社会を担う児童の成長に資するために養育者へ支給される手当として、国・都道府県・市町村・事業主拠出金で財源が構成される。

❹保育所等整備交付金（厚生労働省一般会計、厚生労働省所管）

　市町村が計画する保育所および認定こども園の整備に必要な費用の一部を支援するための交付金である。施設の創設、増築、老朽改築等の事業が対象である。

❺認定こども園施設整備交付金（文部科学省一般会計、文部科学省所管）

　認定こども園の整備事業のため、都道府県へ支弁する国の交付金である。施設の新築、増改築、大規模改修等が対象である。

◇参考文献
・橘木俊詔ほか監『福祉＋α⑪ 福祉財政』ミネルヴァ書房，2018.
・宇山勝儀『新しい社会福祉の法と行政 第４版』光生館，2006.

●おすすめ
・柏女霊峰『子ども家庭福祉サービス供給体制――切れめのない支援をめざして』中央法規出版，2008.
・渋谷博史ほか『21世紀の福祉国家と地域④ 福祉国家と地方財政 改訂版』学文社，2018.

第 **5** 節 子ども家庭福祉の人材と専門職

学習のポイント
- 子ども家庭福祉実践を行う機関や施設について理解する
- 実践現場における専門職の役割と資格について理解する

子ども家庭福祉の行政機関と専門職の仕組み

　児童福祉法には、子ども家庭福祉を実施する機関の業務が規定されているが、その主な機関として児童相談所、福祉に関する事務所（福祉事務所）、保健所があり、それらの機関には法令により配置される職員が規定されている（**表4-4**）。

　児童相談所と福祉事務所について、主な職員は以下のとおりである。

1 児童相談所の主な職員

❶所長

　児童相談所の所長は、都道府県知事の監督を受け、都道府県知事の補助機関としての規定の業務を行う。資格は、医師であり精神保健に関する学識を有する者、大学で心理学等を修めて卒業した者、社会福祉士、精神保健福祉士、公認心理師、児童福祉司として2年以上勤務した者または児童福祉司たる資格を得た後2年以上所員として勤務した者、前に掲げる者と同等以上の能力を有すると認められる者で厚生労働省令で定めるもののいずれかに該当する者と規定されている（児童福祉法第12条の3第2項）。

Active Learning

居住する（した）市町村や都道府県の職員の総数と、その自治体の福祉関連部署の職員数を調べてみましょう。

Active Learning

関心のある都道府県、政令市、児童相談所設置市の職員採用情報を調べ、募集人数、試験時期、初任給の額などを調べてみましょう。

表4-4　機関と児童福祉関係職員

機関名	職員
児童相談所	所長、児童福祉司、児童心理司、医師（精神科医・小児科医）、保健師、弁護士、児童指導員、保育士、心理療法担当職員　など
福祉事務所	所長、社会福祉主事、母子・父子自立支援員、家庭相談員　など
保健所	所長、医師、保健師、栄養士、精神保健福祉相談員　など

Active Learning

児童福祉司に任用されるためにどのような専門性を修得している必要があるか考えてみましょう。

❷児童福祉司

　児童相談所に所長とともに配置されるのが所員であるが、その中核が児童福祉司である。児童福祉司の数は、政令で定める基準を標準として、都道府県が定める。資格は、業務に就くことで名乗ることができる「任用資格」として、次のように規定されている（児童福祉法第13条第3項）。

都道府県知事の補助機関である職員で、
1　都道府県知事の指定する児童福祉司もしくは児童福祉施設の職員を養成する学校その他の施設を卒業し、または都道府県知事の指定する講習会の課程を修了した者
2　大学において、心理学、教育学もしくは社会学を専修する学科またはこれらに相当する課程を修めて卒業した者（当該学科または当該課程を修めて同法に基づく専門職大学の前期課程を修了した者を含む）で、厚生労働省令で定める施設において1年以上児童その他の者の福祉に関する相談に応じ、助言、指導その他の援助を行う業務に従事したもの
3　医師
4　社会福祉士
5　精神保健福祉士
6　公認心理師
7　社会福祉主事として2年以上児童福祉事業に従事した者で、厚生労働大臣が定める講習会の課程を修了したもの
8　前の各項目に掲げる者と同等以上の能力を有すると認められる者で、厚生労働省令で定めるもの

---

❸児童心理司

　児童相談所の所員として、心理に関する専門的な知識および技術を必要とする指導を行うものが配置される必要があり、これを児童心理司という。任用の要件として、医師であり精神保健に関する学識を有する者、大学において心理学を専修する学科またはこれに相当する課程を修めて卒業した者（当該学科または当該課程を修めて同法に基づく専門職大学の前期課程を修了した者を含む）もしくはこれに準ずる資格を有する者、公認心理師と規定されている（児童福祉法第12条の3第6項）。子どもや保護者等の相談に応じ、面接や心理検査等による心理診断、心理療法、カウンセリング等を行う。

2 福祉事務所等の主な職員

❶社会福祉主事

　福祉事務所には、所長のほか、所員として指導監督、現業、事務を行う所員が配置されている。都道府県、市、福祉事務所を設置する町村には、社会福祉主事の配置が義務づけられ、都道府県の社会福祉主事は、生活保護法、児童福祉法、母子及び父子並びに寡婦福祉法、市、福祉事務所設置町村の社会福祉主事は加えて、老人福祉法、身体障害者福祉法および知的障害者福祉法に定める援護、育成または更生の措置に関する事務を行う。福祉事務所のない町村に置く場合には、老人福祉法、身体障害者福祉法及び知的障害者福祉法に定める援護または更生の措置に関する事務を行う（社会福祉法第 18 条）。家庭児童相談室においては、専門的技術により、指導や事務を行う。2004（平成 16）年の児童福祉法の一部改正以降、市町村の業務として子どもの福祉に必要な実情把握や情報提供、家庭その他からの相談に応じ、必要な調査や指導を行うことが規定され、社会福祉主事が児童相談所と連携を求められる場面が増えた。

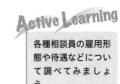

Active Learning

各種相談員の雇用形態や待遇などについて調べてみましょう。

❷母子・父子自立支援員

　福祉事務所は、母子及び父子並びに寡婦福祉法第 9 条に基づき、母子家庭等及び寡婦並びに母子・父子福祉団体の実情その他必要な実情を把握し、相談に応じ、必要な調査および指導を行うことなどの業務が規定されている。母子・父子自立支援員は、都道府県知事、市長（特別区の区長を含む）および福祉事務所を管理する町村長のもとで、上記の業務を行う者として委嘱されている。

❸家庭相談員

　福祉事務所には、家庭児童相談室を設置することができる。この家庭児童相談室で子ども家庭福祉に関する専門的技術を要する業務を行うのが家庭相談員である。

---

i 任用要件として、大学等で厚生労働大臣の指定する社会福祉に関する科目を修めて卒業した者、都道府県知事の指定する養成機関または講習会の課程を修了した者、社会福祉士、厚生労働大臣の指定する社会福祉事業従事者試験に合格した者等とされている（社会福祉法第 19 条）。

ii 委嘱の要件として、社会的信望があり、かつ、法に規定する職務を行うに必要な熱意と識見をもっている者とされている（母子及び父子並びに寡婦福祉法第 8 条）。

iii 資格要件は、都道府県または市町村の非常勤職員とし、人格円満で、社会的信望があり、健康で、家庭児童福祉の増進に熱意をもつ者として、大学等で児童福祉、社会福祉、児童学、心理学、教育学、社会学を専修する学科等を卒業した者、医師、社会福祉主事として 2 年以上児童福祉事業に従事した者等とされている。

3 児童福祉施設における職員

　児童福祉施設では、その「設備及び運営に関する基準」等において、児童福祉法に規定される施設種別に合わせて職員の配置を規定している（**表4-5**）。

4 職員の資格と職務

❶児童指導員

　児童養護施設、福祉型・医療型障害児入所施設、福祉型・医療型児童発達支援センター、児童心理治療施設等の多様な施設に配置が義務づけられているのが児童指導員である。主として子どものケア（養育、介護、介助、療育等）にかかわりながら、自立支援計画の作成、施設内部の連絡調整、家族支援等の児童の生活を通した多岐にわたる業務を行う。

❷保育士

　保育士は国家資格であり、児童指導員とともに子どものケアを担う中核的職員として、多様な児童福祉施設に配置が義務づけられている。資格は、都道府県知事の指定する指定保育士養成施設を卒業した者（学校教育法に基づく専門職大学の前期課程を修了した者を含む）、または保育士試験に合格した者とされている（児童福祉法第18条の6）。

　さらに、幼保連携型認定こども園には、保育教諭等が配置されている。保育教諭は、幼稚園教諭免許と保育士資格の両方の免許・資格を有する（就学前の子どもに関する教育、保育等の総合的な提供の推進に関する法律第15条）。

❸児童自立支援専門員・児童生活支援員

　児童自立支援施設には、子どものケアにかかわる中核的職員として、自立支援を行う児童自立支援専門員、生活支援を行う児童生活支援員が配置されている。

❹家庭支援専門相談員

　ファミリーソーシャルワーカー★ともいわれる。児童養護施設、乳児院、児童心理治療施設、児童自立支援施設に配置され（児童福祉施設の設備及び運営に関する基準第21条等）、施設等で生活する児童の家庭復帰のため、児童や保護者との関係調整、関係機関との連携、地域における子

---

iv　任用要件として都道府県知事の指定する学校等を卒業した者、社会福祉士、精神保健福祉士等と規定されている（児童福祉施設の設備及び運営に関する基準第43条）。
v　それぞれ任用の要件として、社会福祉士等が規定されている（児童福祉施設の設備及び運営に関する基準第82条、第83条）。

表4-5　児童福祉施設における職員（法定外の職員も含む）

施設名	配置職員
助産施設	第一種助産施設　医療法に規定する病院または診療所である助産施設。医療法に関するもの以外で職員配置は規定されていない 第二種助産施設　医療法に規定する助産所である助産施設。医療法に規定する職員のほか、1人以上の専任または嘱託の助産師
乳児院	小児科の診療に相当の経験を有する医師、看護師（保育士、児童指導員）、個別対応職員、家庭支援専門相談員、里親支援専門相談員、栄養士、調理員（調理業務を全委託で不要）
母子生活支援施設	母子支援員、嘱託医、少年を指導する職員（通称：少年指導員）、心理療法担当職員（心理療法を必要とする母子10人以上のとき）、個別対応職員（DV被害の母子支援を行う場合）、調理員
保育所	保育士、嘱託医、調理員（ただし、調理業務を全委託する施設は不要）
幼保連携型認定こども園	保育教諭、養護教諭、栄養教諭、薬剤師（嘱託）、医師（嘱託）
児童遊園	児童の遊びを指導する者（通称：児童厚生員）
児童館	児童の遊びを指導する者（通称：児童厚生員）　等
児童養護施設	児童指導員、保育士、嘱託医、家庭支援専門相談員、里親支援専門相談員、個別対応職員、栄養士（入所児41人以上の施設）、調理員（ただし、調理業務を全委託する施設は不要）、看護師（乳児が入所しているとき）、心理療法担当職員（必要とする児童10人以上のとき）、実習設備を設けて職業指導を行う場合には職業指導員　等
福祉型障害児入所施設	嘱託医、児童指導員、保育士、栄養士（入所児41人以上の施設）、調理員（調理業務を全委託する施設は不要）、児童発達管理責任者、心理指導担当職員（心理指導を行う必要がある児童5人以上の施設）、職業指導員（職業指導を行う場合） ※ただし、主に自閉症児を入所させる場合は、医師、看護職員（保健師、助産師、看護師または准看護師）、主に肢体不自由児を入所させる場合は、看護職員が配置される。
医療型障害児入所施設	医療法に規定する病院として必要な職員、児童指導員、保育士、児童発達支援管理責任者 ※ただし、主に肢体不自由児を入所させる場合は、理学療法士または作業療法士、主に重症心身障害児を入所させる場合は、理学療法士または作業療法士、心理指導を担当する職員が配置される。
福祉型児童発達支援センター	嘱託医、児童指導員、保育士、栄養士（入所児41人以上の施設）、調理員（調理業務を全委託する施設は不要）、児童発達支援管理責任者、機能訓練担当職員（日常生活を営むのに必要な機能訓練を行う場合） ※ただし、主に難聴児を通わせる場合は、言語聴覚士、主に重症心身障害児を通わせる場合は、看護職員が配置される。
医療型児童発達支援センター	医療法に規定する診療所として必要な職員、児童指導員、保育士、看護師、理学療法士または作業療法士、児童発達支援管理責任者
児童心理治療施設	医師、心理療法担当職員、児童指導員、保育士、看護師、家庭支援専門相談員、個別対応職員、栄養士、調理員（ただし、調理業務を全委託する施設は不要）　等
児童自立支援施設	児童自立支援専門員、児童生活支援員、家庭支援専門相談員、個別対応職員、嘱託医および精神科の診療に相当の経験を有する医師または嘱託医、栄養士（入所児41人以上の施設）、調理員（ただし、調理業務を全委託する施設は不要）、心理療法担当職員（必要とする児童10人以上のとき）、実習設備を設けて職業指導を行う場合には職業指導員　等
児童家庭支援センター	相談・支援専門相談員、心理療法担当職員　等

育ての相談、里親や養子縁組の促進等の業務を行う。[vi]

❺里親支援専門相談員

里親支援ソーシャルワーカーともいわれる。乳児院と児童養護施設において、児童の里親委託の推進、退所児童のアフターケア、地域の里親の支援等の業務を行う職員として2012（平成24）年度から配置できることとなった。任用の要件として、社会福祉士等が規定されている。

❻その他の専門職

その他、子どもや家庭が生活する地域におけるさまざまな事業で次のような職員が配置されている。放課後児童健全育成事業（放課後児童クラブ）には、放課後児童支援員が配置されている。子ども・子育て支援制度においては、身近な子育て相談に応じ、適切な施設等の利用を支援する職員として利用者支援専門員が配置され、小規模保育、家庭的保育、ファミリー・サポート・センター、一時預かり等で担い手となる人材として、各自治体の研修を修了した者を子育て支援員として認定している。また、同制度の子ども・子育て支援給付の地域型保育給付の対象となる家庭的保育事業、小規模保育事業C型、居宅訪問型保育事業に、市町村長が行う研修を修了した者を家庭的保育者[★]として認定し配置している。

児童委員[★]は、地域における児童家庭福祉の民間奉仕者として、厚生労働大臣の委嘱により任命されている。担当区域の児童家庭および妊産婦について把握し、必要な援助や指導を行うとともに、社会福祉主事、児童福祉司に協力することになっている。1994（平成6）年から区域を担当しない主任児童委員[★]が配置されている。

◇参考文献
・金子恵美編集代表『児童福祉司研修テキスト——児童相談所職員向け』明石書店，2019.
・資生堂社会福祉事業団監，STARS（資生堂児童福祉海外研修同窓会）編集委員会編，中山正雄編集代表『ファミリーソーシャルワークと児童福祉の未来——子ども家庭援助と児童福祉の展望』中央法規出版，2008.
・和田一郎編著『児童相談所一時保護所の子どもと支援』明石書店，2016.
・厚生省通知「家庭児童相談室の設置運営について」（昭和39年4月22日厚生省発児第92号）
・厚生労働省通知「家庭支援専門相談員、里親支援専門相談員、心理療法担当職員、個別対応職員、職業指導員及び医療的ケアを担当する職員の配置について」（平成24年4月5日雇児発0405第11号）

●おすすめ
・川﨑二三彦・鈴木崇之編著『日本の児童相談——先達に学ぶ援助の技』明石書店，2010.
・菅原哲男『家族の再生——ソーシャルワーカーの仕事』言叢社，2004.
・須藤八千代『増補 母子寮と母子生活支援施設のあいだ 女性と子どもを支援する』明石書店，2010.

vi 資格要件として、社会福祉士もしくは精神保健福祉士、児童養護施設等で児童の養育に5年以上従事した者、児童福祉司となる資格を有する者が規定されている。

Active Learning

就職を希望する機関や施設の職員のキャリアデザインがどのように考えられているか、国の審議会、自治体、専門職団体、施設協議会のホームページなどから調べてみましょう。

★**家庭的保育者**
子ども・子育て支援制度で実施される家庭的保育事業（児童福祉法第6条の3第9項）について、居宅その他の場所で保育を提供する者で、「保育ママ」とも呼ばれている。

★**児童委員**
児童福祉法第16条に規定され、児童や家庭の把握や情報提供援助・指導を行う。民生委員が兼務している。

★**主任児童委員**
児童委員と児童福祉機関との連絡調整を行い、児童委員活動に対する援助・協力を行う。

第6節 子ども家庭福祉の計画的推進

学習のポイント
● 事業計画に基づきサービスを整備していく考え方を理解する
● 地域共生社会づくりと民間組織、住民との共同連帯の考え方を理解する

1 子どもの育ち・親の育ちの背景

■インフォーマルな支えの社会から多様な担い手の協働による網目の再構築へ

　厚生労働省の統計によれば、2018（平成30）年の出生数は、91万8400人で、過去最少となっている。合計特殊出生率は、1.42であった。2005（平成17）年に過去最低の1.26を記録したが、近年は横ばいである。第一次ベビーブーム期に当時の最高の出生数269万6638人（1949（昭和24）年）を記録して以降は、第二次ベビーブーム期に209万1983人（1973（昭和48）年）で増加をみたが、この期間全体はおおむね減少傾向といえる。子どもの数は少なくなる一方で、われわれの社会の子育ては、伝統的に維持されてきた親族や近隣の相互扶助によるインフォーマルサポートに支えられてきた。国民生活基礎調査における平均世帯人員は、1986（昭和61）年の3.22人から2019（令和元）年には2.39人となり、世帯構造の三世代世帯の割合は、1986（昭和61）年の15.3％から2019（令和元）年には5.1％となっている。短期間に、家庭が子育てをする前提となり周囲の環境が大きく変動し、インフォーマルな支えが少なくなった。地域に支えられてきた子どもの育ちは、今日では、家庭の果たす役割により多く期待されるようになっている。他方で、その役割が期待される保護者は、子ども時代に地域の人間関係を経験する機会が減り、周囲の支えが少ないなかで子育てをすることを迫られてきている。子育ちだけでなく、「親育ち」をいかに社会で支えるかが基本課題である。

インフォーマルな支えを前提としていた社会から、サービスを含めた多様な社会資源で支える社会への転換が求められてきている。その課題が大きな社会的関心となったのは、1989（平成元）年の合計特殊出生率が公表された時のいわゆる「1.57ショック☆」の時期であるとされる。少子化対策への取り組みは、1990年代から、子育て支援サービス整備等の喫緊の課題への政府の対策と、我々社会の子育て支援に対する価値観の変化や確立とが、同時期に進められてきた（**図4-4**）。その段階を次の三つの区分でみていくこととする。

★ **1.57ショック**
60年周期の丙午の年には、江戸時代からの迷信により、出産を忌避する社会現象が起きた。1966（昭和41）年に、この現象で合計特殊出生率1.58を記録したが、1989（平成元）年は、この現象と関係なく戦後最低を更新（1.57）したことから、少子化の進行がマスコミ等で再認識された衝撃を指す。

1　1.57ショックから新エンゼルプランへ

　この時期は、我々の社会において少子化対策のもつ価値が確立されることと、保育を中心とする子育て支援サービス整備の計画化（数値目標化）が緒につく時期である。1994（平成6）年には4大臣合意による「今後の子育て支援のための施策の基本的方向について」（エンゼルプラン）が打ち出され、同時に「緊急保育対策等5か年事業」（1995（平成7）～1999（平成11）年度）が策定されている。1999（平成11）年には、6大臣合意による子育て支援の重点施策の明示とその具体的サービス整備目標としての計画が立てられた「重点的に推進すべき少子化対策の具体的実施計画について」（新エンゼルプラン）が策定された。他方、1995（平成7）年には「障害者プラン」（ノーマライゼーション7か年戦略）が出され、ノーマライゼーションの理念の実現に向けて、障害のある人々が社会の構成員として地域のなかでともに生活が送れることを目指す視点のもと、障害児の地域療育体制の構築が計画に盛り込まれた。子育て支援サービスの計画的推進の考え方が確立され、具体的なサービス整備の数値目標によって政府を挙げて取り組まれ始めた時期であった。

2　少子化社会対策基本法

　2003（平成15）年に少子化社会対策基本法が制定された。これに沿って、2004（平成16）年に少子化社会対策大綱が閣議決定された。これは、少子化に対処するための施策の基本指針として「3つの視点」を整理し、「4つの重点課題」のもと「28の具体的行動」が示されたものである。特に、「仕事と家庭の両立支援と働き方の見直し」や「子育ての新た

図4-4　子育て支援対策の経緯

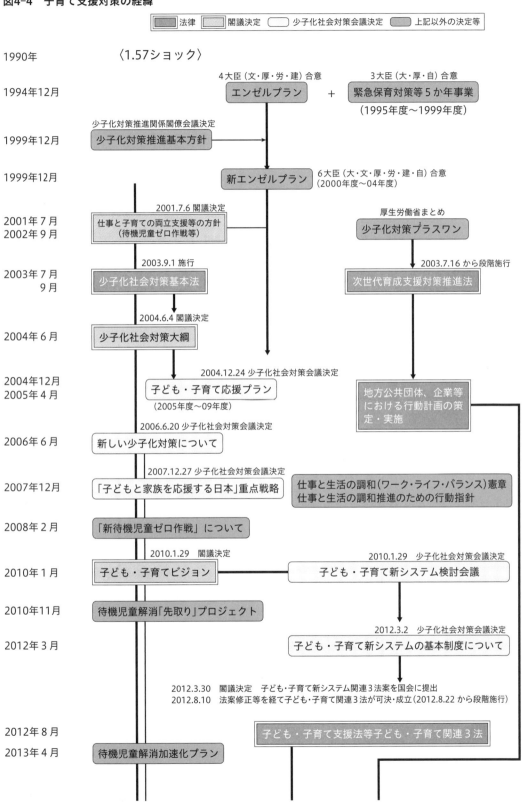

| 法律 | 閣議決定 | 少子化社会対策会議決定 | 上記以外の決定等 |

1990年　〈1.57ショック〉

1994年12月
4大臣（文・厚・労・建）合意
エンゼルプラン
＋
3大臣（大・厚・自）合意
緊急保育対策等5か年事業
（1995年度〜1999年度）

1999年12月
少子化対策推進関係閣僚会議決定
少子化対策推進基本方針

1999年12月
新エンゼルプラン
6大臣（大・文・厚・労・建・自）合意
（2000年度〜04年度）

2001年7月
2002年9月
2001.7.6 閣議決定
仕事と子育ての両立支援等の方針
（待機児童ゼロ作戦等）

厚生労働省まとめ
少子化対策プラスワン

2003年7月
9月
2003.9.1 施行
少子化社会対策基本法

2003.7.16 から段階施行
次世代育成支援対策推進法

2004年6月
2004.6.4 閣議決定
少子化社会対策大綱

2004年12月
2005年4月
2004.12.24 少子化社会対策会議決定
子ども・子育て応援プラン
（2005年度〜09年度）

地方公共団体、企業等における行動計画の策定・実施

2006年6月
2006.6.20 少子化社会対策会議決定
新しい少子化対策について

2007年12月
2007.12.27 少子化社会対策会議決定
「子どもと家族を応援する日本」重点戦略

仕事と生活の調和（ワーク・ライフ・バランス）憲章
仕事と生活の調和推進のための行動指針

2008年2月
「新待機児童ゼロ作戦」について

2010年1月
2010.1.29　閣議決定
子ども・子育てビジョン

2010.1.29　少子化社会対策会議決定
子ども・子育て新システム検討会議

2010年11月
待機児童解消「先取り」プロジェクト

2012年3月
2012.3.2　少子化社会対策会議決定
子ども・子育て新システムの基本制度について

2012.3.30　閣議決定　子ども・子育て新システム関連3法案を国会に提出
2012.8.10　法案修正等を経て子ども・子育て関連3法が可決・成立（2012.8.22 から段階施行）

2012年8月
子ども・子育て支援法等子ども・子育て関連3法

2013年4月
待機児童解消加速化プラン

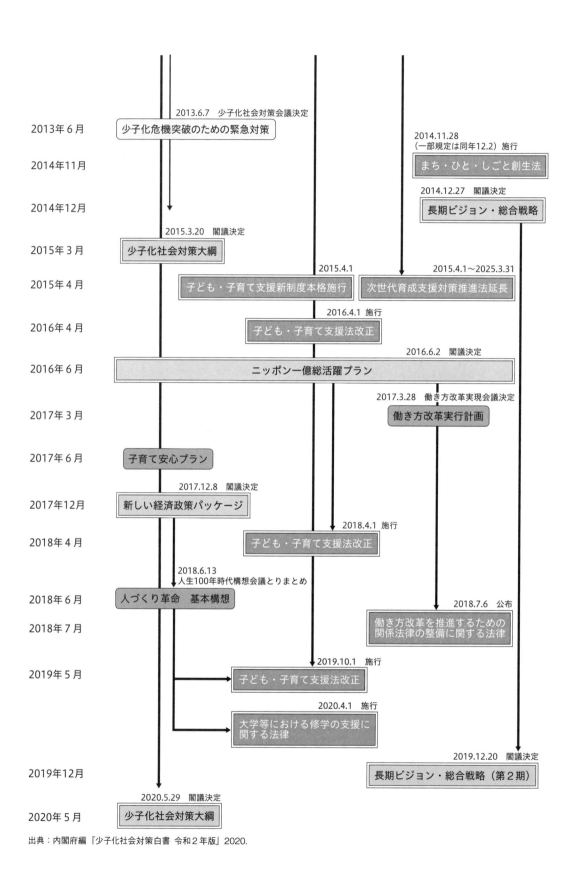

2013年6月	2013.6.7 少子化社会対策会議決定 少子化危機突破のための緊急対策	
2014年11月		2014.11.28 （一部規定は同年12.2）施行 まち・ひと・しごと創生法
2014年12月		2014.12.27 閣議決定 長期ビジョン・総合戦略
2015年3月	2015.3.20 閣議決定 少子化社会対策大綱	
2015年4月	2015.4.1 子ども・子育て支援新制度本格施行	2015.4.1～2025.3.31 次世代育成支援対策推進法延長
2016年4月	2016.4.1 施行 子ども・子育て支援法改正	
2016年6月	2016.6.2 閣議決定 ニッポン一億総活躍プラン	
2017年3月		2017.3.28 働き方改革実現会議決定 働き方改革実行計画
2017年6月	子育て安心プラン	
2017年12月	2017.12.8 閣議決定 新しい経済政策パッケージ	
2018年4月	子ども・子育て支援法改正 2018.4.1 施行	
2018年6月	2018.6.13 人生100年時代構想会議とりまとめ 人づくり革命 基本構想	
2018年7月		2018.7.6 公布 働き方改革を推進するための 関係法律の整備に関する法律
2019年5月	2019.10.1 施行 子ども・子育て支援法改正	
	2020.4.1 施行 大学等における修学の支援に 関する法律	
2019年12月		2019.12.20 閣議決定 長期ビジョン・総合戦略（第2期）
2020年5月	2020.5.29 閣議決定 少子化社会対策大綱	

出典：内閣府編『少子化社会対策白書 令和2年版』2020.

な支え合いと連帯」の重点課題は、その後の子育て支援を政府だけでなく、保護者の働く企業を含めた社会の多様な担い手により取り組む課題として位置づけた。一方、厚生労働省は 2002（平成 14）年に「少子化対策プラスワン」をまとめ、2003（平成 15）年には次世代育成支援対策推進法が制定されることとなる。それは、次代の社会を担う子どもが健やかに生まれ育成される環境の整備を図ることを基本理念とするとともに、国だけでなく、地方公共団体および事業主による行動計画の策定等の具体的な対応を規定した。この時期は、子育ては社会全体で取り組むという価値観の確立と、政府だけでなく多様な主体の取り組みの方向性が具体化された。

3 新たな大綱と子ども・子育て関連 3 法

　2010（平成 22）年には、「子ども・子育てビジョン」が閣議決定された。基本的視点として、「社会全体で子育てを支える」の視点のもと、ライフサイクル全体を通じて社会的に支えることや地域のネットワークで支えることが確認された。併せて「『希望』がかなえられる」の視点のもと、格差・貧困解消とともに、生活・仕事・子育てを総合的に捉え、持続可能で活力ある経済社会実現が確認された。2012（平成 24）年には、子ども・子育て支援法等「子ども・子育て関連 3 法」が制定された。これにより、以下で述べるように、市町村を基礎として、多様な担い手による一元的なサービス提供を目指す新しい制度が創設されている。2015（平成 27）年には少子化社会対策大綱が策定された。2016（平成 28）年には、「ニッポン一億総活躍プラン」が閣議決定され、取り組みの方向として、「働き方改革」「子育ての環境整備」「すべての子供が希望する教育を受けられる環境の整備」等が確認された。2017（平成 29）年には「子育て安心プラン」が厚生労働省から公表され、保育受け皿の拡大、保護者へ寄り添う支援等の待機児童対策の強化が打ち出されている。

　2020（令和 2）年に見直された「少子化社会対策大綱」では、若者の雇用安定や妊娠や出産への経済的支援のほか、男性の育児休業取得率や配偶者の出産直後に休暇を取得する率等の新たな数値目標が設定された。

　社会の変化を背景として、児童虐待等の問題に社会全体で対応し、児童の最善の利益が優先して考慮されるよう、児童相談所の専門性の強化、スクールソーシャルワーカー等の配置による学校の相談機能の強化、地域住民の協力や ICT 等を活用した原則無料の学習支援などの事業、さらに奨学金制度の拡充等に具体化されている。

　子ども・子育て支援制度は、市町村を基盤として、多様な担い手による、一元化されたサービス供給を目指す新しい制度として、子ども家庭福祉の計画的推進について次のような意義をもつ。

　この制度の基本的理念は、❶保護者の第一義的責任を確認し、その地域のあらゆる分野のメンバーが役割を果たし相互協力すること、❷支援の内容や水準がすべての子どもに対して良質かつ適切であり、保護者の経済的負担に配慮すること、❸給付や支援が地域の実情に応じて総合的効率的に行われることとされている。これに基づき、市町村を基礎自治体に支援給付や地域の子育て支援事業を総合的に進める事業計画（市町村子ども・子育て支援事業計画）を定め、それにより行う仕組みがつくられた（都道府県は都道府県子ども・子育て支援事業支援計画を策定する）。事業を支える財源は、これまでの法令ごとにつくられてきた施設別・事業別の財政を再編し、保育・子育て支援中心の給付として、「子どものための現金給付」「子どものための教育・保育給付」が整備された。また、一般事業主から「拠出金」が徴収され、「地域子ども・子育て支援事業」や「仕事・子育て両立支援事業」等の整備に充当される仕組みの創設へとつながっている（子ども子育て支援法第69条第1項）。

　このように、子育て支援制度や施策の展開は少子化対策を皮切りに、課題ごとに計画の策定が進められてきた。家庭環境や地域社会の変化を背景に、持続可能な社会という観点のもと、ソーシャルワーカーの専門相談機能の強化が進められるとともに、行政中心のサービス提供から地域で生活する当事者の力を活かす子育て環境づくりが求められている。

◇参考文献
・柏女霊峰編著，藤井康弘・北川聡子・佐藤まゆみ・永野咲『子ども家庭福祉における地域包括的・継続的支援の可能性　社会福祉のニーズと実践からの示唆』福村出版，2020.
・川松亮編著『市区町村子ども家庭相談の挑戦』明石書店，2019.
・内閣府『少子化社会対策白書（少子化社会白書）』各年版.

●おすすめ
・佐藤まゆみ『市町村中心の子ども家庭福祉──その可能性と課題』生活書院，2012.
・柏女霊峰『子ども家庭福祉サービス供給体制──切れめのない支援をめざして』中央法規出版，2008.

Active Learning

福祉ニーズの変化を捉え、市町村や都道府県の施策に反映していくようにしていくため、ソーシャルワーカーはどのような役割を果たしたらよいか考えてみましょう。

ⅰ　子ども・子育て支援制度では子育て家庭向けに市町村をベースとする施策体系へ整理を行い、子ども・子育て支援給付は「現金給付」と「教育・保育給付」に整理され、児童手当は「現金給付」として位置づけられている。2019（令和元）年の子ども・子育て支援法の改正では「子育てのための施設等利用給付」が創設された。

第5章

子どもの福祉課題と
支援

　本章では、子ども家庭福祉の各分野について学習する。もともと子どもの福祉保障は、養護、非行、保育、健全育成、母子福祉、母子保健という6分野から成り立つものであったが、現代では広範な子ども家庭福祉問題に対応して、支援を行う分野も多様化している。子どもの貧困のように、社会的不利を誘発するような深刻な問題も発生しており、それについて考えるために在宅支援に関する節も設けている。全13節を学習しながら、子ども家庭福祉問題の多様性、それに対応した支援の枠組みや社会資源、特に留意すべき支援のあり方について学習する機会とし、第6章のソーシャルワーク実践の実際について深く思考するための基礎知識を獲得することが期待される。

学習のポイント

● 我が国の子ども・子育て支援施策の概要を理解する
● 地域子育て支援、児童健全育成の概要を理解する

1　我が国の子育て支援施策の展開

　我が国で少子化対策の機運が高まるきっかけとなったのは、「1.57 ショック」といわれるものである。これを受けて政府は、いわゆる「エンゼルプラン」「新エンゼルプラン」を策定する。その後も少子化傾向が続くなか、2003（平成 15）年に次世代育成支援対策推進法、少子化社会対策基本法が制定され、後者を受けて、2004（平成 16）年 6 月には「少子化社会対策大綱」が閣議決定される。そしてこれをもとに同年 12 月に「少子化社会対策大綱に基づく重点施策の具体的実施計画について」（子ども・子育て応援プラン）が策定された。

　子ども・子育て応援プランが 2009（平成 21）年度で終了を迎えるため、2010（平成 22）年に新たな大綱として「子ども・子育てビジョン」が策定され、さらにこれを引き継ぎ 2015（平成 27）年 3 月に「少子化社会対策大綱〜結婚、妊娠、子供・子育てに温かい社会の実現をめざして〜」が閣議決定された。さらにこれを引き継ぎ、2020（令和 2）年 5 月に「少子化社会対策大綱〜新しい令和の時代にふさわしい少子化対策へ〜」が閣議決定された。その他にも、2016（平成 28）年に「ニッポン一億総活躍プラン」、2017（平成 29）年に「子育て安心プラン」等が公表されている。これらについての詳細は第 4 章第 6 節を参照されたい。

2　子ども・子育て支援制度の創設

1　新たな子ども・子育て支援制度

　2010（平成 22）年 1 月 29 日、少子化社会対策会議において、次世代育成支援のための包括的なシステム構築を検討するための「子ども・子

育て新システム検討会議」が設置された。同年6月には「子ども・子育て新システムの基本制度案要綱」、同年7月には地方公共団体や関係団体等が参画する基本制度ワーキンググループによって「子ども・子育て新システムに関する中間とりまとめ」が出された。

新たな子ども・子育て支援制度の骨格となるのは、2012（平成24）年8月22日に公布された子ども・子育て関連3法、「子ども・子育て支援法」「就学前の子どもに関する教育、保育等の総合的な提供の推進に関する法律の一部を改正する法律」「子ども・子育て支援法及び就学前の子どもに関する教育、保育等の総合的な提供の推進に関する法律の一部を改正する法律の施行に伴う関係法律の整備等に関する法律」である。

子ども・子育て支援とは、子ども・子育て支援法第7条において、「全ての子どもの健やかな成長のために適切な環境が等しく確保されるよう、国若しくは地方公共団体又は地域における子育ての支援を行う者が実施する子ども及び子どもの保護者に対する支援」とされる。

新たな子ども・子育て支援制度は、国や地方自治体、企業等社会全体で子どもや子育てを支える新たな仕組みの構築を目指す。消費税率引き上げによる増収分を活用し子ども・子育て支援分野に係る財源を増やした。そして、これまで各施設・事業ごとに異なっていた財政支援を再編して、子ども・子育て支援給付を創設し、市町村を基盤とした一元的なシステムとした。

また、国の基本指針である「教育・保育及び地域子ども・子育て支援事業の提供体制の整備並びに子ども・子育て支援給付並びに地域子ども・子育て支援事業及び仕事・子育て両立支援事業の円滑な実施を確保するための基本的な指針」に基づいて、各自治体は子ども・子育て支援事業計画（市町村子ども・子育て支援事業計画、都道府県子ども・子育て支援事業支援計画）を策定する。

その他、特徴的なこととして、認定こども園制度の改善、地域の実情に応じた子育て支援の充実、子ども・子育て会議の設置等が挙げられる。

2 子ども・子育て支援法に基づく給付・事業

新たな子ども・子育て支援制度では、市町村が実施主体となって子ども・子育て支援給付が行われる。この給付は、「子どものための現金給付」と「子どものための教育・保育給付」「子育てのための施設等利用給付」の3種類に分けられる。

「子どものための現金給付」は児童手当法で定められる児童手当があ

★**子ども・子育て支援事業計画**
子ども・子育て支援法第61条・第62条に基づく計画である。5年1期とし、子どものための教育・保育給付、地域子ども・子育て支援事業等の需給計画である。

★**子ども・子育て会議**
子ども・子育て支援法第72条に基づき内閣府に設置される会議で、内閣総理大臣の諮問に応じて同法の施行に関する調査審議を行い、内閣総理大臣等に意見を述べることができる。市町村については、同法第77条において子ども・子育て支援に関する審議会等設置の努力義務が定められている。

てられる。「子どものための教育・保育給付」は施設型給付と地域型保育給付を基本的な内容とするもので、サービスの利用を希望する児童の保護者が、市町村に申請し、支給認定を受けてサービスを利用した際にその費用に係る給付が現物給付により支給される。施設型給付は、教育・保育施設である認定こども園、保育所、幼稚園が対象となる。一方、地域型保育給付の対象となる事業は、小規模保育事業、家庭的保育事業、居宅訪問型保育事業、事業所内保育事業である。子育てのための施設等利用給付は、「子どものための教育・保育給付」の対象外である幼稚園（未移行）、特別支援学校の幼稚部、認可外保育施設、預かり保育事業、一時預かり事業、病児保育事業、子育て援助活動支援事業で、市町村の確認を受けたものを対象とし、支給要件を満たした子どもが利用した際に要する費用を支給するものである。

　地域子ども・子育て支援事業は、図 5-1 に示されるように、利用者支援事業、地域子育て支援拠点事業、妊婦健康診査、乳児家庭全戸訪問事業、養育支援訪問事業等、子育て短期支援事業、子育て援助活動支援事業（ファミリー・サポート・センター事業）、一時預かり事業、延長保育事業、病児保育事業、放課後児童健全育成事業、実費徴収にかかる補足給付を行う事業、多様な事業者の参入促進・能力活用事業の 13 の事業が実施される。

　また、子ども・子育て支援法の 2016（平成 28）年改正によって、事業主拠出金による仕事・子育て両立支援事業が法定化された。

---

i　母子保健法第 13 条第 1 項で定められる事業。妊婦の健康の保持および増進を図るため、妊婦に対する健康診査（健康状態の把握、検査計測、保健指導）を実施するとともに、妊娠期間中の適時に応じた医学的検査を実施する。

ii　児童福祉法第 6 条の 3 第 3 項で定められる事業で、保護者の疾病等身体的・精神的理由や仕事等の環境上の理由で、家庭において子どもの養育が困難になった場合に児童養護施設等で短期間預かる「短期入所生活援助（ショートステイ）事業」と、保護者が仕事等で平日の夜間や休日勤務で不在になり、家庭での子どもの養育が困難になった場合に児童養護施設等が対応する「夜間養護等（トワイライトステイ）事業」がある。

iii　児童福祉法第 6 条の 3 第 14 項で定められる事業。乳幼児や小学生等の児童を有する子育て中の保護者を会員として、児童の預かりの援助を受けることを希望する者と当該援助を行うことを希望する者との相互援助活動に関する連絡や調整、援助希望者への講習等を行う。

iv　児童福祉法第 6 条の 3 第 7 項で定められる事業。昼間に家庭での養育を受けるのが一時的に困難となった乳幼児に対して、保育所等で一時的に預かり、必要な保護を行う。一般型、余裕活用型、幼稚園型、居宅訪問型、地域密着 II 型の類型がある。

v　子ども・子育て支援法第 59 条第 2 号で定められる事業。市町村の保育認定を受けた児童に対し、通常の利用日や利用時間帯以外の日および時間において保育所等で引き続き保育を実施する。一般型と訪問型がある。

図5-1　子ども・子育て支援制度の概要

子ども・子育て支援給付その他の子ども及び子どもを養育している者に必要な支援

子ども・子育て支援給付	その他の子ども及び子どもを養育している者に必要な支援

子どものための教育・保育給付	子育てのための施設等利用給付	地域子ども・子育て支援事業	仕事・子育て両立支援事業
認定こども園・幼稚園・保育所・小規模保育等に係る共通の財政支援	幼稚園〈未移行〉、認可外保育施設、預かり保育等の利用に係る支援	地域の実情に応じた子育て支援	仕事と子育ての両立支援

施設型給付費

認定こども園 0〜5歳

幼保連携型

※ 幼保連携型については、認可・指導監督の一本化、学校及び児童福祉施設としての法的位置づけを与える等、制度改善を実施

幼稚園型	保育所型	地方裁量型

幼稚園 3〜5歳	保育所 0〜5歳

※ 私立保育所については、児童福祉法第24条により市町村が保育の実施義務を担うことに基づく措置として、委託費を支弁

地域型保育給付費

小規模保育、家庭的保育、居宅訪問型保育、事業所内保育

施設等利用費

幼稚園〈未移行〉

特別支援学校

預かり保育事業

認可外保育施設等
・認可外保育施設
・一時預かり事業
・病児保育事業
・子育て援助活動支援事業（ファミリー・サポート・センター事業）

※ 認定こども園（国立・公立大学法人立）も対象

地域の実情に応じた子育て支援

・利用者支援事業
・地域子育て支援拠点事業
・一時預かり事業
・乳児家庭全戸訪問事業
・養育支援訪問事業等
・子育て短期支援事業
・子育て援助活動支援事業（ファミリー・サポート・センター事業）

・延長保育事業
・病児保育事業
・放課後児童クラブ

・妊婦検診
・実費徴収に係る補足給付を行う事業（幼稚園〈未移行〉における低所得者世帯等の子どもの食材費（副食費）に対する助成）
・多様な事業者の参入促進・能力活用事業

仕事と子育ての両立支援

・企業主導型保育事業
⇒事業所内保育を主軸とした企業主導型の多様な就労形態に対応した保育サービスの拡大を支援（整備費、運営費の助成）

・企業主導型ベビーシッター利用者支援事業
⇒繁忙期の残業や夜勤等の多様な働き方をしている労働者が、低廉な価格でベビーシッター派遣サービスを利用できるよう支援

市町村主体	国主体

資料：厚生労働省資料を一部改変

3 幼保連携型認定こども園

幼保連携型認定こども園は、学校教育・保育および保護者への養育支

---

vi　児童福祉法第6条の3第13項で定められる事業。病気中もしくは病気回復期にある児童で、保護者が労働等の理由で家庭での保育が困難な場合に保育所や病院等で保育を行う。病児対応型、病後児対応型、体調不良児対応型、非施設型（訪問型）がある。

vii　子ども・子育て支援法第59条第3号で定められる事業。特定支給認定保護者に対し、児童が特定教育・保育施設で教育・保育を受けた際、給食費、教材費、行事費等の一部を補助する。

viii　子ども・子育て支援法第59条第4号で定められる事業。①地域の教育・保育需要に沿った教育・保育施設等の量的拡大を進めるうえで、多様な事業者の新規参入を支援する事業、②認定こども園における特別支援が必要な子どもの受入体制を構築し、良質かつ適切な教育保育等の提供体制の確保を図る事業がある。

援を一体的に提供する施設で、教育基本法に基づく学校であると同時に、児童福祉法に基づく児童福祉施設として位置づけられる。就学前の子どもに関する教育、保育等の総合的な提供の推進に関する法律（認定こども園法）において、教育とは、教育基本法第6条第1項で規定される学校で行われる教育で、保育とは児童福祉法第6条の3第7項に規定する保育、と定められている。さらに、教育機能と保育機能に加えて、子育て支援機能が位置づけられている。

　幼保連携型認定こども園の設置主体は、国および地方公共団体（公立大学法人を含む）、学校法人、社会福祉法人のみとされている。また、学校教育と保育を職務とする保育教諭が置かれる。保育教諭は免許・資格ではなく職名であり、原則として幼稚園教諭免許状と保育士資格の両方の所有が求められる。

　なお、幼保連携型認定こども園における学校教育・保育は、内閣府・文部科学省・厚生労働省から告示されている幼保連携型認定こども園教育・保育要領を基盤にして実施される。

3 　地域の実情に合わせた子ども・子育て支援
——地域子育て支援

■1 地域子育て支援制度の経緯

　地域子育て支援は、保育所の事業の一つとして創設され、1989（平成元）年に保育所地域活動事業が、1993（平成5）年には保育所地域子育てモデル事業が始まった。また、1997（平成9）年の児童福祉法改正では、第48条の4において、保育所による地域子育て家庭への相談対応が規定された。

　2002（平成14）年の「少子化対策プラスワン」では、「地域における子育て支援」が重点施策の一つとされた。同年にはつどいの広場事業（のちに地域子育て支援拠点事業に再編）が創設された。2008（平成20）年は、社会福祉法と児童福祉法が改正され、子育て支援に係る事業が法定化され、地域子育て支援拠点事業が第二種社会福祉事業に位置づけられた。その後、2012（平成24）年制定の子ども・子育て支援法において

---

ix　明確な法的定義はないが、児童福祉法第48条の4等では幼稚園・保育所・認定こども園等の保育事業を利用していない子育て家庭への相談援助・情報提供が示される。また、少子化社会対策基本法第12条では、すべての子育て家庭を想定して取り組まれる地域の多様な社会資源による子育て支援体制の整備が示されている。

利用者支援事業が創設された。

　現在の地域子育て支援は、前述のとおり、地域子ども・子育て支援事業において展開される。本項では、地域の子育て家庭を対象とし支援を展開する、利用者支援事業、地域子育て支援拠点事業、乳児家庭全戸訪問事業、養育支援訪問事業を取り上げる。

▌2 利用者支援事業

　利用者支援事業は、子ども・子育て支援法第 59 条第 1 号で定められており、主に妊産婦や小学校就学前の子どもの子育て家庭（状況に応じて 18 歳までの子どもの保護者）を対象に、利用者支援専門員が、利用者支援と地域連携を行う。子ども・子育て支援法第 59 条第 1 号において、「子ども及びその保護者が、確実に子ども・子育て支援給付を受け、及び地域子ども・子育て支援事業その他の子ども・子育て支援を円滑に利用できるよう、子ども及びその保護者の身近な場所において、地域の子ども・子育て支援に関する各般の問題につき、子ども又は子どもの保護者からの相談に応じ、必要な情報の提供及び助言を行うとともに、関係機関との連絡調整その他の内閣府令で定める便宜の提供を総合的に行う事業」とされる。

　本事業は、「基本型」「特定型」「母子保健型」の三つの事業類型がある。基本型は、地域子育て支援拠点等の身近な場所で利用者支援と地域連携を担い、当事者の目線での寄り添い型の支援と地域における、子育て支援のネットワークに基づく支援を行う。特定型は、市町村窓口等で主に利用者支援に取り組むもので、待機児童の解消等を図るため、妊娠期から乳幼児を養育する家庭に対して、子育てに関する事業や施設等を紹介する。母子保健型は、主に市町村保健センターにおいて、保健師等が専門的な見地から相談支援等を実施し、妊娠期から子育て期にわたるまでの切れ目ない支援体制を構築する。

▌3 地域子育て支援拠点事業

　地域子育て支援拠点事業は、児童福祉法第 6 条の 3 第 6 項で「乳児又は幼児及びその保護者が相互の交流を行う場所を開設し、子育てについての相談、情報の提供、助言その他の援助を行う事業」と定められている。本事業では、子育て親子——主に 3 歳未満の児童およびその保護者を対象に、❶子育て親子の交流の場の提供と交流の促進、❷子育て等に関する相談、援助の実施、❸地域の子育て関連情報の提供、❹子育てお

★**利用者支援専門員**
利用者支援事業を実施する事業所に配置される専任職員。社会福祉士、保育士等の有資格者は子育て支援員研修事業による専門研修の受講と 1 年の実務経験が求められる。これらの資格がない場合は、子育て支援員の基本研修と専門研修の受講および実務経験 3 年が必要である。

★**利用者支援**
子どもまたはその保護者の身近な場所で、教育・保育・保健その他の子育て支援の情報提供および必要に応じて相談・助言等を行う事業である。利用者の個別ニーズを把握し、それに基づいて情報の集約・提供、相談、利用支援等を行う。

★**地域連携**
関係機関との連絡調整等を行う事業で、具体的には関係機関との連絡・調整、連携、協働の体制づくり、地域の子育て資源の育成、地域課題の発見・共有、地域で必要な社会資源の開発である。

第5章 子どもの福祉課題と支援

よび子育て支援に関する講習会等の実施の四つの基本事業を行う。

　事業類型は、「一般型」と「連携型」がある。一般型は、常設の地域の子育て拠点を設け、地域の子育て支援機能の充実を図る取り組みを実施するもので、原則として週3日以上かつ1日5時間以上、子育て家庭が交流する場を開設するものである。加算事業として、「地域の子育て支援拠点として地域の子育て支援活動の展開を図るための取組」「出張ひろば」「地域支援」がある。

　連携型は、児童福祉施設や児童福祉事業を実施する施設において、多様な子育て支援に関する施設に親子が集う場を設け、子育て支援のための取り組みを実施するもので、原則として週3日以上1日3時間以上、子育て家庭が交流する場を開設するものである。加算事業として、「地域の子育て力を高める取組」がある。

　配置される職員の資格要件は設けられていないが、子育て支援員研修の専門研修を修了していることが望ましいとされる。職員配置数については、一般型が2名以上の専任職員の配置、連携型は1名以上の専任職員の配置かつ児童福祉施設等職員の協力が求められる。

■4 乳児家庭全戸訪問事業

　乳児家庭全戸訪問事業は、乳児を養育する家庭の孤立の防止や乳児の健全育成のための環境の確保を目指して、「一の市町村の区域内における原則として全ての乳児のいる家庭を訪問することにより、厚生労働省令で定めるところにより、子育てに関する情報の提供並びに乳児及びその保護者の心身の状況及び養育環境の把握を行うほか、養育についての相談に応じ、助言その他の援助を行う事業」（児童福祉法第6条の3第4項）である。

　対象は、生後4か月までの乳児のいるすべての家庭である。「乳児家庭全戸訪問事業ガイドライン」では、その事業内容として、❶育児に関する不安や悩みの傾聴、相談、❷子育て支援に関する情報提供、❸乳児およびその保護者の心身の様子および養育環境の把握、❹支援が必要な家庭に対する提供サービスの検討、関係機関との連絡調整を示している。これらの実施内容については、各市町村の判断で訪問者の専門性に配慮したものとし、必要に応じて専門職と専門職以外の訪問者との役割分担を明確にする等の対応をとることが望ましいとされている。また、支援の必要性が高いと見込まれる家庭に対しては、可能な限り保健師等の専門職が訪問することが求められている。

　訪問者については、ガイドラインにおいて、保健師、助産師、看護師のほか、保育士、母子保健推進員、愛育班員、児童委員、母親クラブ、子育て経験者等から幅広く人材を発掘し、訪問者として登用して差し支えないとされている。なお、訪問者について市町村独自に専門職に限る等の資格要件を設けることは差し支えないことも併せて示されている。いずれにせよ、訪問に先立って、訪問の目的や内容、留意事項等に関する必要な研修の受講を求めている。

5 養育支援訪問事業

　養育支援訪問事業は、児童福祉法第6条の3第5項において定められる事業で、養育支援が特に必要な家庭に対して、その居宅を訪問し、養育に関する指導・助言等を行うことにより、当該家庭の適切な養育の実施を確保する事業である。

　この事業の対象は、乳児家庭全戸訪問事業や関係機関からの連絡・通告等により把握された、養育支援を特に必要とする家庭の児童とその養育者である。「養育支援訪問事業ガイドライン」では、次のような家庭が対象として想定されている。

❶　若年の妊婦および妊婦健康診査未受診や望まない妊娠等の妊娠期からの継続的な支援を特に必要とする家庭

❷　出産後間もない時期（おおむね1年程度）の養育者が、育児ストレス、産後うつ状態、育児ノイローゼ等の問題によって、子育てに対して強い不安や孤立感等を抱える家庭

❸　食事、衣服、生活環境等について、不適切な養育状態にある家庭等、虐待のおそれやそのリスクを抱え、特に支援が必要と認められる家庭

❹　児童養護施設等の退所又は里親委託の終了により、児童が復帰した後の家庭

　この事業の中心となる中核機関は、本事業による支援の進行管理や当該事業の対象者に対するほかの支援との連絡調整を行う。中核機関の役割は、対象家庭の把握、対象者の判断、支援の開始と支援内容等の決定方法、支援の経過の把握、支援の終結決定の判断である。

　訪問支援者は、専門的な相談支援については保健師、助産師、看護師、保育士、児童指導員等が担い、育児・家事援助については子育て経験者、ヘルパー等が行い、複数の訪問支援者が役割分担し、効果的に支援を実施することが求められている。訪問支援者には、訪問支援の目的や内容、支援の方法等に関する研修の受講が求められるとともに、質の担保のた

めの研修を受けるものとすることがガイドラインで定められている。

また、本事業は、「乳児家庭等に対する短期集中支援型」と「不適切な養育状態にある家庭等に対する中期支援型」の類型があり、これを基本として事業が実施される。

4 ▷ 児童健全育成

1 児童健全育成施策の動向

児童健全育成の施策は従来、いわゆる「学童保育」が中心であったが具体的検討はされていなかった。そのようななか、1997（平成9）年に放課後児童健全育成事業（放課後児童クラブ）が児童福祉法に位置づけられた。2007（平成19）年には、「放課後児童クラブガイドライン」「放課後子どもプラン」が通達された。

2012年に子ども・子育て支援法が制定され、その後の同法の施行により児童健全育成施策が推進されている。具体的には、2014（平成26）年の「放課後子ども総合プラン」や2018（平成30）年の「新・放課後子ども総合プラン」の策定、放課後児童支援員認定資格研修制度の創設等が挙げられる。また、放課後児童健全育成事業の設備及び運営に関する基準の策定や「児童館ガイドライン」の大幅改定も行われた。

2 児童厚生施設

児童厚生施設は、児童福祉法第40条において「児童遊園、児童館等児童に健全な遊びを与えて、その健康を増進し、又は情操をゆたかにする

---

x 乳児の保護者で、育児不安にある者や精神的に不安定な状態等で支援が特に必要な状況下にある者に対して、自立して適切な養育ができるようになることを目指して、短期・集中的な支援を行う。

xi 不適切な養育状態にあり、定期的な支援や見守りが必要な市町村や児童相談所による在宅支援家庭、施設の退所等により児童が家庭復帰した後の家庭など生活面に配慮したきめ細かな支援が必要とされた家庭に対して、関係機関と連携して適切な児童の養育環境の維持・改善および家庭の養育力の向上を目指し、一定の目標・期限を設定したうえで指導・助言等の支援を行う。

xii 共働き家庭等の「小1の壁」の打破と次世代育成を目的に、すべての児童が放課後を安全・安心に過ごし、多様な体験・活動ができるよう、厚生労働省所管の「放課後児童健全育成事業（学童クラブ）」と文部科学省所管の「放課後子供教室」を一体的あるいは連携して実施する総合的な放課後対策事業。2018（平成30）年度までに、①放課後児童クラブの約30万人分の整備、②全小学校区で放課後児童クラブと放課後子供教室の一体的にまたは連携しての実施、③新たに開設する放課後児童クラブの約80％を小学校内で実施することを目指した。

ことを目的とする施設」と規定される。この施設は、職員として児童の遊びを指導する者が配置され、主に屋外での遊びを提供する児童遊園と、主に屋内での遊びを提供する児童館がある。児童館はさらにその規模や提供する事業により、小型児童館、児童センター、大型児童館、その他の児童館に分類される。

児童館の運営にあたっては、厚生労働省より「児童館ガイドライン」が通達されている。このガイドラインは、2018（平成30）年に大幅な改定が行われ、内容が拡充されるとともに、児童館職員が具体的に参考にできるような文章表現に変更された。具体的には、①児童福祉法改正や児童の権利に関する条約に基づく児童の意見の尊重、児童の最善の利益の優先の提示、②児童館の施設特性として拠点性、多機能性、地域性の提示、③児童の発達段階に応じた留意点の提示、④児童館職員に対する配慮を必要とする子どもへの対応の必要性の提示、⑤子育て支援における乳幼児支援や中・高校生と乳幼児の触れ合い体験の取り組みの実施内容の追加、⑥大型児童館の機能・役割の提示である。

3 放課後児童健全育成事業

放課後児童健全育成事業（放課後児童クラブ）は、児童福祉法第6条の3第2項で「小学校に就学している児童であって、その保護者が労働等により昼間家庭にいないものに、授業の終了後に児童厚生施設等の施設を利用して適切な遊び及び生活の場を与えて、その健全な育成を図る事業」と定められた事業であり、子ども・子育て支援法に規定される地域子ども・子育て支援事業である。

本事業の運営は、放課後児童健全育成事業の設備及び運営に関する基準によって定められており、開所時間・日数、設備基準、衛生管理、運営規程、職員の要件・研鑽、苦情対応、倫理的事項等が内容として含まれている。市町村はこれをもとに条例を制定することとされている。

また、児童の健全な育成と、遊びや生活の支援内容については、放課後児童クラブ運営指針で定められ、総則、事業の対象となる子どもの発達、放課後児童クラブにおける育成支援の内容等7章から構成される。

★小型児童館
小地域を対象として、児童に健全な遊びを与え、その健康を増進し、情操を豊かにするとともに、母親クラブ、子ども会等の地域組織活動の育成助長を図るなど、児童の健全育成に関する総合的な機能を有する児童館である。

★児童センター
小型児童館の機能に加えて、運動を主とする遊びを通して体力増進を図ることを目的とした指導機能を有し、必要に応じて年長児童に対する育成機能を有する児童館である。

★大型児童館
原則として、都道府県内または広域の児童を対象とし、一定の要件を具備した児童館をいい、施設の機能等によりA型、B型、C型に分類される。

第5章 子どもの福祉課題と支援

---

xiii 放課後子ども総合プランに引き続き、2019（令和元）～2023（令和5）年度末までの放課後児童健全育成事業と放課後子供教室の整備を進める計画である。①放課後児童クラブについて2023（令和5）年度末までに約30万人分の整備、②全小学校区で放課後児童クラブと放課後子供教室の一体的にまたは連携しての実施、③学校施設の徹底活用をすることなどが計画されている。

本事業に携わる職員は、放課後児童指導員と補助員である。放課後児童指導員は放課後児童健全育成事業の設備及び運営に関する基準第10条第3項の規定に該当する者で、かつ放課後児童支援員認定資格研修を修了した者である。補助員は、子育て支援員研修事業の基本研修と放課後児童コースの研修を修了していることが望ましいとされる。

5 制度や課題のゆくえ

2000（平成12）年以前の子ども・子育て支援は、保育所を中心とした「保育に欠ける」子どもの保育を中心に設計されていた。結果として、保育所入所ができる子育て家庭層とそれができない子育て家庭層（専業主婦層）の二極化が顕在化し、後者の子育ての孤立化が深刻化した。

こうしたことから、2000年代に入り、次世代育成支援の考え方による施策が図られた。次世代育成支援とは、少子化対策推進関係閣僚会議において「家庭や地域の子育て力の低下に対応して、次世代を担う子どもを育成する家庭を社会全体で支援すること」とされ、社会全体で子育て家庭を支援する理念が共有されることとなる。さらに、男性を含めた働き方の見直しを行う検討が始まり、「生活と仕事の調和」（ワーク・ライフ・バランス）が目標とされた。

そして、新たな子ども・子育て支援制度においては、すべての子どもと子育て家庭を対象に、教育・保育や子育て支援等のサービスを包括的かつ一元的に提供できるシステムの実現を目指している。

とはいえ、現在の子ども家庭福祉の制度は、保育・子育て支援、児童健全育成、社会的養護、障害児支援、貧困対策等、子どもと保護者（家庭）の状況により制度が分断されている。しかし、たとえば、本節で触れた乳児家庭全戸訪問事業から養育支援訪問事業につながるように、子どもや保護者の立場からは、子育て支援や社会的養護等は連続したものである。そのため今後の課題は、保育や子育て支援にかかわる実施体制、社会的養護にかかわる実施体制、障害児支援にかかわる実施体制等の包括的実施体制の構築が求められる。

> **Active Learning**
>
> 「地域の子育て力」とは、具体的にどのように把握できるものでしょうか。考えてみましょう。

◇参考文献
・一般社団法人全国保育士養成協議会監，西郷泰之・宮島清編『ひと目でわかる保育者のための児童家庭福祉データブック2020』中央法規出版，2019.
・社会福祉の動向編集委員会編『社会福祉の動向2020』中央法規出版，2020.
・柏女霊峰『子ども家庭福祉論 第6版』誠信書房，2020.

第2節 母子保健

学習のポイント

● 母子保健法の目的や対象、さまざまな事業の考え方などを概観できる

● 母子保健と医療や福祉との連携、協働を理解できる

● 社会（児童）福祉の立場で母子保健との情報共有の意義を理解できる

1 母子保健法の概要

1 母子保健法に基づく保健活動の変遷

　母子保健対策は、1947（昭和22）年制定の児童の健全な育成と生活の保障、愛護されることを目的とする児童福祉法により行われていた。

　戦後の衛生環境や栄養状態の改善により、妊産婦死亡率や乳児死亡率は低下したが、1960（昭和35）年当時は、先進国と比べるとまだ高率であった。そこで、母子保健水準の指標の改善を目的の一つに1965（昭和40）年に、児童福祉法から切り離して母子保健法が制定された。

　これに伴い、従来からの母子健康手帳の交付、妊産婦、新生児・未熟児の訪問指導、乳幼児健康診査等は、母子保健法を根拠に行うことになった。また、1977（昭和52）年度には、市町村事業として1歳6か月児健康診査が始まり、現在の妊娠期から乳幼児健康診査までの体制が整った。

　その後1994（平成6）年に、母子保健法の大改正と、保健所法の地域保健法への名称変更が行われ、母子保健対策を含む地域保健対策全体の抜本的見直しがなされた。その結果、母子保健法の実施主体は、市町村に移管され、母子保健事業は市町村保健センターが実施することとなった。いずれにしても市町村児童福祉担当部署とは、同基礎自治体内の組織であり、必要な対象家族への支援については、日常的に連携、協働するのが望ましい。

★妊産婦死亡率
妊娠中または妊娠終了後満42日未満の女性の死亡であり妊産婦の保健管理レベルを表す指標。不慮または偶発の原因による死亡は含まれない。妊産婦死亡率は、1945（昭和20）年（160.1）、1965（昭和40）年（80.4）と大きく低下し、2019（令和元）年の妊産婦死亡率は3.3（すべて出産10万対）で世界のトップレベルにいる。

★乳児死亡率
生後1年未満の死亡であり、このうち4週（28日）未満の死亡を新生児死亡、1週（7日）未満の死亡を早期新生児死亡という。乳児の健康指標であると同時に地域社会の健康水準を示す重要な指標。1947（昭和22）年の乳児死亡率は76.7（出生1000対）で、2019（令和元）年は1.9となり、世界的にみて日本は有数の低率国になっている。

---

i　地域保健法における保健所の役割には、「母性及び乳幼児並びに老人の保健に関する事項」が定められており、母子保健法に基づく対策を総合的に推進する基本事項が記載されている。なお、都道府県保健所は市町村支援をするなど役割分担がなされている。

2 母子保健法の目的と対象

　母子保健法の目的は、「母性並びに乳児及び幼児の健康の保持及び増進を図るため、（中略）保健指導、健康診査、医療その他の措置を講じ、もって国民保健の向上に寄与すること」（第1条）である。

　母子保健活動は、すべての妊産婦と乳幼児を対象に母子保健サービスを提供するポピュレーションアプローチとそこから把握された、疾病や障害、行動面・情緒面での問題をもった家族支援、児童虐待家族への対応等、個別性の高い支援を行うハイリスクアプローチの両輪で行われる。

　少子化・超高齢社会の今、核家族化が進行し、近隣とのコミュニケーションも自然発生的には難しくなった環境では、妊娠中からすでに孤立無援感を抱いたり、産後の未知への不安や自身の子育ての是非を自問自答し混迷する親もいる。まさに、おせっかい様、お互い様といった互恵的関係をポピュレーションアプローチで促し、地域社会全体が子育てを応援する文化の醸成が必要であり、母子保健の重要な活動である。

3 妊娠期から始まる母子保健

　2016（平成28）年の母子保健法の改正は、児童福祉法の改正とともに行われ、児童虐待の予防、早期発見等が明確に規定された。この改正は、母子保健活動のなかで、虐待予防や虐待家族の発見・相談・支援が展開していたことがあらためて明文化されたことになる。[ii]

　児童虐待の問題は、個々の親密な関係性にまつわる個別の課題であると同時に、日本の子育て文化や歴史、経済不況やコミュニティの希薄化など社会の影響も反映する社会病理の側面もある。また、虐待家族の背後には、世代間連鎖や生活困窮、家庭内夫婦間不和、DV、孤立など日々の育児だけではなく、親のメンタルヘルスが脅かされている場合もある。母子保健には、このような家族の支援の必要性を見極めて、予防的にかかわるための入口機能も期待されている。

---

ii　母子保健法第5条第2項「国及び地方公共団体は、母性並びに乳児及び幼児の健康の保持及び増進に関する施策を講ずるに当たっては、当該施策が乳児及び幼児に対する虐待の予防及び早期発見に資するものであることに留意するとともに、その施策を通じて、前3条に規定する母子保健の理念が具現されるように配慮しなければならない」（下線部分が改正により追加）

<h1>2 子育て世代包括支援センター</h1>

<h2>■1 子育て世代包括支援センターの役割——妊娠期</h2>

　2016（平成 28）年の母子保健法の改正により、母子健康包括支援センター（子育て世代包括支援センター[★]）の設置が努力義務化された（図 5-2）。理念的にも実効的にも、子どもと親を支えるワンストップ拠点である。

　対象者は、原則すべての妊産婦[★]、乳幼児とその保護者[★]である。[1] 特別な支援を要しない家族から、小児慢性特定疾病ⁱⁱⁱのある児童や医療的ケア児^{iv}、障害児とその親への支援、後述の子ども家庭総合支援拠点など他機関との連携で虐待など心理・社会的問題のある家族支援まで幅広い（図 5-3）。入り口で中間支援層あるいは要介入支援層と判断される場合、児童福祉

★子育て世代包括支援センター
母子保健法上の名称は「母子健康包括支援センター」である。市町村は、必要に応じ、母子健康包括支援センターを設置するように努めなければならない。2020（令和 2）年 4 月 1 日現在設置している自治体は、1288 市町村（2052 か所）であり、全数の 53.4%が保健所や保健センターでその機能を担っている（母子保健課調べ）。

★妊産婦
妊娠中または出産後 1 年以内の女子。

★乳児
1 歳に満たない者。

★幼児
満 1 歳から小学校就学の始期に達するまでの者。

★保護者
親権を行う者、未成年後見人その他の者で、乳児または幼児を現に監護する者。

図5-2　子育て世代包括支援センターと活動内容

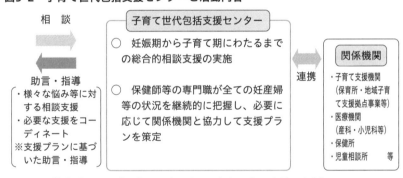

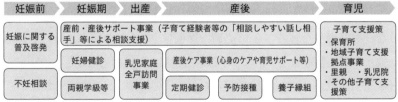

資料：厚生労働省「「子育て世代包括支援センター」と利用者支援事業との関係等について」2015.

---

iii　児童福祉法に基づき、児童等の慢性疾病のうち国が指定した疾病（2019（令和元）年時で 16 疾患群 762 疾病）の医療費の一部を都道府県が助成し、家庭の医療費の負担軽減を図る小児慢性特定疾病医療費助成制度がある。

iv　生活するなかで「医療的ケア」を必要とする子どものこと。新生児医療の進歩により、超未熟児や先天的な疾病をもつ子どもなどの命が救われ、その結果、医療的ケアを必要とする子どもの数は増加傾向にある。成長とともに、保育所や学校に通園・通学可能な子どもも増え、医療者以外の家族のほかにも、研修を受けた保育者や教諭などが「たんの吸引」や「経管栄養」など生きていくうえで必要な医療的援助を行い、通園・通学をかなえる取り組みが推進されている。

第 5 章　子どもの福祉課題と支援

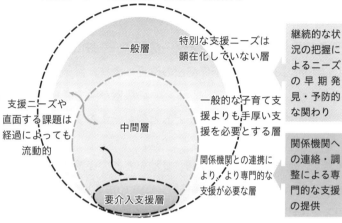

図5-3　子育て世代包括支援センターの「対象」

対象者：すべての妊産婦・乳幼児・保護者等

一般層

特別な支援ニーズは顕在化していない層

支援ニーズや直面する課題は経過によっても流動的

中間層

一般的な子育て支援よりも手厚い支援を必要とする層

要介入支援層

関係機関との連携により、より専門的な支援が必要な層

継続的な状況の把握によるニーズの早期発見・予防的な関わり

関係機関への連絡・調整による専門的な支援の提供

資料：厚生労働省「子育て世代包括支援センター業務ガイドライン」

★**母子健康手帳**
妊娠から出産、産後に至るまでの継続的なケア、そして子どもが6歳を迎えるまでを見守る、日本発の健康記録ツールである。（母）親が手元に置き、妊娠期の状況を確認したり、子どもの成長を見守るツールでもある。1947（昭和22）年の児童福祉法制度により、妊産婦手帳から「母子手帳」となり、子どもの健康チェックや予防接種の記録も加わった。1965（昭和40）年の母子保健法の制定とともに「母子手帳」は「母子健康手帳」と改名され今に至る。女性のエンパワメントにつながる媒体と認められ、徐々に世界各国に広まっている（http://www.hands.or.jp/activity/mch/hb/）。

★**特定妊婦**
出産後の養育について出産前において支援を行うことが特に必要と認められる妊婦（児童福祉法第6条の3第5項）をいう。

部署（総合拠点）や必要時には児童相談所などと連携し、福祉的視点、保健医療的視点等で情報を共有し、包括的に判断して互いの強みを活かした支援策を検討する。

　子育て世代包括支援センターには、保健師や助産師等が配置されており、❶妊産婦・乳幼児等の実情を把握すること、❷妊娠・出産・子育てに関する各種の相談に応じ、必要な情報提供・助言・保健指導を行うこと、❸支援プランを策定すること、❹保健医療または福祉の関係機関との連絡調整を行うことの四つの必須業務を中心に、きめ細かな相談支援等を行っている。

　具体的には、❶❷に該当する一つに母子健康手帳★交付事業がある（図5-4）。最初の出会いの場として、全数の面接を目指している。「どのような妊娠経過をたどるの？」「必要な準備は？」などの初めてならではの相談から深い悩みまで、安心できる相談役になれるように心がけている。妊娠届出週数が22週以降の場合や、10代の妊娠、経済的不安などのリスクの把握にも努め、特定妊婦★の把握の機会としても重要である。

　特定妊婦は、原家族との不調和を抱えていることも少なくない。妊婦自身が幼少期の愛着形成に失敗しており、妊娠に伴う不安に襲われやすい女性もいる。高いストレス状態になれば妊娠初期の喜びと戸惑いの入り混じった感情は、安定に向かうどころか、むしろ妊娠継続によって、より親になることへの嫌悪を顕在化させ、強めてしまうこともある。往々にしてそのような妊婦は自己肯定感が低く、自らSOSを発したり、公的サービス等にアクセスしてくることが少ないのが実情である。

図5-4　母子保健サービス体系

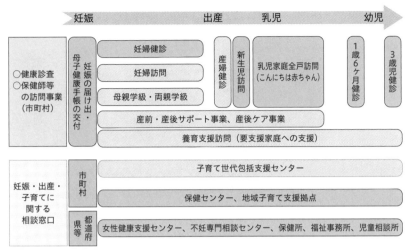

資料：厚生労働省子ども家庭局母子保健課「データ時代における学校健康診断情報の利活用検討会（第
1回）資料 母子保健分野のデータヘルスの動向と現状」

　いずれにしても、母子健康手帳取得のために子育て世代包括支援セン
ターに来所した妊婦の行動を評価し、困ったり悩んだりしたときに相談
したい場になるようよい出会い方を目指したコミュニケーションをとる
ことが大事である。よい出会い方は、その後の妊婦健康診査や新生児訪
問、2週間産婦健康診査、乳幼児健康診査等へのスムーズな受診にもつ
ながるからである。

2 子育て世代包括支援センターの役割──出産後

　出産後、出生届が出ると「新生児訪問指導」（母子保健法第11条）の
対象となる。看護職による訪問であり、主に発育・発達（反射など）の
確認、栄養、生活環境、疾病予防や必要に応じて育児上の相談や情報提
供をする。また、「乳児家庭全戸訪問事業（こんにちは赤ちゃん事業）」
（児童福祉法第6条の3第4項）が、子育て関連情報の提供や養育環境
の把握などを目的に生後4か月を迎える日までの乳児がいる家庭すべて
に対して行われている。

ⅴ　「妊婦に対する健康診査についての望ましい基準」（厚生労働省告示）において、望ま
　しい受診回数14回及び標準的な健診項目等を提示し、14回全て公費負担で受ける
　ことができる（地方交付税）。

ⅵ　2017（平成29）年度より、産後の母の体調管理と子育て支援を強化し、妊娠期から
　子育て期にわたる切れ目のない支援体制の整備を目的に、産後おおむね2週間とお
　おむね1か月の時期に合計2回の産婦に対する健康診査が始まっている（国庫補
　助）。

第
5
章
子どもの福祉課題と支援

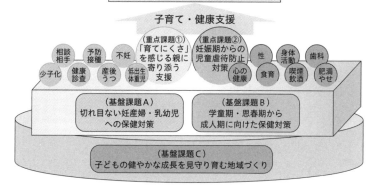

図5-5 「健やか親子21（第2次）」──10年後に目指す姿

資料：厚生労働省「健やか親子21（第2次）」

その他にも、妊娠期から産後の母親の育児不安やうつ状態が、子どもの虐待の誘因になることは従来から指摘され[2) 3) 4) 5)]、周産期のメンタルヘルスの重要性は、健やか親子（第2次）でも取り上げられている[vii]（図5-5）。

2019（令和元）年の母子保健法の改正（2021（令和3）年4月1日施行）では、母親の心身の安定と母子の愛着形成を促す支援策の一つとして、出産後1年以内の親子を対象に産後ケア事業（実施主体：市町村）が法定化され、身近に相談者がいないなどの妊産婦等を対象とする「産前・産後サポート事業」や、心身の不調または育児不安がある者など支援が必要な者を対象とする「産後ケア事業」が整備されつつある[6]。

乳幼児健康診査も4か月児、7～8か月児、9～10か月児、1歳6か月児、3歳児と子どもの成長に合わせて、重層的に仕組み化されている。

産後ケア事業や健康診査等を通じて支援がより必要と判断すれば、虐待閾値に達しないとしても、円滑なコミュニケーションにより警戒心を解きほぐしつつ随時の相談や適宜の家庭訪問などを通して関係を構築する。保健、医療と福祉とのプラクティカルな機関間連携／多職種間連携のもと、安全で安心できる育児環境を提供するために支援をする。

3 安心できる育児へ──支援の輪を紡いで

妊娠・出産・育児を取り囲む環境や経過は人それぞれである。濃淡は

---

vii 「すべての子どもが健やかに育つ社会」を目指した国民運動計画である。母子保健はすべての子どもが健やかに成長していくうえでの健康づくりの出発点であり、次世代を担う子ども達を健やかに育てるための基盤となる。第2次（平成27年度〜令和6年度）では、三つの基盤課題と二つの重点課題を掲げ、指標（目標値）を定めて取り組んでいる。

あれ、貧困などの社会的環境要因や養育・授乳に関する知識不足や技術の未熟さ、親子の相互関係の不具合やメンタルヘルスの不調、子どもへの嫌悪による愛情遮断などのネグレクト等の要因が存在する場合もある。産前にこのようなことが予測される場合、妊娠期から要保護児童対策地域協議会での受理を要請し、同協議会はもちろん、市区町村子ども家庭総合支援拠点^{viii}や必要時には児童相談所などと協議し、支援の方向性を決める。

支援内容には、養育支援訪問事業[★]（児童福祉法第６条の３第５項）やグループ支援、個別支援などが考えられる。

具体的に、関係者間が集約した情報を共有し「誰の悲鳴が聞こえるのか」「悲鳴を上げさせる背景は」「家族の問題の本質はどこにあるか」「キーパーソンは誰か」など、包括的なアセスメントとモニタリング、評価を行う。支援者は、「母親が子育てできるのは当たり前」といった「母親幻想」に気づき、「支援者は不適切な親を正す」といった上下関係から脱することが必要である。そして、支援者は、対象者がもつ回復していく力を信じ、エンパワメントしていくことが大切となる。

3 近年の動向 ──成育基本法への期待

成育過程にある者及びその保護者並びに妊産婦に対し必要な成育医療等を切れ目なく提供するための施策の総合的な推進に関する法律（成育基本法）が 2018（平成 30）年 12 月に制定、2019（令和元）年 12 月１日に施行された。同法は、次世代を担う「成育過程」にある者が、個人として尊厳を重んじられ、健やかな成長が促されるための施策を推進していこうとする理念法であり、基本的施策として、❶子ども・妊産婦の医療、❷子ども・妊産婦の保健、❸性教育を含む成育過程における心身の健康等に関する教育・普及啓発、❹予防接種等に関する記録の収集等の体制整備、❺子どもの死亡の原因に関する情報の収集（CDR：Child Death Review）等に関する体制整備、❻調査研究が掲げられて

★養育支援訪問事業
養育支援が特に必要であると判断した家庭に対し、保健師・助産師・保育士等がその居宅を訪問し、養育に関する指導、助言等を行うことにより、当該家庭の適切な養育の実施を確保することを目的とする。特定妊婦や出産後間もない時期の養育者にメンタルヘルスの不調があり子育て不安や孤立感等を抱える家庭、不適切な養育状態にあるなど虐待のリスクを抱え特に支援が必要と認められる家庭、児童養護施設等の退所後に子どもの在宅養育が再開された家庭などが対象となる。

第5章 子どもの福祉課題と支援

viii 2016（平成 28）年の児童福祉法改正により、2017（平成 29）年４月より市区町村子ども家庭総合支援拠点の設置が努力義務となった。すべての子どもとその家庭および妊産婦等を対象に、福祉に関する支援業務などを行う（厚生労働省通知「市区町村子ども家庭総合支援拠点の設置運営等について」（平成 29 年 3 月 31 日雇児発0331 第 49 号））。

図5-6　母子保健法等に基づく母子保健施策の体系と予算措置

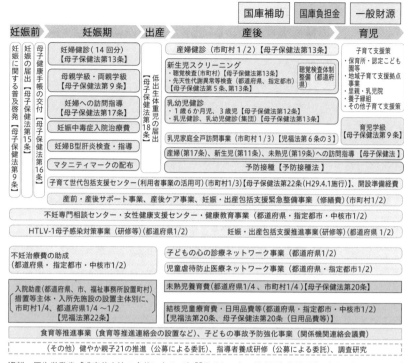

資料：厚生労働省「成育基本法の今後に向けて」「「子どもの心の診療医」指導研修　令和元年12月22日」
　　　p.11を一部改変

★医療計画
医療法に基づき6年ごとに改定される計画。都道府県ごとに、主に二次医療圏単位で死亡率が高く、患者数も多い五つの病気や、医療施設・医療従事者の確保が不可欠となる五つの事業に在宅医療を加えた11項目について、地域の現状や今後の戦略が記載されている。周産期医療や小児救急医療を含む小児医療もその一つである。

いる。これらの施策は、児童福祉法、母子保健法、児童虐待の防止に関する法律、子ども・若者育成支援推進法などが横断的に推進されることが重要であるし、「健やか親子21（第2次）」や医療法に基づく医療計画＊の周産期医療、小児医療とも密接にからむことになる。特筆すべき事項として、CDRが法的（第15条）に規定されたことがある。虐待死のすべてが「虐待死」として報告されていない、あるいは、事故死のなかに虐待が潜んでいる可能性が議論にあがっていたなかで、事故・虐待に限らず、すべての子どもの死因を明らかにし、防げる子どもの死のために努力を惜しむべきではない。ようやくその基盤が整ったといえる。

◇引用文献
1）厚生労働省「子育て世代包括支援センター業務ガイドライン」
2）中板育美『周産期からの子ども虐待予防・ケア』明石書店，pp.115-123，2019.
3）中板育美・佐野信也「VII妊娠期からの虐待予防──「特定妊婦」概念を活用する」才村純・磯谷文明ほか編『子ども虐待の予防とケアのすべて』第一法規，pp.4043-4051，2014.
4）吉田敬子『胎児期からの親子の愛着形成』『母子保健情報』54，pp.39-46，2006.
5）Bibring, G. L., Dwyer, T. F., Huntington, D. S., Valenstein, A., A Study of the Psychological Processes in Pregnancy and of the Earliest Mother-Child Relationship-II, Methodological Considerations. Psychoanal. St. Child, 16 : 25-72,1961.
6）厚生労働省「産前・産後サポート事業ガイドライン　産後ケア事業ガイドライン（令和2年8月）」

第 3 節　保育

学習のポイント

- 保育に関する制度の流れを理解する
- 保育制度の最近の動向や制度設計を理解する
- 現在の保育制度の課題や展望について整理する

1　現在までの保育制度の流れ

■ 戦後の保育制度から子ども・子育て支援制度成立まで

　日本における保育制度は、戦後の 1947（昭和 22）年の児童福祉法制定によりその法的基盤の土台が整備された。

　1951（昭和 26）年に児童福祉法が改正され、保育所に預ける際の「保育に欠ける要件」が明記されたが、実際には保育所と幼稚園の位置づけはあいまいな状況が続き、1963（昭和 38）年に、文部省・厚生省による合同通知（「幼稚園と保育所の関係について」）が出され、それぞれの施設における適切な設置運営の基準が明確化されることになった。

　2003（平成 15）年には、「社会連帯による次世代育成支援」の方針が国から示され、認定こども園制度の原型が登場する。その後、2009（平成 21）年には、少子高齢化対策によって設置された「少子化特別部会」から、保育における具体的な提言が行われ、2012（平成 24）年に公布された子ども・子育て関連 3 法の骨子となった。

　なお、子ども・子育て関連 3 法とは、「子ども・子育て支援法」「認定こども園法の一部改正」「子ども・子育て支援法及び認定こども園法の一部改正の施行に伴う関係法律の整備等に関する法律」を指し、子ども・子育て支援制度は子ども・子育て関連 3 法に基づいて実施されるものである。

　2015（平成 27）年に現行の保育制度の根幹をなす、「子ども・子育て支援制度」が始まった。この制度の基本理念は、量と質の両面から子育てを社会全体で支えるというものであり、国や地方公共団体、地域を総動員して子どもや子育て家庭を支援することを目指している。

　制度の大きな柱は以下の 4 点である（概要は p. 91 **図 5-1** を参照）。

❶ 市町村が実施し、国や都道府県が市町村を重層的に支える仕組み

❷ 認定こども園、幼稚園、保育所を通じた共通の給付の創設

❸ 認定こども園制度の改善

❹ 地域子ども・子育て支援事業の創設

2 ▶ 保育制度の概要

1 保育の実施主体

　新制度でも、地域ごとに異なるニーズに柔軟に応えるために、これまでどおり市町村が担い（児童福祉法第24条）、その他、小規模保育所等の提供体制の確保義務、利用のあっせん、要請、利用調整（待機児童解消）等についても、市町村が実施義務を担うこととなった。

　なお、保育施設の認可や虐待を受けている児童の入所措置等は都道府県の業務となっている。

　また、施策や計画策定の際の意見集約の仕組みとして、都道府県と市町村に地方版子ども・子育て会議を設置することが定められた。その主な役割は、地域のニーズを詳細に調査し、それに基づいて子ども・子育て支援計画を策定することである。都道府県の子ども・子育て会議は、広域における保育の需給調整の役割を担い、市町村の子ども・子育て会議は小地域の需給バランスに関する意見を行政に対して指摘する役割を担っている。基本的には、広域および小地域の両方の視点から、保育の需要が供給を上回っている場合は供給量を増やし、その逆の場合は需給バランスを調整する方向で施設整備計画および認可を実施する仕組みとなっている。

2 共通の給付システムの創設と施設類型

　従来の「保育所」「幼稚園」「認定こども園」は、子ども・子育て支援制度において教育・保育施設と位置づけられ、公的財政支援が共通となった。そして、その新たな給付の仕組みとして、子どものための教育・保育給付（「施設型給付」および「地域型保育給付」）が創設された。利用者が施設や事業を利用した際に給付が受けられる。詳細は、以下のとおりである。

❶施設型給付

　これまでばらばらであった幼稚園、保育所、認定こども園に対しての

Active Learning

教育・保育施設を利用するための手続きについて調べてみましょう。

表5-1　施設型給付の支給に係る施設類型

施設種別		内　容
幼稚園		主に3歳〜就学前の子どもに幼児教育を行う
保育所		0歳から就学前の保育が必要な子どもに保育を行う
認定こども園	幼保連携型	幼稚園的機能と保育所的機能の両方の機能を併せもつ単一の施設
	幼稚園型	認可幼稚園が、保育が必要な子どものための保育時間を確保する等、保育所的な機能をもつ施設
	保育所型	認可保育所が、保育が必要な子ども以外の子どもも受け入れる等、幼稚園的な機能をもつ施設
	地域裁量型	幼稚園・保育所いずれの認可もない地域の教育・保育施設が、認定こども園として必要な機能をもつ施設

公的財政支援を一本化したものが施設型給付である（**表5-1**）。

❷地域型保育給付

　都市部では待機児童解消のため、また、人口減少地域では地域の実情に応じた小規模保育施設を拠点化することにより、地域の子育て支援機能を維持・確保することを目的として創設された（**表5-2**）。

❸子どもの利用時間と認定の種類

　認定こども園や保育所、幼稚園などの施設を利用する場合、必要とする利用区分の認定を受ける必要がある。認定は市町村が行い、子どもの教育・保育の必要量によって種類が異なる（**表5-3**）。

❹子ども・子育て支援制度における「保育の必要性」の事由

　子ども・子育て支援制度施行以前では、保育所の利用要件が、「保育に

表5-2　地域型保育給付の支給に係る事業類型

事業種別	内　容
小規模保育事業	6〜9人を対象に保育士や家庭的保育者が保育を行う施設。運営基準によりA型、B型、C型の類型がある
家庭的保育事業	保育者の居宅等で、家庭的保育者等が1〜5人を対象に保育を行う施設
居宅訪問型保育事業	医療的ケアが必要な乳幼児の居宅において、保育者が1対1の保育を行う施設
事業所内保育事業	会社等が設置する保育施設で、従業員の子どもと地域の子どもを一緒に保育する施設

i　保育を利用する場合は、利用者が直接施設や事業者と契約し保育料を支払う形となっている。これは、施設型給付や地域型保育給付が個人給付の位置づけとなっているためである。しかし実際は市町村から施設・事業者へ支払われており（法定代理受領方式）、保育利用が一施設に集中してしまった場合などの利用調整も行っている。

表5-3　子どものための教育・保育給付の認定の種類

区分	認定基準	内　容	
1号認定	教育標準時間認定	対　象	満3歳以上で、教育を希望する子ども
		利用施設	幼稚園、認定こども園
2号認定	満3歳以上保育認定	対　象	満3歳以上で、保育を必要とする子ども
		利用施設	保育所、認定こども園
3号認定	満3歳未満保育認定	対　象	満3歳未満で、保育を必要とする子ども
		利用施設	保育園、認定こども園、地域型保育事業

注：認定基準　教育標準時間認定…1日おおむね4時間程度の教育を利用
　　　　　　　保育標準時間認定…1日11時間の範囲で保育を利用
　　　　　　　保育短時間認定…1日8時間の範囲で保育を利用

欠ける」であったものが、子ども・子育て支援制度では、「保育を必要とする」となった。この改革は、就労形態の多様化や働き方の変化、保育ニーズの多様化に対応するために、必要な人が柔軟に保育サービスを利用できることを意図したものである。

　また、これに加え、社会的養護が必要な家庭等の要支援家庭に対して優先利用ができるようその事由が示されている。詳細は、**図5-7**のとおりである。

3 教育・保育を利用するための手続き

　契約内容や保育料の支払い方法は、利用する施設によって異なり、認定こども園、公立保育所、地域型保育、幼稚園では、利用者が事業者と

図5-7　保育の必要性の認定

①事由
1　就労
2　妊娠・出産
3　保護者の疾病・障害
4　同居親族等の介護・看護
5　災害復旧
6　求職活動
7　就学
8　虐待やDVのおそれがあること
9　育児休業取得時に、既に保育を利用していること
10　その他市町村が定める事由

×

②区分（保育必要量）
1　保育標準時間
2　保育短時間

×

③優先利用
1　ひとり親家庭
2　生活保護世帯
3　生計中心者の失業により、就労の必要性が高い場合
4　虐待やDVのおそれがある場合など、社会的養護が必要な場合
5　子どもが障害を有する場合
6　育児休業明け
7　兄弟姉妹（多胎児を含む）が同一の保育所等の利用を希望する場合
8　小規模保育事業などの卒園児童
9　その他市町村が定める事由

資料：厚生労働省資料

図5-8　教育・保育施設の利用方式

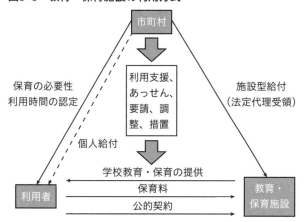

注：私立保育所の保育の費用は施設型給付ではなく、従前どおり市町村が委託費として施設に支払う。

契約（公的契約）し、直接保育料を支払う。新制度での給付は個人給付が原則であるが、実際は施設に支払われる。しかし、これは事業者に対して支払われるという位置づけではなく、利用者の代理として受け取るという法定代理受領方式を採用しているためである（**図5-8**）。

　これに対し、私立保育所では従前の仕組みどおり、市町村と事業者との委託契約関係が継続することになった。したがって利用者は市町村と契約することになるため保育料は市町村に支払うことになるが、これは施設型給付として支払われるものではなく、個人給付を委託費として支払われるという解釈になる。

4 認定こども園制度の改善

　子ども・子育て支援制度において、認定こども園は、「幼保連携型」「幼稚園型」「保育所型」「地域裁量型」の４類型に整理されたが、そのなかで最も重要な改善は幼保連携型認定こども園の創設であろう。

　幼保連携型認定こども園は、教育基本法第６条と児童福祉法第７条を根拠法にもち、学校と児童福祉施設の両方の性格を併せもつ単一施設である。両方の性格をもつ施設はこの類型以外にはなく、幼保連携型認定こども園は、子ども・子育て支援制度においてきわめて特徴的な位置づけとなっている。

教育基本法

第６条　法律に定める学校は、公の性質を有するものであって、国、地方公共団体及び法律に定める法人のみが、これを設置することができ

第5章　子どもの福祉課題と支援

る。

> 児童福祉法
> **第7条**　この法律で、児童福祉施設とは、助産施設、乳児院、母子生活
> 　　支援施設、保育所、幼保連携型認定こども園、児童厚生施設、児童養
> 　　護施設、障害児入所施設、児童発達支援センター、児童心理治療施設、
> 　　児童自立支援施設及び児童家庭支援センターとする。

　また、幼稚園、保育所、幼保連携型認定こども園で提供される教育・保育内容に整合性をもたせるため、幼稚園教育要領、保育所保育指針、幼保連携型認定こども園教育・保育要領の改定を行った。

　さらに、幼保連携型認定こども園の創設により保育教諭という新たな資格が制度化された。

★保育教諭
保育教諭とは、保育士資格と幼稚園教諭免許状の両方を有する人が幼保連携型認定こども園に勤務した場合に適用される資格である。保育所に勤務する人には適用されない。

5 その他の多様な保育事業

　その他の多様な保育事業等として、地域子ども・子育て支援事業（市町村主体）がある。これは、市町村が地域の実情に応じ、市町村子ども子育て支援事業計画に従って実施するものであり、❶利用者支援事業、❷地域子育て支援拠点事業、❸一時預かり事業、❹乳児家庭全戸訪問事業（こんにちは赤ちゃん事業）、❺養育支援訪問事業等、❻子育て短期支援事業、❼子育て援助活動支援事業（ファミリー・サポート・センター事業）、❽延長保育事業、❾病児保育事業、❿放課後児童クラブ、⓫妊婦健診、⓬実費徴収に係る補足給付を行う事業、⓭多様な事業者の参入促進・能力活用事業がある。

　このうち、保育にかかわる事業のいくつかについて説明を加えるとともに、その他の多様な保育事業の概略についても解説する。

❶一時預かり事業

　家庭において保育を受けることが一時的に困難となった乳幼児を保育所等で一時的に預かり保護する事業。子ども・子育て支援制度では、一般型、余裕活用型、幼稚園型、居宅訪問型、地域密着Ⅱ型に再編された。

❷延長保育事業

　保育標準時間認定および保育短時間認定において、通常の利用日および利用時間において、保育所および認定こども園等でその時間を超えて保育を実施する。一般型と訪問型がある。

❸病児保育事業

地域の病児・病後児について、病院・保育所等に付設された専用スペース等において看護師等が一時的に保育する事業であり、病児対応型、病後児対応型、体調不良児対応型、非施設型（訪問型）がある。

❹夜間保育

保護者の就労等で夜間での家庭保育を必要とする児童に対して保育を実施する。認可夜間保育所では 11 時間開所が基本であり、開所時間はおおよそ 22 時までと定められている。しかし、保護者の就労形態によっては 20 時以降の深夜保育や宿泊保育、間欠的利用（不定期な一時預かり）を伴う場合もあり、認可外夜間保育施設（ベビーホテル）がその受け皿となっており、ひとり親家庭や子どもの貧困家庭等の社会的弱者が生活基盤維持のために必要に迫られて利用する施設ともなっている。しかし、以前ベビーホテルで子どもの死亡事故が発生したことにより、現在では市町村が独自の基準を設け定期的に監査するなど、質の担保を確保する取り組みが行われている。また、夜間保育施設に限らず、待機児童解消のために設置された認可外保育施設においても市町村が独自の設置基準等を設け認証を行うものもあり、年に 1 回以上の監査が実施されている。

❺休日保育

休日（日曜・祝日）において、保護者が仕事等の理由により家庭で保育をできない場合に保育所等で児童を預かる事業である。通常、各市町村で指定している保育施設で実施している場合が多い。

❻障害児支援

市町村ごとに対応は異なるが、一定の配慮が必要な場合には加配等の助成制度を導入するなど、障害児支援に関するよりいっそうの充実が図られている。また、保育所など保育施設を利用しながら児童発達支援センターに通所するなどの並行通園も認められており、子どもや保護者のニーズに寄り添った支援も行われている。

しかし、自閉スペクトラム症等の発達障害に関しては、保護者の障害受容の問題もあり積極的な支援が困難な場合も少なくない。

3 ▷ 今日の保育の課題と展望

1 幼児教育・保育の無償化

　2019（令和元）年10月から幼児教育・保育の無償化がスタートした。この制度は、子育て家庭の経済的負担を軽減することで少子化傾向に歯止めをかけることを意図したものである。一方で、無償化は子どもの貧困対策としての意味合いもある。現在日本での相対的貧困状態にある子どもの割合は7人に1人であり、すべての子どもたちが早期に質の高い教育・保育を受けられるように環境整備をすることが貧困の世代間連鎖を防止する重要な視点だからである。

　また、無償化に伴い、子育てのための施設等利用給付が創設された。これは、施設型給付等の支給認定を受けていない人に対し、認可外保育施設等を利用している子どもが無償化の対象となるための制度で、詳細は表5-4のとおりである。

2 待機児童対策

　女性の労働力人口比率は各年齢層において増加の傾向を呈し、多様な働き方やライフスタイルの変化するなかで、近年は保育需要の高まりが顕著になってきている。

　こうしたなか待機児童が大きな社会問題となり、国は「待機児童解消

表5-4　子育てのための施設等利用給付の認定

区分		内　容
新1号認定	対　象	満3歳以上の就学前の子どもであって、新2号認定・新3号認定以外の子ども
	利用施設	幼稚園、特別支援学校幼稚部等
新2号認定	対　象	満3歳に達する日以後最初の3月31日を経過した就学前の子どもであって、保育を必要とする子ども
	利用施設	認定こども園、幼稚園、特別支援学校幼稚部の預かり保育事業、認可外保育施設、病児保育事業、ファミリー・サポート・センター事業等
新3号認定	対　象	満3歳に達する日以後最初の3月31日までの間にある就学前の子どもであって、保育を必要とし、保護者及び同一世帯が住民税非課税世帯である子ども
	利用施設	認定こども園、幼稚園、特別支援学校幼稚部の預かり保育事業、認可外保育施設、病児保育事業、ファミリー・サポート・センター事業等

加速化プラン」を発表した。そこに 2013（平成 25）年度、2014（平成 26）年度で約 20 万人分、さらに 2015（平成 27）年度、2016（平成 28）年度で合わせて 40 万人分の保育の受け皿を増やす目標値が設定された。その支援パッケージとして、❶賃貸方式や国有地も活用した保育所整備、❷保育を支える保育士の確保、❸小規模保育事業などの運営費支援、❹認可を目指す認可外保育施設への支援、❺事業内保育施設の支援が示された。その後、2017（平成 29）年に「子育て安心プラン」が発表され、さらに保育の受け皿の整備を強化することを目指すこととなった。

　近年の待機児童数は減少化傾向にはあるが、いまだ高い水準で推移しており、さらなる待機児童解消対策として、その受け皿について加速度的に増やす取り組みも強化されている。

3 保育士確保に対する取り組み

　今日の待機児童問題の新たな課題として保育士不足がある。認可施設では年齢ごとによる保育士（保育教諭）定数が決められており、保育士がいなければ、面積等ほかの基準がクリアされていても子どもを受け入れることができないためである。保育士不足による待機児童はすでに発生しており、さらに深刻化しているのが現状である。その認識のもと、待機児童解消加速化プランでは保育士の確保が重要な視点の一つとして示され、その後の「保育士確保プラン」では激務といわれる保育士の業務軽減の方策が働き方改革の一環として示された。さらに、国は、保育士が安定して仕事を継続できるよう、処遇改善費（加算）を支給し所得の向上を図っているところである。

4 地域間格差

　待機児童は、主に都市部において深刻化している課題である。その一方で、人口減少地域では過疎化が急速に進み、保育施設の定員割れも同時に発生している。前述の待機児童問題は、子育て世代が都市部へ一極集中することに端を発しており、地方の現状とは対照的な状況にあることを念頭に置いておく必要がある。保育の実施主体が市町村であることを考えると、その体力差から生じる教育・保育サービスの地域間格差は、新たな格差社会を生じさせる要因になり得ると考えられる。つまり、地域間格差は、すべての子どもが質の高い教育・保育を等しく受けることができるという現行法の理念の実現を困難にする要因となり得ることについて理解しておく必要があるといえる。

第 4 節 要保護児童等と在宅支援

学習のポイント

● 在宅支援の対象児童等とその抱えている課題について理解する
● 在宅支援における多機関連携と支援のポイントについて理解する
● 地域づくりにおけるソーシャルワーカーの役割について理解する

1 要保護児童等の在宅支援の現状

　ここでいう要保護児童等とは、児童福祉法第 25 条の 2 に規定されている要保護児童対策地域協議会における支援対象児童等である「要保護児童若しくは要支援児童及びその保護者又は特定妊婦[★]」を指す。

　要保護児童とは、「保護者のない児童又は保護者に監護させることが不適当であると認められる児童」(児童福祉法第 6 条の 3 第 8 項)であり、具体的には、保護者が死亡あるいは行方不明、拘留中の児童、保護者に虐待されている児童、経済的事情による養育困難な児童、保護者の労働や疾病、病気療養中のため養育が困難な児童、不良行為(犯罪行為を含む)や不良行為のおそれがあり保護者の必要な監護を受けられない児童などが含まれる。

　また要支援児童とは、保護者の養育を支援することが特に必要と認められる児童(要保護児童を除く)(児童福祉法第 6 条の 3 第 5 項)であり、具体的には、育児ストレス・産後うつ状態・育児ノイローゼ等の問題によって子育てに対して強い不安や孤立感等を抱える家庭、食事・衣服・生活環境等について不適切な養育状態にある家庭など、虐待のおそれやそのリスクを抱え、特に支援が必要と認められる家庭の児童、児童養護施設等の退所または里親委託が終了する児童などである。

　虐待対応において、**図 5-9** のように要保護児童のうち中～軽度虐待群および要支援児童ならびに特定妊婦が在宅支援の対象となり、児童相談所が虐待相談を受けたケースの多くで在宅支援が行われている。

　また先に述べたように要保護児童等には被虐待児童のみならず不良行為等をなす、またそのおそれのある児童なども含まれ、そのような児童への在宅支援やその背景にある貧困を含む生活困窮等さまざまな課題へ

★特定妊婦
　「出産後の養育について出産前において支援を行うことが特に必要と認められる妊婦」(児童福祉法第 6 条の 3 第 5 項)であり、若年の妊婦および妊婦健康診査未受診や望まない妊娠等の妊娠期からの継続的な支援を特に必要とする妊婦をいう。

図5-9　虐待の重症度等と対応内容および児童相談所と市区町村の役割

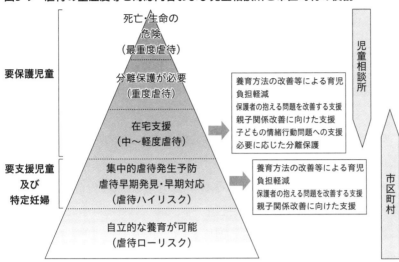

出典：厚生労働省「子ども虐待対応の手引き（平成25年8月改正版）」p.12を一部改変

の支援も行われている。

　子どもの貧困率は、2018（平成30）年には13.5％となり、ひとり親家庭においては50.8％に上っている。この貧困の問題は、金銭の問題だけでなく子どもや家庭に対しさまざまな影響を与えている。貧困状態にあることにより、医療へのアクセスの遅れ、ストレスから来る親のメンタルヘルスの課題、学習や文化的資源の不足、親のダブルワーク等による子どもとかかわる時間の不足、孤立、ヤングケアラーなどが挙げられる。これらは次なる不利の連鎖を生み出し、虐待の背景要因としてだけでなく、子どものさまざまな権利を阻害するものである。

　また、被虐待児や不適切な養育環境で育っている子どもは、さまざまな二次障害を呈することがある。愛着障害に伴う対人関係の困難さや自己肯定感の低さ、感情コントロールの困難さなどにより、日常生活や学校生活に不適応を生じやすく、これらの改善に向けた支援も大切である。

　在宅支援においては、虐待リスクや虐待の有無に基づく支援だけでなく、子どもの権利保障の視点に立った、子どもの育ちと生活を支える支援が求められている。

2　包括的支援と機関連携

　現代社会における子ども、家庭、地域社会に現れている特徴的な課題

Active Learning

近年、内閣府や都道府県、市町村などによって子どもの貧困に関する調査が実施されています。どのような項目が調査されているかも含めて、それらの調査内容や結果を調べてみましょう。

★愛着障害
特定の養育者との愛着関係が形成されないことにより、子どもの情緒面や対人関係に困難さが生じる状態。

を図 5-10 に示している。在宅支援が必要とされる子どもとその家庭では、これらの課題が複合的に絡んでおり、個々の課題の複数の相互作用が影響しあうこと（交互作用）によって課題も深刻化している。

これらの在宅支援には、子どもや家庭、地域の抱える課題やニーズに対し重層的な支援が必要になり、個々の課題に取り組む機関の連携と包括的な支援が不可欠である。

要保護児童等への在宅支援の機関連携で中心となるのが要保護児童対策地域協議会である。

児童福祉法における要支援児童等（特定妊婦を含む）の情報提供は「病院、診療所、児童福祉施設、学校その他児童又は妊産婦の医療、福祉又は教育に関する機関及び医師、歯科医師、保健師、助産師、看護師、児童福祉施設の職員、学校の教職員その他児童又は妊産婦の医療、福祉又は教育に関連する職務に従事する者は、要支援児童等と思われるものを把握したときは、当該者の情報をその現在地の市町村に提供するよう努めなければならない」（第 21 条の 10 の 5）と規定されている。

このように、子どもや妊産婦とかかわる機関は市町村に情報提供しながら支援について協議していくことになる。また、さまざまな生活課題を抱えた子どもや家庭への支援も多機関連携が必要になる。

経済的困窮においては、生活困窮者自立支援制度における自立相談支援機関があり、保護者や家族の精神疾患においては、精神科医療機関や相談支援事業所、地域活動支援センターなど精神保健福祉機関との連携が必要になる。

障害をもっている子どもに関しては、相談支援事業所、児童発達支援や放課後等デイサービスなどの事業所が挙げられ、必要に応じソーシャルスキルトレーニングや認知行動療法プログラム等を実施している医療

Active Learning

DV を受けて就学前の子どもを連れて避難した母親が非正規雇用で月 10 万円程度の収入で生活していく場合にどのような生活課題がありますか。また、どのような支援が必要か考えてみましょう。

★ソーシャルスキルトレーニング
社会生活技能訓練のことであり、対人関係等を中心として社会的技能を高めるトレーニングで、認知行動療法の理論をもとにしている。

★認知行動療法
認知（ものの捉え方や考え方）を変化させることにより、行動をコントロールできるようにする治療法。

図5-10　現代社会における子ども、家庭、地域社会の課題

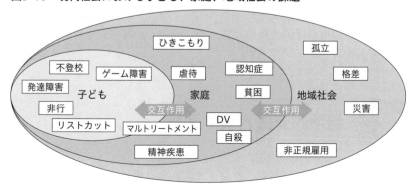

機関などとの連携も必要になり、保護者の支援には、ペアレントトレーニングやペアレントプログラムが必要になることもある。

また、社会的孤立に関して、居場所づくり、地域づくりなどの取り組みも求められる。

在宅支援のケースにおいては、一つの世帯で複数の課題を抱えていることもあるが、従来の支援は公的機関も制度も分野ごとの「縦割り」で実施されてきており、それらの機関が実際にかかわっていたとしても効果的な連携が行われているとはいいがたく、包括的な支援に至っていなかった。これらの課題に対しては、2017（平成 29）年 2 月に、厚生労働省「我が事・丸ごと」地域共生社会実現本部が「『地域共生社会』の実現に向けて（当面の改革工程）」を示し、地域を基盤とする包括的支援の強化を進めているところである。

また、2016（平成 28）年 6 月の「児童福祉法等の一部を改正する法律」により母子保健法が改正され、母子健康包括支援センター（子育て世代包括支援センター）が新たに規定された。市町村は、同センターを設置するよう努めなければならないとされており（母子保健法第 22 条）、保健師やソーシャルワーカー等の専門職の配置が示され、2020（令和 2）年度末までに全国展開を目指すとされている。

母子健康包括支援センターは、妊産婦から子育て期に至るまでの支援をワンストップで行う拠点として、切れ目のない支援を目指していくものである。支援対象はすべての妊産婦、乳幼児とその保護者を基本とし実情に応じ 18 歳までが対象となり、育児不安など利用者目線に立った予防的視点を中心に支援を行っていく。

このように在宅支援では、個々の家庭の事情に応じた包括的な支援が求められているが、そのためには、多機関協働におけるケースマネジメントが重要である。そこには多様なニーズに対する機関ごとの支援とそれらを共有するための共通の包括的アセスメント（子ども・保護者・家族・地域とその関係性）、プランニング、モニタリングを実施していくソーシャルワーク機能が求められているのである。

3 ▶ 在宅支援におけるポイント

▌1 当事者との協働

在宅支援において重要になるのは、当事者との協働である。

要保護児童等への支援においては、当初から当事者である子どもや保護者から相談があがることは少なく、周囲からの通告や情報提供からスタートすることが多い。また、支援に拒否的な当事者も多く、まずはリスク把握の観点から支援者が介入することになる。しかし、在宅支援の目的である安心で安全な生活の再構築には、リスク把握に努めながら、徐々に当事者のニーズに基づいた支援を展開する必要がある。

　また、貧困を含む生活困難等さまざまな課題を抱えている子どもや家庭への支援も、当事者のさまざまな不安に寄り添い信頼関係を構築しながら、当事者の生きづらさや生活の困難さに目を向け、そこから生じるニーズをきちんと捉えることが重要である。そのうえで、具体的な支援を展開する際に、支援者の立場や役割でできることを説明し、一緒に取り組んでいく意思を確認することで、当事者との協働が可能となる（ソーシャルワークの展開過程である「契約」）。そこからアセスメントやプランニングを当事者と協働で実施していくことになる。

　在宅支援の目的である安心、安全な生活をつくり上げる主体は当事者であり、この当事者との協働のプロセスは、当事者自身のエンパワメントのプロセスでもある。

▍2 社会資源の創出と地域づくり

❶地域住民と当事者の力

居住する（していた）ところの近くに子ども食堂や子どもへの学習支援、若者の居場所づくりに取り組んでいる活動や団体があるか、あれば実際の活動内容なども調べてみましょう。

　在宅支援においては、インフォーマルな社会資源の活用も重要になる。児童虐待やさまざまな生活困難の背景には、地域の人間関係の希薄化、社会的孤立などが挙げられる。また、そのような地域社会の状況から子育てのすべてを保護者、特に母親が背負うことになり、身近に相談できる人がなく、追い詰められていく状況がみられる。そして、そのような相談経験の少なさはさまざまな相談機関への相談意欲の低下にもつながり、適切な支援が届きにくい状況も生み出している。

　そのような状況から、在宅支援を進めていくうえでは、子育てしやすい地域づくりを視野に入れておくことも重要である。

　要保護児童等や在宅支援を必要とする子ども、家庭はさまざまな課題を抱えており、フォーマルな資源や既存の資源だけではニーズに沿った支援が提供できない場合がある。その場合に、ソーシャルワーカーは地域住民の力を活かしながら新たな資源の創出に取り組んでいく必要がある。子ども食堂の取り組み、日中や夜間の居場所づくりやシングルマザーへの支援などの取り組みも行われている。このように当事者のニー

ズを把握しているソーシャルワーカーだからこそニーズに沿った資源の創出が可能となる。また、これらのインフォーマルな資源の創出は地域住民によって行われるだけでなく、公的機関もその取り組みを支えることにより公的責任を担っていくことが求められる。

さらに、地域住民の力のみでなく当事者の力を活かしていく視点も重要である。当事者は、さまざまな課題や生きづらさを抱え、支援の対象となり、支援を受ける側としての役割を担ってきた。しかし、その当事者たちは、そのなかで生活し生きてきた力をもっている。また、そこから生活を構築していった経験は強みでもある。その経験を同じ思いをして子育てに悩んでいる人たちへの力として活かしていくことが大切である。親の会などの自助グループには、そのような当事者の力が活かされている。

❷地域づくりに向けた協働

石川到覚は、「社会資源を創出するための協働参画」として、「市民性」を土台とした「当事者性」「素人性」「専門性」の三つの協働を示している。「当事者性」は、課題を抱えながら生活している当事者であり、「素人性」は、専門的、公的な支援関係でない第三者性をもつボランティアであり、「専門性」が社会福祉等の専門職である。「市民性」を土台に、この三つの協働を重ねて地域を創り上げていくことを示している。

一つひとつの事例が抱えている課題は、個々の課題であり、地域の課題がそこに反映されているともいえる。ソーシャルワーカーは、個々の支援からその背景にある地域課題を意識し、個々の事例からみえるニーズが地域づくりに反映されるように意識しておくことが必要である。

◇**参考文献**
・厚生労働省「子ども虐待対応の手引き（平成25年8月改正版）」
・中央法規出版編集部『改正児童福祉法・児童虐待防止法のポイント（平成29年4月完全施行）新旧対照表・改正後条文』中央法規出版，2016.
・畠山由佳子『子ども虐待在宅ケースの家族支援「家族維持」を目的とした援助の実態分析』明石書店，2015.
・石川到覚「精神保健福祉士の関係力による福祉実践の創造」『精神保健福祉』第38巻第3号，2007.
・阿部彩「子どもの貧困」大阪弁護士会編『貧困の実態とこれからの日本社会——子ども・女性・犯罪・障害者、そして人権』明石書店，pp. 7-50，2011.
・厚生労働省「子育て世代包括支援センター業務ガイドライン 平成29年8月」
・厚生労働省「養育支援訪問事業ガイドライン」
・「高知県要保護児童対策地域協議会について」 https://www.pref.kochi.lg.jp/_files/00177191/youtaikyougaigyou.pdf

●**おすすめ**
・杉山春『児童虐待から考える 社会は家族に何を強いてきたか』朝日新聞出版，2017.

第5章 子どもの福祉課題と支援

第5節 児童虐待にかかわる支援

学習のポイント

● 児童虐待の定義と種別を学ぶ
● 児童虐待の現状を学ぶ
● 児童虐待への対応のあり方を学ぶ

1 児童虐待とは

1 児童虐待における支援の基本理念

　我が国では2000（平成12）年に児童虐待の防止等に関する法律（児童虐待防止法）が制定され、虐待に関する考え方が整理された。

　まず第1条では、「児童虐待が児童の人権を著しく侵害し、その心身の成長及び人格の形成に重大な影響を与えるとともに、我が国における将来の世代の育成にも懸念を及ぼすことにかんがみ、（後略）」として、児童虐待は子どもの権利侵害の問題であること、その成長や人格形成に大きな影響を与え、世代を超えて影響が及ぶ問題であることを基本的な認識として指摘している。そしてさまざまな施策の促進により「児童の権利利益の擁護に資することを目的とする」と結ばれている。基本的な理念として銘記すべきことである。

2 児童虐待の定義

　続いて第2条に児童虐待の定義が定められている。すなわち「『児童虐待』とは、保護者（親権を行う者、未成年後見人その他の者で、児童を現に監護するものをいう。以下同じ。）がその監護する児童（18歳に満たない者をいう。以下同じ。）について行う次に掲げる行為をいう」と定めており、家庭内で保護者*がその監護する子どもに対して行う行為を虐待として定義している。

　そのうえで、児童虐待の種別として四つの虐待を定義した。すなわち、身体的虐待・性的虐待・ネグレクト・心理的虐待である。厚生労働省の通知である「子ども虐待対応の手引き　平成25年8月改正版」（以下、手引き）では、それぞれについて以下のような具体例を挙げている。

★保護者
現在子どもを監護している者をいい、親権者や未成年後見人であっても、子どもの養育を他人に委ねている場合は保護者にあたらない。また、たとえば子どもの母親と内縁関係にある者も、子どもを現実に監護している場合には保護者に該当する。

❶ 身体的虐待：たたく、殴る、蹴る、逆さ吊りにする、戸外に締め出す、激しく揺さぶる、意図的に子どもを病気にさせるなど。

❷ 性的虐待：子どもへの性交・性的行為、子どもをポルノグラフィーの被写体にするなど。

❸ ネグレクト：食事、衣服、住居などが極端に不適切で、健康状態を損なうほどの無関心・怠慢、重大な病気になっても病院に連れて行かない、乳幼児を家に残したまま外出する、子どもの意思に反して学校等に登校させない、子どもを遺棄したり、置き去りにする、祖父母、きょうだい、保護者の恋人などの同居人や自宅に出入りする第三者が❶、❷、❹の行為を行っているにもかかわらず、それを放置する（これは、2004（平成16）年の児童虐待防止法改正で定義の拡大として盛り込まれたものである）など。

❹ 心理的虐待：言葉による脅かし、脅迫、子どもを無視したり、拒否的な態度を示すこと、子どもの心を傷つけることを繰り返し言う、配偶者やその他の家族などに対する暴力や暴言（配偶者などへの暴力・暴言（DV）がある環境で養育されることは、子どもへさまざまな心理的悪影響を及ぼすため、2004（平成16）年の児童虐待防止法改正で、定義の拡大として盛り込まれたものである）など。

3 しつけと虐待

多くの児童虐待事例で、保護者が「しつけ」だったと弁明したことが報道される。しかし「しつけ」すなわち「子どものため」であれば、どのような行為でも許されることにはならない。前出の手引きでは、虐待の判断にあたっては「子どもの側に立って判断すべき」として、「保護者の意図の如何によらず、子どもの立場から、子どもの安全と健全な育成が図られているかどうかに着目して判断すべきである。保護者の中には、自らの暴行や体罰などの行為をしつけであると主張する場合があるが、これらの行為は子どもにとって効果がないばかりか悪影響をもたらすものであり、不適切な行為であることを認識すべきである」と記している。いくら子どものためであるといっても、子どもにとって嫌なこと、つらいことは虐待であると考えるべきである。

体罰については、2019（令和元）年6月の児童虐待防止法改正において、以下のように体罰を禁止する規定が盛り込まれた。

★体罰
国連子どもの権利委員会の一般的意見においては、「どんなに軽いものであっても、有形力が用いられ、かつ、何らかの苦痛または不快感を引き起こすことを意図した罰」と定義されている。

第5章 子どもの福祉課題と支援

> （親権の行使に関する配慮等）
>
> **第14条** 児童の親権を行う者は、児童のしつけに際して、<u>体罰を加えること</u>その他民法（明治29年法律第89号）第820条の規定による監護及び教育に必要な範囲を<u>超える行為</u>により当該児童を懲戒してはならず、当該児童の親権の適切な行使に配慮しなければならない。
>
> （下線部が新たに追加または修正された部分）

　今後は、体罰が禁止されていることを社会に周知することが必要であるが、それとともに体罰を用いない子育てのあり方についても併せて伝えていくことが求められている。この点では、「たたかない、どならない子育ての方法」を伝えるためのさまざまな取り組みがなされており、それらをさらに広げていく必要がある。

2 児童虐待の現状

　児童相談所における虐待相談対応件数の推移を示したのが**図5-11**である。厚生労働省がこの統計の集計公表を始めたのは1990（平成2）年であった。それ以降年々増加し、2018（平成30）年には1990（平成2）年の約145倍の件数となっている。

　件数が増加している理由は大きく二つ指摘されている。一つは、児童虐待に関する周知が進み、発見されて通告される事例が増えたことである。したがって、件数の増加は日本の社会における児童虐待そのものが

図5-11　児童相談所における虐待相談対応件数の推移

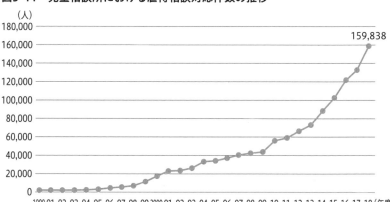

注：2010（平成22）年度は東日本大震災の影響により福島県を除いて集計した数値
資料：厚生労働省「福祉行政報告例」各年版から作成

図5-12　虐待種別ごとの児童相談所の虐待相談対応件数の推移

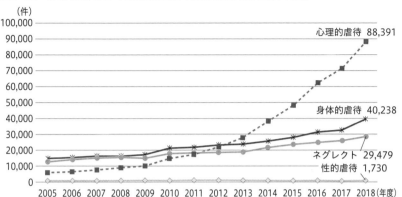

資料：厚生労働省「福祉行政報告例」各年版から作成

増加したかどうかを示してはいない。通告によって支援につながる事例が増えたという意味では肯定的な評価ができる。

　ここ数年の急激な増加にはもう一つの理由がある。**図5-12** に示したように、四つの虐待種別ごとの相談対応件数の増加状況をみると、心理的虐待が大きく増えていることがわかる。この心理的虐待の多くは警察署から通告されたものであり、その内容は配偶者等に対する暴力・暴言（DV）にかかわる心理的虐待となっている。近年警察庁が、DV にかかわる事例での積極的な児童相談所への通告方針を明確にしたことから、その件数が大きく増えている。これが現在の児童虐待相談対応件数の増加を事実上押し上げている要因となっている。

　なお、我が国の虐待対応の仕組みは、児童相談所と並んで市町村子ども家庭相談部門も通告を受けて対応をするという二層制となっている。2018（平成30）年度の全国の市町村における児童虐待相談対応件数は 12 万 6246 件となっており、これも年々増加している。

③ 児童虐待対応の流れ

1 通告

　児童虐待への支援は、通告や相談が市町村の子ども家庭相談部門あるいは児童相談所にもたらされることから始まる。通告ではなく相談を端緒として始まった事例でも、その内容に虐待を疑う情報が含まれている場合は、虐待相談としての対応が求められる。

　通告は児童虐待防止法第 6 条で、「児童虐待を受けた<u>と思われる</u>児童

Active Learning
通告を受ける際に気をつけるべきことについて考えてみましょう。

第5章　子どもの福祉課題と支援

を発見した者は、速やかに、これを市町村、都道府県の設置する福祉事務所若しくは児童相談所（中略）に通告しなければならない」（下線は筆者）とされており、虐待かどうかの確信がもてない場合でも、疑いがあれば通告をするように定めて通告を促している。そのために、2004（平成16）年の児童虐待防止法改正で、「と思われる」という語句が挿入されたのである。また、通告することは守秘義務違反に当たらないことが同条に示されている。さらに、市町村や児童相談所職員等は当該通告をした者を特定させる情報を漏らしてはならないこと（通告者の秘匿）が同法第7条に定められている。

■2 調査および援助方針の決定

図5-13、図5-14 はそれぞれ、市町村または児童相談所が通告を受けてから行う対応の流れである。

相談・通告を受けた後に、まず子どもの安全確認を行う。これは市町村または児童相談所職員が直接目視することで実施するか、または信頼できる機関（保育所・学校等）に依頼して実施される。その後、子どもや家族および関係機関職員に面接するなどの方法により、虐待の有無や虐待の程度、虐待に至った背景などの情報を調査し、総合的に子どものおかれている状況をアセスメントする。

児童相談所には、調査の過程でさまざまな法的権限が与えられている。その一つに立入調査がある。2018（平成30）年度における全国の児童

★立入調査
児童虐待防止法第9条では、「都道府県知事は、児童虐待が行われているおそれがあると認めるときは、児童委員又は児童の福祉に関する事務に従事する職員をして、児童の住所又は居所に立ち入り、必要な調査又は質問をさせることができる」こととされている。

図5-13　市町村における子ども虐待対応の流れ

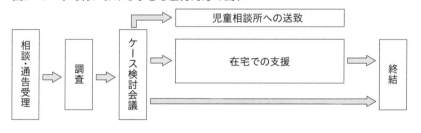

図5-14　児童相談所における子ども虐待対応の流れ

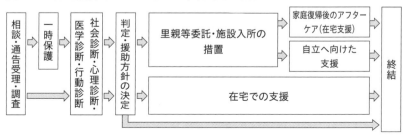

相談所の立入調査実施件数は 68 件であった。虐待の危険性が高いものの、子どもの安全確認ができない事例で実施されることが多い。

　この立入調査では、保護者が施錠して拒んだ場合などに、解錠してまでも実施する権限はない。それができないために重大な事態に至った事例があったため、2007（平成 19）年に児童虐待防止法が改正され、臨検・捜索★の制度が導入された。これによって児童相談所は、子どもの安全を確認し、必要な場合に子どもを一時保護するために、裁判所の許可状を得たうえで、解錠を伴う立入調査を実施することができるのである。2018（平成 30）年度における全国の児童相談所の臨検・捜索の実施件数は 6 件であった。実施の際には警察署に援助要請を行い、警察署と十分に協議したうえで着手する。以上のような法的対応を、児童相談所は迅速かつ適切に実施することが求められており、そのために、2016（平成 28）年の児童福祉法改正において、児童相談所への弁護士の配置またはこれに準ずる措置を行うことが定められた。

　調査の過程においては、児童相談所は子どもの一時保護をとる場合がある。

　一時保護★は児童相談所長の判断により実施することができ、子どもや保護者の同意を要しない。児童福祉法第 33 条第 1 項では、「児童相談所長は、必要があると認めるときは、第 26 条第 1 項の措置を採るに至るまで、児童の安全を迅速に確保し適切な保護を図るため、又は児童の心身の状況、その置かれている環境その他の状況を把握するため、児童の一時保護を行い、又は適当な者に委託して、当該一時保護を行わせることができる」と定められている。ここには一時保護の目的として、子どもの安全確保と子どもに関するアセスメントの二つが示されている。各種の相談機関のなかでも児童相談所の特性は、この一時保護を活用した支援が行えることにある。

　児童相談所が行うアセスメントには、児童福祉司の調査による社会診断や児童心理司による心理診断があり、場合によっては医師による医学診断も実施する。さらに一時保護した子どもについては、一時保護所での観察をもとにした行動診断を行う。そしてこれらの情報を総合して、児童相談所としての組織的な判定を行い援助方針を決定する。市町村においても、組織としてアセスメントしたうえで援助方針を決定する。家族状況は逐次変化するので、アセスメントは絶えず見直しながら、状況の変化に対応することが求められる。市町村が対応していたものの、一時保護が必要となるなど市町村では十分に対応できない場合には、市町

★臨検・捜索
児童虐待防止法第 9 条の 3 では、「都道府県知事は、第 8 条の 2 第 1 項の保護者又は第 9 条第 1 項の児童の保護者が正当な理由なく同項の規定による児童委員又は児童の福祉に関する事務に従事する職員の立入り又は調査を拒み、妨げ、又は忌避した場合において、児童虐待が行われている疑いがあるときは、当該児童の安全の確認を行い、又はその安全を確保するため、児童の福祉に関する事務に従事する職員をして、当該児童の住所又は居所の所在地を管轄する地方裁判所、家庭裁判所又は簡易裁判所の裁判官があらかじめ発する許可状により、当該児童の住所若しくは居所に臨検させ、又は当該児童を捜索させることができる」と定められている。

★一時保護
子どもをその生活環境から一時的に分離して、その後の支援方針を検討するために実施する行政処分であり、一時保護所に入所させるか、里親または児童養護施設等に一時保護を委託して行う。

村から児童相談所に事例を送致する場合がある。

3 支援

　児童相談所がとる援助方針としては、里親等への委託や児童福祉施設への入所措置、在宅での指導措置がある。また、行政処分としての措置はとらずに、数回の面接等により支援を終了する場合も多い。

　ところで里親等委託や児童福祉施設入所措置は、親権者が同意しなければとることができないと児童福祉法に定められている。そのため、児童相談所がその必要性を認めるものの親権者が同意しない場合に、児童相談所は家庭裁判所の承認を得て措置をとるために、家庭裁判所に審判の申し立てを行う。また、児童相談所長は、親権の行使が「子どもの利益を著しく害する」ときには、親権者の親権喪失の審判を申し立てる権限を有している。さらに、2011（平成23）年の民法改正において、2年以内の期間を定めて親権を停止する、親権停止の制度が導入された。この審判の請求権も児童相談所長は有する。児童相談所にはこれらの法的対応の判断を適切に行うことが求められる。

　在宅での支援をする場合には市町村と協働して取り組むことが必要となる。里親等委託や児童福祉施設入所措置の場合も、措置が解除されて家庭に復帰した後は、アフターケアの支援を市町村と協働して行う。市町村は、主として地域の子育て支援サービスを提供しながら、子育てをサポートする取り組みを展開する。里親等や児童福祉施設から家庭復帰しない場合には、措置を継続しながら社会に自立するための支援を行う。この支援は児童福祉施設等と児童相談所が協働しながら行うこととなる。

　家庭から子どもが分離された場合にも、家庭での安全安心な養育環境を回復し、再び家庭での生活が可能となるように支援を行うことが求められる。しかし、家庭復帰だけが支援の目標ではなく、親子がともに暮らすことができなくとも、親子が一定の距離をおきながら交流を続けることで、お互いを受け入れあう関係を目指すことも目標となる。したがって、家庭復帰する場合もしない場合も含めて親子関係再構築支援が求められる。

　家族はさまざまな課題を抱えており、子どもの養育環境を改善するためにはそうした課題を解消していくための支援が求められる。経済的な支援や就労の安定、保護者への精神的なケア、あるいはDV問題の改善に向けた支援、親族との関係修復のための支援など、その取り組みは多

★親子関係再構築支援
「子どもと親がその相互の肯定的なつながりを主体的に回復すること」と定義されており、子どもと家族の関係性を修復して、「子どもが生まれてきてよかった」と思えるような支援に取り組む。

岐にわたる。児童虐待における支援は保護者を責めることではなく、これまでとは違う子育ての仕方をともに考えて改善を促していく取り組みであるといえる。これを児童相談所と市町村の機能を重ね合わせながら、地域の多機関とともに協働して進めていくことが求められる。

4 地域のネットワークによる支援

上記のような支援を地域で行うためには、地域の多様な機関が家族とかかわって、そのもてる機能を発揮し、家族機能を補完していくことが求められる。一つの機関や一人の支援者だけでは支援を行うことは困難であり、他機関・多職種が手を携え合って支援を行わなければならない。そのためには、機関同士が個々の子どもと家庭に関する情報を共有し、必要な支援についての認識を統一して、足並みをそろえることが必要となる。

それぞれの機関にはできることとできないことがあり、相互にそれを認識しあいながら、しかし自らの機関にできることを検討して実行に移す姿勢が求められる。また、多機関の職員が同行で訪問したり同席で面接するなど、一緒に動くことで有効な支援につながることが多い。

こうした支援を構築するために各自治体に設置されているのが要保護児童対策地域協議会（以下、要対協）である。要対協の場で、個々の事例の進行状況を確認しあい、また、個別ケース検討会議を適時に開催して、個々の事例の支援方針を検討することとなる。要対協が有効に機能するように運営することが求められており、その要となる調整機関*のコーディネートの役割が重要となっている。

★調整機関
各自治体の要保護児童対策地域協議会を構成する機関のうちのいずれか１か所が指定を受け、協議会に関する事務を総括するとともに、支援の実施状況を的確に把握し、関係機関等との連絡調整を行うことが役割とされている。

◇参考文献
・厚生労働省「子ども虐待対応の手引き　平成25年8月改正版」
・厚生労働省「社会的養護関係施設における親子関係再構築支援ガイドライン　平成26年3月　親子関係再構築支援ワーキンググループ」
・国連子どもの権利委員会一般的意見8号『体罰その他の残虐なまたは品位を傷つける形態の罰から保護される子どもの権利』2006.
・川﨑二三彦『児童虐待──現場からの提言』岩波書店，2006.
・西澤哲『子ども虐待』講談社，2010.
・松本伊智朗編著『子ども虐待と家族──「重なり合う不利」と社会的支援』明石書店，2013.
・青山さくら・川松亮『ジソウのお仕事──50の物語（ショートストーリー）で考える子ども虐待と児童相談所』フェミックス，2020.

学習のポイント

● 社会的養護の動向を把握する

● 家庭養護と施設養護の仕組みを理解する

● 社会的養護における権利擁護について理解する

1 社会的養護の概要

　社会的養護とは、さまざまな事情により養育が困難な子どもを公的な責任のもとで保護し養育することである。

　狭義では、要保護児童*を社会的養護にかかわる施設や里親・養子縁組で子どもを保護し養育する代替養育のことを指す。代替養育は、里親・養子縁組の家庭で行う養護を「家庭養護」、児童養護施設等の児童福祉施設で行う養護を「施設養護」と大別している。

　広義の社会的養護では、代替養育を含め、要支援児童*が保護者と地域で暮らし続けられるように支援することや、社会的養護にかかわる施設や里親家庭から地域に戻った子どもやその家族を支えることである。広義の社会的養護を 2016（平成 28）年の児童福祉法改正以降は、社会的養育という言い方もする。

2 社会的養護の動向

　1989 年に国連総会で採択された児童の権利に関する条約の第 20 条第 3 項[i]の実現に向けて、同じく国連総会で 2009 年に採択した「児童の代替的養護に関する指針」は、社会的養護施策等に関する関連規定の実施を強化することを目的としている。日本を含め締約国はこれを実現することが求められた（**表 5-5**）。

★**要保護児童**
児童福祉法第 6 条の 3 第 8 項で「保護者のない児童又は保護者に監護させることが不適当であると認められる児童」と規定。

★**要支援児童**
児童福祉法第 6 条の 3 第 5 項で「乳児家庭全戸訪問事業の実施その他により把握した保護者の養育を支援することが特に必要と認められる児童（第 8 項に規定する要保護児童に該当するものを除く）」と規定。

---

i　条文は「監護には、特に、里親委託、イスラム法のカファーラ、養子縁組又は必要な場合には児童の監護のための適当な施設への収容を含むことができる。解決策の検討に当たっては、児童の養育において継続性が望ましい（以下略）」となっている。

表5-5 国際連合「児童の代替的養護に関する指針」（抄）

- 児童を家族の養護から離脱させることは最終手段とみなされるべきであり、可能であれば一時的な措置であるべきであり、できる限り短期間であるべきである。
- 専門家の有力な意見によれば、幼い児童、特に3歳未満の児童の代替的養護は家庭を基本とした環境で提供されるべきである。
- 明確な目標及び目的を持つ全体的な脱施設化方針に照らした上で、代替策は発展すべきである。
- 施設養護を提供する施設は、児童の権利とニーズが考慮された小規模で、可能な限り家庭や少人数グループに近い環境にあるべきである。

出典：山縣文治「Ⅳ子どもの権利擁護」金子恵美ほか『児童福祉司研修テキスト』明石書店, p. 45, 2019.

図5-15 家庭と同様の環境における養育の推進

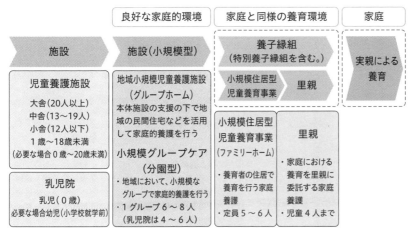

資料：厚生労働省「社会的養育の推進に向けて 令和2年4月」

　日本もこの指針を受け、2016（平成28）年に児童福祉法が改正され、代替養育のあり方として国・地方公共団体（都道府県・市町村）の責務として家庭と同様の環境における養育の推進が明記された。

　児童福祉法第3条の2では、社会的養護のあり方である国・地方公共団体（都道府県・市町村）の責務として「家庭」「家庭と同様の養育環境」「良好な家庭的環境」における養育の推進が明記された。

　このため、既存の計画を見直し新たに都道府県社会的養育推進計画を策定することが求められた。

★**都道府県社会的養育推進計画**
各都道府県における社会的養育の体制整備の基本的考え方や全体像を策定し、「家庭養育優先原則」を徹底する。2019（令和元）年度末までに策定し、計画期間の終期は2029（令和11）年度である。

3 「家庭養護」の取り組み

1 里親制度

　里親制度は、家庭での養育が困難であったり、受けられなくなった子どもを家庭環境のもとで養育を提供する。子どもが成長するうえできわ

めて重要な特定の大人との愛着関係のなかで養育を行うことにより、子どもの健全な育成を図る制度となっている。

里親は児童福祉法第6条の4に定義されており、里親の種類は、養育里親、専門里親、養子縁組里親、親族里親に分かれている。その種類は**表5-6**のとおりである。児童福祉法第27条第1項第3号の規定に基づき、都道府県（児童相談所）が要保護児童の養育を委託している。

●フォスタリング業務

児童福祉法第11条第1項第2号では、里親支援を都道府県（児童相談所）が行うべき業務（フォスタリング業務）として位置づけている。質の高い里親養育を実現するために、❶里親のリクルートおよびアセス

Active Learning

里親となることを希望する人たちを増やすためにどのような実践がなされているか調べてみましょう。

表5-6　里親制度の概要

里　親	養育里親	専門里親	養子縁組里親	親族里親
対象児童	要保護児童	次に挙げる要保護児童のうち、都道府県知事がその養育に関し特に支援が必要と認めたもの ①児童虐待等の行為により心身に有害な影響を受けた児童 ②非行等の問題を有する児童 ③身体障害、知的障害または精神障害がある児童	要保護児童	次の要件に該当する要保護児童 ①当該親族里親に扶養義務がある ②児童の両親その他当該児童を現に監護する者が死亡、行方不明、拘禁、入院等の状態となったことにより、これらの者により、養育が期待できないこと
登録の有効期間	5年	2年	5年	―
養育できる要保護児童の最大人数	4人	4人 （被虐待児・非行児・障害児は2人まで）	4人	4人
研修の受講義務	あり	あり	あり	必要に応じ
名簿登録	必須	必須	必須	任意
欠格要件	あり	あり	あり	あり
手当等　里親手当	あり	あり	なし	なし
手当等　一般生活費教育費 等	あり	あり	あり	あり
登録里親数	10,136世帯	702世帯	4,238世帯	588世帯
委託里親数	3,441世帯	193世帯	317世帯	558世帯
委託児童数	4,235人	223人	321人	777人

注1：里親が同時に養育する児童（実子・養子等を含む）は6人を超えることはできない。
　2：里親は異なる種類の重複登録がある。
　3：里親数、委託児童数は福祉行政報告例（平成31年3月末現在）
資料：厚生労働省「社会的養護の現状について（参考資料）平成23年7月」, 厚生労働省「社会的養育の推進に向けて 令和2年4月」

メント、❷登録前、登録後および委託後における里親に対する研修、❸子どもと里親家庭のマッチング、❹里親養育への支援（未委託期間中および委託解除後のフォローを含む）までの一貫した支援を行う。この一連のフォスタリング業務を包括的に実施する機関を「フォスタリング機関」といい、都道府県知事から一連のフォスタリング業務の包括的な委託を受けた民間機関を民間フォスタリング機関*という。

★民間フォスタリング機関
フォスタリング業務を委託された NPO 法人、乳児院や児童養護施設、児童家庭支援センター等のことである。

❷ 小規模住居型児童養育事業（ファミリーホーム）

小規模住居型児童養育事業（ファミリーホーム）は、児童福祉法第6条の3第8項の規定に基づき、児童相談所が要保護児童5～6名を養育者に委託している。厚生労働省通知「里親及びファミリーホーム養育指針」（平成24年3月29日雇児発0329第1号）では、「ファミリーホームは、養育者の住居に子どもを迎え入れる家庭養護の養育形態である。里親家庭が大きくなったものであり、施設が小さくなったものではない」と明記されている。養育者は養育里親であることとされ（児童福祉法施行規則第1条の31）、原則は夫婦であるものとされている。

表5-7 小規模住居型児童養育事業（ファミリーホーム）の現況

対象児童	要保護児童
ホーム数	372か所
委託児童数	1,548人

資料：厚生労働省「福祉行政報告例」
注：平成31年3月末現在

❸ 養子縁組制度

社会的養護における養子縁組制度とは、恒久的な養育環境を必要とする要保護児童の養育に対し、その子どもが適合する養親を見出し、養子縁組を結ぶことにより法的安定性を与え、永続的な安定した親子関係を構築する制度である。

里親制度では、里親と養育される子どもとの間には、法的な親子関係がない一方、養子縁組制度では、養親候補者と子との間で民法上の親子関係を新たに成立させる。

養子縁組制度には、普通養子縁組と特別養子縁組の2種類がある。普通養子縁組は、契約により成立する（子が未成年の場合、一部を除き家庭裁判所の許可が必要）。特別養子縁組は、家庭裁判所の決定により成

立し、原則実父母の同意を必要とする。ただし実父母が意思を表示できない場合や実父母による虐待など、養子となる者の利益を著しく害する理由がある場合はこの限りでない。

　いずれの場合も、親権者は養親のみとなる。特別養子縁組では、実親等との親族関係は終了し、養親からは子を離縁できない。従来は、児童相談所の措置委託による養子縁組里親を経て、特別養子縁組に至る場合が多かったが、近年では民間あっせん機関による特別養子縁組が増加している。

　2019（令和元）年に民法が改正され、特別養子縁組の養子候補者の上限年齢が原則審判申立て時に6歳未満から15歳未満に引上げられた。

4 「施設養護」の取り組み

1 社会的養護にかかわる施設（施設養護）

　施設養護とは、児童福祉法に規定される児童福祉施設において代替養育を行う社会的養護のことである（**表5-8**）。

　2016（平成28）年に改正された児童福祉法において、代替養育は、家庭養護を優先することを原則とはしているが、家庭では困難な専門的ケアを要する、または年長児で家庭養護に対する拒否感が強い場合には「できる限り良好な家庭的環境」である「地域小規模児童養護施設」や「分園型小規模グループケア」での養育を講ずることとしている。

　さらに深刻な虐待を受けた子どもや、自傷・他傷行為のおそれのある子どもなどケアニーズが非常に高い子どもに対して、心理職などの専門職による治療的支援が求められている。

❶乳児院

　乳児院は、看護師や保育士等の専門職員が、さまざまな理由で保護を必要とする乳児の養育を行う施設である。

　入所理由としては、虐待が最も多く、次いで精神疾患等の親の疾病となっている。退所先としては、家庭復帰が最も多く、そのため、家庭支援専門相談員を中心に、家庭が所在する市町村の担当者と連携し、家庭で暮らせるための状況を整えて家庭復帰につなげ、復帰後もアフターケアとして支援を継続している。家庭復帰が困難なケースは、里親委託や養子縁組を検討し、候補となった里親や養親と子どもとの関係調整等を里親支援専門相談員が中心に行っている。

表5-8　社会的養護にかかわる施設の現状

施設	乳児院	児童養護施設	児童心理治療施設	児童自立支援施設	母子生活支援施設	児童自立生活援助事業（自立援助ホーム）
法的根拠	児童福祉法第37条	児童福祉法第41条	児童福祉法第43条の2	児童福祉法第44条	児童福祉法第38条	児童福祉法第6条の3第1項
対象児童	乳児（特に必要な場合は、幼児を含む）	保護者のない児童、虐待されている児童その他環境上養護を要する児童（特に必要な場合は、乳児を含む）	家庭環境、学校における交友関係その他の環境上の理由により社会生活への適応が困難となった児童	不良行為をなし、又はなすおそれのある児童及び家庭環境その他の環境上の理由により生活指導等を要する児童	配偶者のない女子又はこれに準ずる事情にある女子及びその者の監護すべき児童	義務教育を終了した児童であって、児童養護施設等を退所した児童等
施設数	140か所	605か所	50か所	58か所	226か所	176か所
定員	3,857人	31,826人	1,985人	3,609人	4,672世帯	1,148人
現員	2,678人	24,908人	1,366人	1,226人	3,735世帯児童6,333人	643人
主な入所方式	児童相談所による措置	児童相談所による措置	児童相談所による措置	児童相談所による措置家庭裁判所による送致	福祉事務所による利用契約	本人の申込みに基づき、児童相談所による措置

注：乳児院・児童養護施設の施設数・定員・現員は、福祉行政報告例（2019（平成31）年3月末現在）
資料：厚生労働省「社会的養護の現状について（参考資料）平成23年7月」，厚生労働省「社会的養育の推進に向けて　令和2年4月」

　また、子育て短期支援事業のショートステイ事業、地域子育て支援拠点事業等の地域の子育て支援にも積極的に携わっている。

❷児童養護施設

　児童養護施設は、家庭に代わる代替養育の場として、安定した生活を過ごせるように支援を行う施設である。入所する子どもの65.6％（児童養護施設入所児童等調査（平成30年2月1日現在））が虐待を受けた経験を有し、虐待の影響からの回復に向けた支援や親子関係の再構築に向けた支援が重要となっている。そのため心理療法担当職員や家庭支援専門相談員等が配置され、個々の自立支援計画が策定されるなど、集団養育から個々のアセスメントに基づく個別養育のための専門性が高まってきている。さらに施設を退所してからのアフターケアのあり方やその充実強化も進められている。施設形態についても、小規模化、地域分散化の方針により、小舎制またはユニット制、施設内グループケアや地域小規模児童養護施設等、より家庭に近い形態を目指す方向に変化してきている。

表5-9　児童養護施設の小規模化・地域分散化の現況

小規模グループケア	1,790か所
地域小規模児童養護施設	423か所

注：厚生労働省子ども家庭局家庭福祉課調べ（2018（平成30）年
　　10月1日現在）
資料：厚生労働省「社会的養育の推進に向けて　令和2年4月」

❸児童心理治療施設

　2017（平成29）年の児童福祉法の改正で、情緒障害児短期治療施設から児童心理治療施設と名称が変更された。過去は不登校の子どもの入所が多かったが、児童虐待の防止等に関する法律が制定されて以降、虐待を受けた子どもの入所が急増し、現在は入所する子どもの78.1%（児童養護施設入所児童等調査（平成30年2月1日現在））となっている。ほとんどが虐待等不適切な養育環境の影響を大きく受けている。個々の包括的なアセスメントに基づき、日々の生活のなかでの治療的支援、グループ活動や個人心理面接等の治療的プログラムが展開されている。

❹児童自立支援施設

　児童自立支援施設は、犯罪などの不良行為をなすおそれや生活指導が必要な子ども、児童心理治療施設と同様に虐待等不適切な養育環境の影響を大きく受けている子どもが入所している。

　入所した子どもは、家庭的雰囲気の寮舎で、児童自立支援専門員、児童生活支援員等による職員と寝食をともにしながら生活し、職員と子ども、子ども同士等の関係性を重視した共生教育（共育）を目的とした「育て直し」の支援を行っている。なお、学齢児は、原則、施設内学校で学校教育を受けている。児童福祉施設として唯一、都道府県に設置義務がある。

❺母子生活支援施設

　母子生活支援施設の利用対象は母子世帯であり、入所理由は「配偶者からの暴力」が最も多く50.7%（児童養護施設入所児童等調査（平成30年2月1日現在））、DV被害者等を受け入れる緊急一時保護を実施している。母と子がともに支援を受けることができる施設として、DV被害者やDVを目撃するなど虐待の影響を受けた子どもたちへの回復や自立支援を行っている。

❻児童自立生活援助事業（自立援助ホーム）

　児童自立生活援助事業は、児童養護施設や里親委託等の措置終了後の子どもが共同生活を営む住居（自立援助ホーム）において、相談その他の日常生活上の援助、生活指導、就業の支援を行っている。

　2016（平成28）年の児童福祉法改正では、大学等就学中の者に対して、22歳年度の末までの利用ができるようになった。

❼その他

　障害児施設への入所については基本的に保護者と施設との契約となっている。しかし児童相談所は、保護者による虐待等の理由により措置が必要と判断した場合には、措置による入所が行える。現在入所する子どもの37.7%（児童養護施設入所児童等調査（平成30年2月1日現在））が虐待を受けた経験がある。したがって、障害児入所施設も社会的養護の施設として位置づけもされている。

5 社会的養護における権利擁護

　社会的養護における権利擁護は、「子どもの最善の利益」を優先し考慮することにある。自分がどのような権利を有し、選択肢があるのかを理解ができるようにするとともに、自由に意見が表明できることや、重要な決定に際しては、当事者が参画できるように支援を行っていくことが重要となっていく。その方法として子どもの権利ノート★を活用することや、苦情受付の窓口の設置、第三者委員等の苦情解決の仕組みを整え、さらに充実させることも必要となる。

　さまざまな理由により、家庭での養育が困難なため、施設や里親に入所措置等をされた子どもに対して、施設職員等が行う被措置児童等虐待を防止するため、2008（平成20）年に児童福祉法が改正され、厚生労働省通知として、被措置児童等虐待対応ガイドラインが作成されている。社会的養護の関係者が権利擁護の観点をしっかりもち、虐待の発生予防から早期発見、迅速な対応、再発防止等のための取り組みを総合的に進めていく必要がある。

★子どもの権利ノート
児童相談所が、子どもが施設に入所や里親等に委託される際に自分の権利について理解を促すため配布するノート。

Active Learning

被措置児童等虐待の実態について調べてみましょう。

●おすすめ
・宮島清・林浩康・米沢普子編著『子どものための里親委託・養子縁組の支援』明石書房，2017.
・全国児童養護施設協議会『季刊 児童養護』

ひとり親家庭への支援

1 ひとり親家庭とは

　ひとり親家庭について学ぶ際、ジェンダーバイアスによる抑圧的な位置づけや、過去から現在に至るまで、差別的ないし否定的な表現やまなざしが存在していることを必ず押さえてほしい。たとえば母子家庭の場合、高度経済成長期であれば病理家庭や欠損家庭といった当事者を否定するような表現・言葉が用いられてきた。女性のわがままで離婚したにもかかわらず、死別母子家庭同様の支援がなぜ必要なのかということが言及されたこともある。否定的なまなざしではなく、多様な家族の形の一つであることを理解するためにも、ひとり親家庭という言葉を用いる。なお、政府が公表している統計等では、ひとり親世帯や母子世帯、父子世帯という用語が用いられており、引用の場合はそれに従う。

2 ひとり親家庭の現状

　厚生労働省がおおよそ 5 年に一度実施している「全国ひとり親世帯等調査結果報告」（以下、全国調査）（**表 5-10**）を手がかりに、ひとり親家庭の現状について確認する。

1 世帯数
世帯数とひとり親世帯になった理由をみると、母子世帯のほうが父子

---

i 「ひとり親家庭」という言葉がジェンダーバイアスの影響を特に受けている母子家庭の課題に目が行き届きにくくなるとの指摘がある。

表5-10　2016（平成28）年度全国調査結果の概要

	母子世帯	父子世帯
1　世帯数（推計値）	123.2万世帯	18.7万世帯
2　ひとり親世帯になった理由	離婚　79.5% 死別　8.0%	離婚　75.6% 死別　19.0%
3　就業状況	81.8%	85.4%
就業者のうち　正規の職員・従業員	44.2%	68.2%
うち　自営業	3.4%	18.2%
うち　パート・アルバイト等	43.8%	6.4%
4　平均年間収入 （母又は父自身の収入）	243万円	420万円
5　平均年間就労収入 （母又は父自身の就労収入）	200万円	398万円
6　平均年間収入 （同居親族を含む世帯全員の収入）	348万円	573万円
7　養育費の取り決めをしている	42.9%	20.8%
現在も養育費を受けている	24.3%	3.2%
養育費の平均月額	43,707円	32,550円
8　面会交流の取り決めをしている	24.1%	27.3%
現在も面会交流を行っている	29.8%	45.5%

資料：厚生労働省「ひとり親家庭等の支援について」2020. を一部改変

世帯より多いことがわかる。また、ひとり親世帯になった理由について
その理由をみると、母子・父子ともに離婚が多いことも確認できる。

2 収入

　年間収入についてみると、母子世帯より父子世帯のほうが高くなって
いる。母子世帯よりも父子世帯のほうが平均収入も就労収入も高いが、
父子世帯の平均収入（世帯の収入）は児童がいる世帯の平均所得の8割
程度となっている。なお、母子世帯は5割程度となっている。

3 就労

　母親たちの8割以上が何らかの就業をしているが、就業上の地位をみ

ii　母子世帯が多いのは、離婚後も子どもは女性が育てるべきというジェンダーバイア
　スの影響がある。また戦後は戦争で夫をなくしたいわゆる死別が多かったが、高度
　経済成長期以降は離婚の割合が死別を上回り、現在の傾向となっている。
iii　児童のいる世帯の1世帯あたりの平均所得は707万8000円（2015（平成27）年
　時点）である。

ると4割以上が派遣社員やパート・アルバイト等を合わせたいわゆる非正規雇用となっている。父子世帯の場合、就業している割合は85.4%であり、就業上の地位についてみると、正規の職員・従業員が7割近くとなっている。

4 養育費と面会交流

養育費の取り決め状況を全国調査よりみると、母子世帯のほうが父子世帯より取り決めをしている割合は高い。養育費の取り決めをしていない理由をみると、母子世帯では「相手と関わりたくない」「相手に支払う能力がないと思った」といった回答の割合が高い。父子世帯では「相手に支払う能力がないと思った」「相手と関わりたくない」の順となっている。

養育費の受け取り状況をみると、母子世帯の養育費の受給状況ならびに受け取っている養育費の平均月額は母子世帯のほうが父子世帯より高い数値となっている。

面会交流の取り決め状況を全国調査でみると、「取り決めをしている」と回答した割合は、母子世帯、父子世帯ともに25%前後となっている。面会交流を現在も行っている割合は父子世帯のほうが母子世帯より高い割合となっている。現在、面会交流を行っていない最も大きな理由は、母子世帯では「相手が面会交流を求めてこない」が最も多く、父子世帯では「子どもが会いたがらない」が最も多くなっている。

3 ひとり親家庭への支援

1 基本的なひとり親家庭支援の体系

現在のひとり親家庭に対する支援について、基本法として位置づくのが**母子及び父子並びに寡婦福祉法**である。2016（平成28）年以前は、母子及び寡婦福祉法という名称であった。

2002（平成14）年に母子及び寡婦福祉法は改正された。この改正の目的は「ワークフェア」といわれる、児童扶養手当等、いわゆる経済的支援が中心だった支援から、就業による自立支援を目指すことであった。

★**養育費**
「未成熟子（経済的・社会的に自立していない子）が自立するまで要する費用で、生活に必要な経費、教育費、医療費など」と定義される（養育費相談支援センターホームページより）。

★**面会交流**
「離婚後又は別居中に子どもを養育・監護していない方の親が子どもと面会等を行うこと」と定義される（裁判所ホームページより）。

---

iv　学歴が低い母親たちのほうが非正規雇用につく割合の高いことがいくつかの調査研究等で確認されている。

これ以降、現在までいわゆる 4 本柱の支援が展開されることとなった。子育て・生活支援、就業支援、養育費確保の推進、経済的支援である。

なお、以下に挙げるひとり親家庭支援には、母子及び父子並びに寡婦福祉法に基づく以外のものも含まれる。

❶子育て・生活支援

ひとり親家庭が安心して子育てと仕事を両立できるよう支援するために、母子・父子自立支援員による相談支援や保育所・放課後児童クラブの優先入所のほか、**表 5-11** の事業等が法令や通知により、位置づけられている。

❷就業支援

2002（平成 14）年の改正以降、ワークフェア策の一環として就業支援が強化された。具体的には**表 5-12** にあるものが挙げられる。

また、2014（平成 26）年度から、ひとり親家庭への総合的な支援のための相談窓口の強化事業により福祉事務所に就業支援専門員が新たに配置され、母子・父子自立支援員とともに自立に向けた相談業務に当たることとなった。

❸養育費確保の推進

養育費の確保を推進するため、2007（平成 19）年度に国は養育費相談支援センターを設置した。主な業務内容は、❶養育費に関する各種手続き等の情報を提供すること、❷地方公共団体等において養育費相談に対応する人材養成のための各種研修会の実施、❸当事者からの電話、メー

表5-11　子育て・生活支援の概要

事業名	主な内容
子育て短期支援事業	ショートステイ、トワイライトステイ
ひとり親家庭等日常生活支援事業	家庭生活支援員（いわゆるヘルパー）の派遣
ひとり親家庭等生活向上事業	ひとり親家庭等生活支援事業（相談支援事業、家計管理・生活支援講習会等事業、学習支援事業、情報交換事業）、子どもの生活・学習支援事業
住居の安定確保	公営住宅の優先入居、都市機構賃貸住宅の家賃の減額、セーフティネット住宅の登録促進と情報提供、母子生活支援施設

---

v 「福祉から就労へ」ともいわれ、経済給付を受ける際に就労を義務づけるもの。ひとり親家庭支援に導入された背景には、財政悪化や離婚件数の増加により、児童扶養手当の財政に占める割合が高まったことが挙げられる。

vi 実際の養育費に関する相談は都道府県等が直営、あるいは委託をして実施しており、母子家庭等就業・自立支援センター等が委託先となっている。

★**母子・父子自立支援員**
原則、福祉事務所に配置される。ひとり親家庭に対し相談に応じ、自立に必要な情報提供および指導、職業能力の向上および求職活動に関する支援を行うことが母子及び父子並びに寡婦福祉法第 8 条に規定されている。

★**学習支援事業**
高等学校卒業程度認定試験の合格等のためにひとり親家庭の親に対して行うもの。

★**母子生活支援施設**
児童福祉法に規定される児童福祉施設。何らかの理由で住居を確保することが困難な母子家庭が利用する。近年は DV 被害から逃れた母子家庭のシェルターとしての役割も担っている。母子支援員、嘱託医、少年を指導する職員、調理員またはこれに代わるべき者を置かなければならない。また、一定の条件下では、心理療法担当職員や DV 対応にかかわる個別対応職員を配置しなければならない。

表5-12　就業支援の概要

事業名	支援内容
ハローワークによる支援 ・マザーズハローワーク ・生活保護受給者等就労 　自立促進事業	子育て女性等に対する就業支援サービスの提供を行う。
母子家庭等・就業自立支援センター	母子家庭の母等に対し、就業相談から就業支援講習会、就業情報の提供等までの一貫した就業支援サービスや養育費相談、面会交流支援事業など生活支援サービスを提供する。
母子・父子自立支援プログラム策定事業	個々の児童扶養手当受給者の状況・ニーズに応じ自立支援計画を策定し、ハローワーク等と連携のうえ、きめ細かな自立・就労支援を実施する。
自立支援教育訓練給付金	地方公共団体が指定する教育訓練講座（雇用保険制度の教育訓練給付の指定教育訓練講座など）を受講した母子家庭の母等に対して、講座修了後に、対象講座の受講料の6割相当額を支給する。
高等職業訓練促進給付金	看護師など、経済的自立に効果的な資格を取得するために1年以上養成機関等で修学する場合に、生活費の負担軽減のため高等職業訓練促進給付金を支給する。
高等学校卒業程度認定試験合格支援事業	ひとり親家庭の親または児童が高卒認定試験合格のための講座を受け、これを修了したときおよび合格したときに受講費用の一部を支給する。
ひとり親家庭高等職業訓練促進資金貸付事業	高等職業訓練促進給付金を活用して就職に有利な資格の取得を目指すひとり親家庭の自立の促進を図るため、高等職業訓練促進資金を貸し付ける。

資料：厚生労働省「ひとり親家庭等の支援について」2020.　を参考に作成

ル相談、❹母子家庭等就業・自立支援センターにおける困難事例への支援などである。

　2011（平成23）年6月の民法改正において、協議離婚で定めるべき「子の監護について必要な事項」として、面会交流が明示された。2012（平成24）年度より、面会交流の円滑な実施を図ることを目的として、面会交流支援事業が始まっている。

　さらに、2019（令和元）年度より、離婚協議開始前の父母等に対して、離婚が子どもに与える影響、養育費や面会交流の取り決めや離婚後の生活を考える機会を提供するため、講座の開催やひとり親家庭支援施策に関する情報提供等を行うモデル事業を新たに実施する、離婚前後親支援

---

vii　面会交流や養育費にかかわることとして、近年共同親権に関する議論がある。日本は2013（平成25）年にハーグ条約を批准しており、国連子どもの権利委員会からは共同親権を求める勧告を受けている。

モデル事業が始まっている。

❹経済的支援

① 児童扶養手当

児童扶養手当は、児童扶養手当法によると死別や離婚によるひとり親家庭等、父または母と生計を同じくしていない児童が育成される家庭の生活の安定と自立の促進に寄与するため、当該児童について手当を支給し、児童の福祉の増進を図ることを目的としている。

児童扶養手当の額は、受給者の所得（収入から各種控除額を差し引き、養育費を受け取っている場合にはその養育費の8割相当額を加えて算出）と扶養親族等の数を踏まえて決定される。

数回の同法改正により、**表 5-13** のような変更がなされた。

② 母子・父子・寡婦福祉資金

母子福祉資金、父子福祉資金、寡婦福祉資金は、配偶者のない女子または配偶者のない男子であって現に児童を扶養しているもの等に対し、その経済的自立の助成と生活意欲の助長を図り、併せてその扶養してい

Active Learning

ひとり親が抱える生活課題を可視化し支援を行うとともに、社会への発信を行う民間団体がある。その活動や発信内容について調べてみましょう。

第5章 子どもの福祉課題と支援

表5-13 近年の児童扶養手当制度改正の変遷

改正時期	主な改正内容
2010（平成22）年6月	父子家庭が対象となる。
2014（平成26）年4月	受給者等の公的年金給付額が手当額を下回る場合は、その差額分の手当を支給されることとなる。
2016（平成28）年5月	第2子、第3子以降の加算額が最大で第2子月額5000円から月額1万円、第3子以降月額3000円から月額6000円となる。
2018（平成30）年6月	手当の支給回数を4か月分年3回から2か月分年6回となる。
2020（令和2）年6月	児童扶養手当の額と障害年金の子の加算部分の額との差額を児童扶養手当として受給できることとなる。

---

viii 死別によってひとり親家庭になった場合、遺族年金を受給することとなる。児童扶養手当との併用は遺族年金の月額相当額が児童扶養手当の月額を下回る場合に限って、児童扶養手当の月額の範囲で可能となる。

ix 就労や求職活動をして自立に向けて努力していない場合は手当の受給期間が5年を経過した翌月から手当を最大半額減額することとなったが、内外からの批判等があった。一部支給停止適用除外を受けるためには、各自治体に届出が必要となっている。

x たとえば母子の2人世帯で全支給される場合は、収入ベースで160万円までで、同様に一部支給の場合は365万円までである。

る児童の福祉を増進することを目的としている。貸付金の種類は、12種類となっている。^{xi}

2018（平成30）年度の貸付実績をみると、母子・父子・寡婦それぞれの貸付金の件数・金額とも約9割が、子どもの修学資金関係となっている。

③　生活保護

生活保護の受給状況について全国調査をみると、母子世帯は11.2%、父子世帯は9.3%が受給している。生活保護には、母子加算制度が設けられているが、2018（平成30）年度より減額され始めている。^{xii}

❺自立促進計画

ひとり親家庭の自立を図るためには、地域の実情に応じたひとり親家庭への支援を計画的に推進することが求められる。母子及び父子並びに寡婦福祉法によると、厚生労働大臣が母子家庭および寡婦の生活の安定と向上のための措置に関する基本的な方針（基本方針）を定め、都道府県、市および福祉事務所を設置する町村は基本方針に即し、努力義務として自立促進計画を策定することが求められている。

2 母子家庭の母及び父子家庭の父の就業の支援に関する特別措置法

母子家庭の母に対する就業支援を積極的に実施するため、2003（平成15）年に、母子家庭の母の就業の支援に関する特別措置法が制定された。

同法は5年間の時限立法であり、2008（平成20）年に一度失効したが、2012（平成24）年に恒久法として母子家庭の母及び父子家庭の父の就業の支援に関する特別措置法★が制定され、現在に至っている。

3 ひとり親家庭・多子世帯等自立応援プロジェクト

政府は子どもの貧困や子ども虐待の予防の観点から、2015（平成27）年12月に「すくすくサポート・プロジェクト」を取りまとめ、「ひとり

★母子家庭の母及び父子家庭の父の就業の支援に関する特別措置法
ひとり親家庭の就業の支援に関する施策の充実、年に1回のひとり親家庭の就業の支援に関する施策の実施の状況の公表、民間企業等に対する協力の要請、地方公共団体による就業促進のための努力、国における財政上の措置などが定められている。

---

xi ①事業開始資金、②事業継続資金、③修学資金、④技能習得資金、⑤修業資金、⑥就職支度資金、⑦医療介護資金、⑧生活資金、⑨住宅資金、⑩転宅資金、⑪就学支度資金、⑫結婚資金の12種類がある。

xii 母子加算は自民党政権時の2009（平成21）年3月に廃止されたが、民主党政権のもとで同年12月に復活した。しかし、生活保護基準が生活保護を受給していない世帯との消費実態の均衡を図る水準均衡方式が採用され、2018（平成30）年から2020（令和2）年にかけて段階的に生活扶助本体と母子加算等を減額することとなった。

親家庭・多子世帯等自立応援プロジェクト*」を打ち出した。就業による
自立に向けた支援を基本にしつつ、子育て・生活支援・学習支援などの
総合的な取り組みを充実させることとなっている。

★ひとり親家庭・多子
世帯等自立応援プロ
ジェクト
主な内容として①自治
体窓口のワンストップ
化の推進、②子どもの
居場所づくり、③教育
費負担の軽減、④就職
に有利な資格の取得促
進、⑤住居確保の支援
などが挙げられてい
る。

4 ひとり親家庭支援の今後のあり方

1 生活者の視点

　ひとり親家庭支援は就業支援が中心となっている。そして、親たちへ
の就業支援メニューは自助努力を求める形で拡充している。しかし、企
業等雇う側はどのように支えてきたのであろうか。ほかにも先行研究で
は、子どもがいるために正規雇用をあきらめてしまっていることが明ら
かにされている。[1]　就業支援のような親たちへの自助努力ではなく、ひと
り親家庭が暮らす環境に対して、ソーシャルワークはアプローチができ
ていたのか確認することが必要である。

　その際、生活者の視点から検討していくことを重視したい。政策策定
に大きな影響を与える全国調査では、就業や家計にかかわる経済的な現
状を把握することができる。特に母子家庭の場合、労働市場において
ジェンダーの影響を受けやすく、家計や就業に関するニーズを丁寧に明
らかにし、支援や政策提言につなげることは重要である。しかし、たと
えば親たちのなかには差別的なまなざしを嫌い、小学校の保護者会や近
隣とのかかわりに悩むことがある。ほかにも、生活保護を受給すること
で学資保険が利用できなかったり、地方の場合生活上ほぼ必須となる自
家用車の所有が原則できなかったり、申請窓口の対応でつらい思いをし
たという話を耳にして相談に行く気になれず、生活保護の利用に結びつ
かないことがある。また、ひとり親家庭のもう一方の生活者である子ど
もについてみると、支援が親に比べて少ないこと、おおよそ貧困という
切り口でその実態が把握されていることなど、生活者の暮らしや実態が
十分に明らかにされているとはいいがたい。

Active Learning
ひとり親家庭の生活
上のニーズを 1 日
24 時間や 1 週 7 日
をイメージして考え
てみましょう。ま
た、子どもの年齢の
違いを軸に考えてみ
ましょう。

第5章 子どもの福祉課題と支援

---

xiii たとえば、次世代育成支援対策行動計画を策定する際の指針となる行動計画策定指
針における「一般事業主行動計画の内容に関する事項」には、ごくわずかしか母子家
庭等への配慮等は記載されていない。また、いわゆるトライアル雇用についても、
どのぐらい活用されているのか実態が把握されていない。

2 ソーシャルワーカーに求められる力

Active Learning

ひとり親家庭で育つ子どもたちの声についても調べ、ソーシャルワーカーとして取り組むべきことについて考えてみましょう。

一方で、学習支援やこども食堂等、市民社会による子ども支援が展開されるようになってきた。こうした取り組みは今後も広がっていくことが予想されるが、専門職による相談機能と子どもの居場所の接点について、十分に検討がされているであろうか。

こうした場を利用し、コミュニティによる承認を経て[2]、自信をつけてきたひとり親家庭のなかには、さまざまなニーズを言語化することができるようになることがある[3]。ひとり親家庭支援に求められる視点は、❶なかなか声をあげる機会が構築されにくいひとり親家庭がニーズを表現できる場をつくり出すこと、❷生活者としての生活実態をひとり親家庭と協働しながらつかむこと、❸生活問題と政治、経済、産業の課題の関係を見出すことである。ミクロからマクロまで広く捉え、解決へ向けた実践力を身につけることがソーシャルワーカーには求められる。

◇引用文献
1）周燕飛「母子世帯の母親における正社員就業の条件」『季刊社会保障研究』48（3），pp. 319-333, 2012.
2）堅田香緒里「生活困窮者支援における『市民福祉』の制度化をめぐる一考察」『福祉社会学』16（0），pp. 117-134, 2019.
3）清水冬樹・森田明美「子どもの貧困を克服するためのソーシャルワーク：学習支援を手がかりにして」『ソーシャルワーク研究』42（4），pp. 262-269, 2017.

◇参考文献
・厚生労働省「ひとり親家庭等の支援について」2018.
・厚生労働省「平成28年度 全国ひとり親世帯等調査結果報告」
・裁判所ホームページ（http://www.courts.go.jp/）
・養育費相談支援センターホームページ（http://www.youikuhi-soudan.jp/）
・清水冬樹「若い母子世帯に対する社会福祉支援策の課題：八千代市子育て実態調査の再分析から」『福祉社会開発研究』（5），pp. 29-37, 2012.
・杉本貴代栄「第1章 日米の「女性世帯」研究の視点」中田照子ほか『日米のシングルマザーたち』ミネルヴァ書房，1997.
・流石智子「母子家庭の貧困化とその施策──ジェンダーの視点からの一考察」乙部由希子ほか『社会福祉とジェンダー 杉本貴代栄先生退職記念論集』ミネルヴァ書房，2015.

●おすすめ
・佐々木正美『ひとり親でも子どもは健全に育ちます：シングルのための幸せ子育てアドバイス』小学館，2012.
・みわよしこ『生活保護のリアル』日本評論社，2013.
・水無田気流『シングルマザーの貧困』光文社，2014.
・小林美希『ルポ 母子家庭』筑摩書房，2015.

ドメスティック・バイオレンスと女性支援

学習のポイント

● 女性福祉の歴史的変遷について学ぶ
● 婦人保護事業の実施体制を理解する
● ドメスティック・バイオレンスの実状と支援について理解する

1 女性福祉と児童福祉の関係

　子どもの福祉と女性の福祉は、非常に密接な関係がある。それが顕著なのは、近年相談件数が増加しているドメスティック・バイオレンス（DV）である（**図5-16**）。DVは、女性だけではなく、その家庭に暮らす子どもにも深刻な負の影響をもたらす。児童虐待のうち心理的虐待には子どもの面前でのDVも含まれる。これらから、女性福祉を子どもに

図5-16　配偶者暴力相談支援センターにおける相談件数

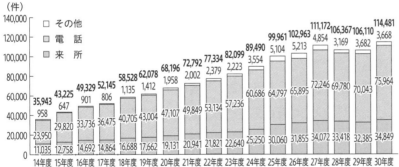

注１：配偶者からの暴力の被害者からの相談等を受理した件数。
　２：配偶者とは、婚姻の届出をしていないが、事実上婚姻関係と同様の事情にある者を含む。
　３：配偶者からの暴力の防止及び被害者の保護等に関する法律（以下「配偶者暴力防止法」という。）の法改正を受け、平成16年12月２日施行以降、離婚後に引き続き暴力等を受けた事案についても計上。なお、「離婚」には、婚姻の届け出をしていないが事実上婚姻関係と同様の事情にあった者が、事実上離婚したと同様の事情に入ることを含む。
　４：法改正を受け、平成20年１月11日施行以降、生命等に対する脅迫を受けた事案についても計上。
　５：法改正を受け、平成26年１月３日施行以降、生活の本拠を共にする交際（婚姻関係における共同生活に類する共同生活を営んでいないものを除く。）をする関係にある相手方からの暴力事案についても計上。
　６：全国の配偶者暴力相談支援センターの設置数は、令和元年７月１日現在、287か所（うち、市町村の設置数は114か所）。
　７：同一相談者が複数回相談した場合は、重複して計上。
資料：内閣府「配偶者からの暴力に関するデータ」

も深くかかわる問題として理解する必要がある。

1 女性福祉の歴史的変遷と婦人保護事業

❶婦人保護事業の変遷

★公娼制度
合法化された売春。

女性の生活問題に対応する社会福祉施策は、かつては「婦人福祉」という語が使用されていた。1946（昭和21）年に公娼制度が廃止されたことに伴い、生活に困窮する女性が出現し、こうした女性への対応として、1956（昭和31）年に売春防止法が制定された。

売春防止法は「売春を助長する行為等を処罰するとともに、性行又は環境に照して売春を行うおそれのある女子に対する補導処分及び保護更生の措置を講ずることによつて、売春の防止を図ること」（第1条）を目的としている。そして、婦人保護事業を規定している。

売春防止法の施行後、売買春や性の商品化は、多様な形態をとるようになった。そのため、厚生省（現・厚生労働省）は1999（平成11）年の通知で、「家庭関係の破綻、生活の困窮等正常な社会生活を営むうえで困難な問題を有しており、かつ、その問題を解決すべき機関が他にないために、現に保護、援助を必要とする状態にあると認められる者」を支援の範疇とすることを明記している。

❷女性が抱える困難の多様性

★ジェンダー
男性・女性であることに関連づけて定められ、社会的、文化的に深くかかわる関係性や意味づけ。

現代社会において、女性は、貧困、賃金格差、介護や子育ての負担、性暴力、DVなどの問題を抱えやすい。その背景には、女性が男性よりも劣位におかれたり、不利益を被ったりするような、ジェンダーに基づく不利や差別がある。日本では、1999（平成11）年に男女共同参画社会基本法が制定され、男女平等の社会づくりへの取り組みが行われてきた。しかし、女性が直面する不利や困難はいまだに解消されていない。

2 婦人保護事業の実施体制

婦人保護事業は、主に婦人相談所、婦人相談員、婦人保護施設により実施されている。そのほか、民間シェルター、母子生活支援施設等が事業の実施にかかわり、福祉事務所や公共職業安定所（ハローワーク）、児童相談所、警察や裁判所などが連携しながら支援を行う（図5-17）。

婦人相談所は、売春防止法で各都道府県に設置しなければならない。また、一時保護を行うことが義務づけられており、要保護女子、DV被害者、人身取引被害者、ストーカー被害女性などの相談支援・一時保護委託を行う。婦人相談員は、都道府県知事・市長が委嘱するものとされ

図5-17 婦人保護事業の概要

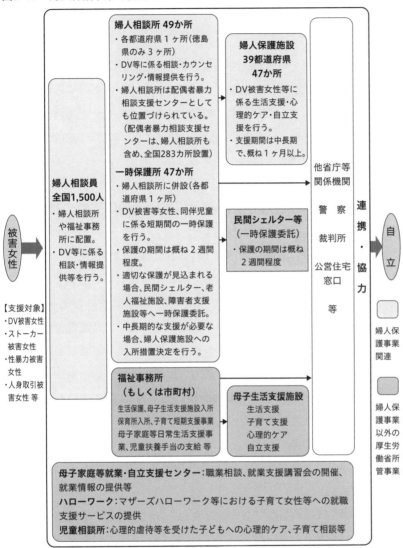

婦人相談所 49か所
・各都道府県 1 ヶ所(徳島県のみ 3 ヶ所)
・DV等に係る相談・カウンセリング・情報提供を行う。
・婦人相談所は配偶者暴力相談支援センターとしても位置づけられている。
(配偶者暴力相談支援センターは、婦人相談所も含め、全国283カ所設置)

一時保護所 47か所
・婦人相談所に併設(各都道府県 1 ヶ所)
・DV被害等女性、同伴児童に係る短期間の一時保護を行う。
・保護の期間は概ね 2 週間程度。
・適切な保護が見込まれる場合、民間シェルター、老人福祉施設、障害者支援施設等へ一時保護委託。
・中長期的な支援が必要な場合、婦人保護施設への入所措置決定を行う。

婦人保護施設 39都道府県 47か所
・DV被害女性等に係る生活支援・心理的ケア・自立支援を行う。
・支援期間は中長期で、概ね 1 ヶ月以上。

婦人相談員 全国1,500人
・婦人相談所や福祉事務所に配置。
・DV等に係る相談・情報提供等を行う。

被害女性

【支援対象】
・DV被害女性
・ストーカー被害女性
・性暴力被害女性
・人身取引被害女性 等

民間シェルター等 (一時保護委託)
・保護の期間は概ね 2 週間程度

福祉事務所 (もしくは市町村)
生活保護、母子生活支援施設入所
保育所入所、子育て短期支援事業
母子家庭等日常生活支援事業、児童扶養手当の支給 等

母子生活支援施設
生活支援
子育て支援
心理的ケア
自立支援

母子家庭等就業・自立支援センター:職業相談、就業支援講習会の開催、就業情報の提供等
ハローワーク:マザーズハローワーク等における子育て女性等への就職支援サービスの提供
児童相談所:心理的虐待等を受けた子どもへの心理的ケア、子育て相談等

他省庁等関係機関
警 察
裁判所
公営住宅窓口
等

連携・協力

自立

婦人保護事業関連

婦人保護事業以外の厚生労働省所管事業

第5章 子どもの福祉課題と支援

(注)婦人相談員、婦人相談所及び婦人保護施設の数は平成30年 4 月 1 日現在。配偶者暴力相談支援センターの数は平成31年 1 月17日現在
資料:内閣官房「多様な困難に直面する女性に対する支援等に関する関係府省連絡会議(第 1 回)資料 6 婦人保護事業について」

ており、要保護女子の発見に努めるとともに、相談対応、必要な指導、その他の付随業務を行う。生活型施設である婦人保護施設は、同伴の児童も利用できる。都道府県の設置は任意で、2018(平成 30)年 4 月現在、全国に 47 か所設置されている。

　日本では、かつては家庭内での暴力は私的な問題として扱う風潮が根強かった。1993 年に、国連総会で採択された「女性に対する暴力撤廃に関する宣言」では、女性に対する暴力を撤廃するための措置を各国が進めるよう提起され、日本でも、2001（平成 13）年４月に配偶者からの暴力の防止及び被害者の保護に関する法律が制定された。

▌1 配偶者からの暴力の防止および被害者の保護等の仕組み

❶ DV 防止法に基づく支援の概要

　配偶者からの暴力の防止及び被害者の保護等に関する法律（DV 防止法）は、前文で「経済的自立が困難である女性に対して配偶者が暴力を加えることは、個人の尊厳を害し、男女平等の実現の妨げとなっている」として「人権の擁護と男女平等の実現を図るためには、配偶者からの暴力を防止し被害者を保護するための施策を講ずることが必要である」としている。そして、配偶者からの暴力の定義、配偶者暴力相談支援センター、保護命令、都道府県の基本計画などについて定めている。その規定に基づき、さまざまな機関による支援が行われる（図 5-18）。

❷ DV 防止法の対象

　この法律が対象としているのは「配偶者からの暴力」である。「配偶者」とは、性別を問わない。「配偶者」には、婚姻の届出をしていないが事実上婚姻関係と同様の事情である者を含む。「離婚」には、婚姻の届出をしていないが事実上婚姻関係と同様の事情にあった者が、事実上離婚したと同様の事情に入ることを含む。「配偶者からの暴力」は、配偶者からの身体に対する暴力（身体に対する不法な攻撃であって生命または身体に危害を及ぼすものをいう）またはこれに準ずる心身に有害な影響を及ぼす言動で、身体的暴力のみでなく、精神的暴力や性的暴力も含まれる。

　そして、生活の本拠を共にする交際相手からの暴力およびその被害者も、配偶者からの暴力およびその被害者に準じて法の適用対象となった。

❸ 配偶者暴力相談支援センター

　都道府県が設置する婦人相談所その他の適切な施設、市町村が設置す

ⅰ　宣言の前文では「女性への暴力は男女間の歴史的に不平等な力関係の表れであり、女性への暴力は女性を男性に比べて従属的な地位にする主要な社会的機構の一つである」との認識が示されている。

図5-18　DV 防止法に基づく支援の概要

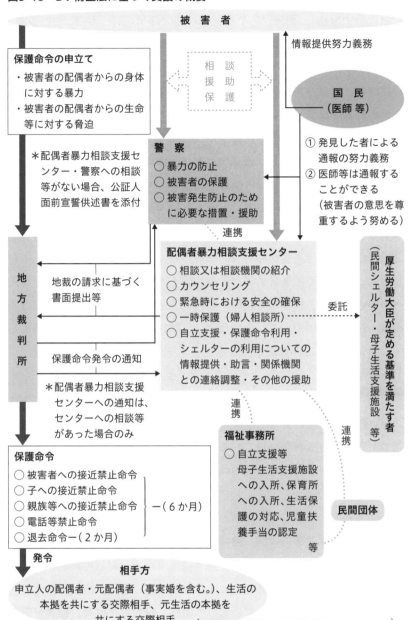

資料：内閣府「STOP THE 暴力 平成28年度改訂版」より作成

る適切な施設が配偶者暴力相談支援センターの機能を果たしている（市町村は努力義務）。相談対応や相談員・相談機関の紹介、カウンセリング、被害者・同伴者の緊急時における安全の確保および一時保護を行う。また、保護命令や被害者の保護を行う施設利用についての情報提供・助言・連絡調整、就業支援、住宅確保、援護等に関する制度の利用等についての情報提供・助言なども行っている。

❹保護命令

配偶者からの身体に対する暴力または生命等に対する脅迫を受けた被害者が、配偶者からの身体への暴力により、その生命または身体に重大な危害を受けるおそれが大きいときに、地方裁判所が被害者の申し立てにより、加害者に対して発する命令である。接近禁止命令、退去命令の2種類があり、接近禁止命令は、命令の効力が生じた日から起算して6か月間、被害者や被害者の子どもの住居その他の場所での被害者の身辺へのつきまとい、被害者の住居、勤務先、その他所在する場所の付近の徘徊を禁ずるものである。退去命令は、被害者とともに生活の本拠としている住居から2か月間退去することを命ずるものである。2007（平成19）年には、法改正により電話等禁止命令が新設された。

❺基本方針および基本計画

DV防止法では、主務大臣が基本方針を作成するほか、都道府県には基本計画の策定を義務づけている。2007（平成19）年の法改正では、市町村も基本計画の策定が努力義務とされた。

❻その他

配偶者暴力へのその他の対策として、❶DVを発見したものによる通報、❷警察本部長等の援助、❸福祉事務所による自立支援、❹配偶者暴力相談支援センター・都道府県警察・福祉事務所・児童相談所等、都道府県または市町村の関係機関等による連携協力、❺関係機関の苦情の適切かつ迅速な処理、❻職務関係者への研修、❼教育・啓発、❽調査研究の推進、❾民間団体に対する援助などが規定されている。

■2 配偶者暴力被害者への自立支援

❶生活再建に向けたサポート

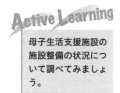

Active Learning

母子生活支援施設の施設整備の状況について調べてみましょう。

被害者の生活再建においては、住居の確保・設定や生活費の確保など、生活基盤を整える支援が必要である。親子で入所が可能な母子生活支援施設、民間の住宅や公営住宅も利用できる。その際には、加害者からの追跡に配慮し、安全に暮らすことができる場所を選ぶ必要がある。

被害者は、加害者から避難する際には所持品をほとんど持たないこともある。そのため、生活保護や貸付金制度、児童扶養手当などの利用につなげることが重要である。就労支援では、ハローワークや母子家庭等就業・自立支援センターにおける職業や、就業訓練の紹介を行う。

❷身体的・精神的ケア

DV 被害者は暴力により心身の持続的な強い疲労やけがを経験していることも多いため、身体的、精神的なケアが重要である。また、DV 被害者には、外国籍・外国にルーツをもつ女性も含まれる。異国で夫からの暴力にさらされ、言葉や文化、制度の利用の壁により、暴力から逃げることが難しくなりやすい。こうした、暴力からの避難や自立が困難な女性の事情にも配慮しながら、相談支援に当たる必要がある。

3 DV が起きている家庭で育つ子どもへの影響と支援

DV が起きている家庭では、子どもも暴力を受けていることが少なくない。たとえ直接暴力を受けていなくても、暴力を目撃する日々を過ごすことは、子どもの心身に深い傷を残す。暴力から避難するために家を出た場合、人間関係を含む生活全体の変化を迫られる。母親が暴力被害による心身の不調を抱え、子育てにエネルギーを割くことができないなどの状況も生じる。

2019（令和元）年の DV 防止法の改正では、DV の支援機関と児童相談所との連携強化が規定された。保育・教育・女性支援、その他の多領域の機関が連携して支援を行う必要がある。

◇参考資料
・内閣府「DV と児童虐待——DV（ドメスティック・バイオレンス）は子どもの心も壊すもの」
・内閣府「配偶者からの暴力に関するデータ」
・内閣官房「多様な困難に直面する女性に対する支援等に関する関係府省連絡会議（第 1 回）資料 6　婦人保護事業について」
・内閣府「DV 等の被害者のための民間シェルター等に対する支援の在り方に関する検討会（第 1 回）資料 7　婦人保護事業の現状について」
・内閣府「STOP THE 暴力　平成28年度改訂版」

スクールソーシャルワーク

- 学齢・青年期の子ども家庭や学校を取り巻く課題を把握する
- 学校教育の仕組みや文化を捉え、スクールソーシャルワーカーの役割を理解する
- スクールソーシャルワークを実践するうえでの理論や視点を学び、連携機関を知る

1 子ども家庭・学校を取り巻く課題とスクールソーシャルワーク

1 スクールソーシャルワークの定義と目的

スクールソーシャルワーク（SSW）は、社会正義、人権、多様性尊重といった理念（ソーシャルワーク専門職のグローバル定義）に基づいた、教育や学校の領域におけるソーシャルワーク実践である。その目的の一つは、子どもが等しく教育を受ける権利や機会を保障すること（教育の保障）であり、児童の権利に関する条約第 28 条にも規定されている。なお同条約には、四つの柱（「生きる権利」「育つ権利」「守られる権利」「参加する権利」）があり、子どもの最善の利益の考慮を提唱している。これらは、SSW においてベースとなる重要な考え方である。

また、第 29 条には教育の指向すべきこととして、子どもの能力を最大限に発達させることなどが明記されている。日本国憲法のもとにある教育基本法、学校教育法の規定も同条約に準拠している。よって SSW の目的は、教育の保障に加えて、「子どもの最善の利益」のため、その能力を最大限に発揮できる教育環境（地域や学校）を創ることにある。それは子ども一人ひとりの生活の質（QOL）を高め、ウェルビーイング（well-being）を推進することでもある。

2 SSW の支援対象範囲と活動の形態

SSW の支援対象範囲は、学校に所属するおおむね 6 〜 18 歳（大学まで含めた場合は 22 歳）までの、福祉的支援を必要とする子どもと保護者、学校を含む関係者である（ただし自治体によっては、就学前の子ども・0 〜 6 歳も対象となる場合がある）。SSW は、子どもや保護者、教員への直接支援や環境調整（ミクロ）、学校の相談体制づくりと地域資源

の活用（メゾ）、制度・社会づくり（マクロ）と幅広く、包括的な視点と専門的な技術が不可欠である。

　活動形態としては、特定の学校に配属される「配置型」、教育委員会や教育事務所などに配置され、派遣要請を受けて訪問する「派遣型」、特定の学校に配置され、かつ校区となる近隣のエリアにある学校を含めて巡回する「拠点校型」等、地域の実情に合わせたスタイルがある。

3 スクールソーシャルワーカーの位置づけ

　2008（平成 20）年に、文部科学省は「スクールソーシャルワーカー活用事業」を開始し、2012（平成 24）年に、生徒指導提要のなかで、スクールソーシャルワーカー（SSWer）の定義・資格・職務内容について示した。

　また、2015（平成 27）年の中央教育審議会「チームとしての学校の在り方と今後の改善方策について（答申）」におけるチーム学校等を踏まえ、2017（平成 29）年 1 月、文部科学省はスクールカウンセラー（SC）および SSWer の職務内容を盛り込んだ報告書を公表した。同年 3 月に

★生徒指導提要
文部科学省による生徒指導に関する学校・教職員向けの基本書のこと。2010（平成 22）年 3 月発行。生徒指導の意義や原理から、教育相談、生活指導に至るまで、小・中学校から高等学校・特別支援学校で活用できる内容となっている。

★チーム学校
正式には「チームとしての学校」。「専門性に基づくチーム体制の構築」「学校のマネジメント機能の強化」「教員一人一人が力を発揮できる環境の整備」の視点に沿って学校のマネジメントモデルを転換する考え方。

第5章　子どもの福祉課題と支援

表5-14　SC と SSWer の役割等

名称	スクールカウンセラー	スクールソーシャルワーカー
人材	児童生徒の臨床心理に関して高度に専門的な知識・経験を有する者	教育分野に関する知識に加えて、社会福祉等の専門的な知識や経験を有する者
主な資格	公認心理師、臨床心理士、精神科医 等	社会福祉士、精神保健福祉士　等
手法	カウンセリング（子どもの心のケア）	ソーシャルワーク（子どもがおかれた環境（家庭、友人関係等）への働きかけ）
配置	学校、教育委員会　等	教育委員会、学校　等
主な職務内容	①個々の児童生徒へのカウンセリング ②児童生徒への対応に関し、保護者・教職員への助言 ③事件・事故等の緊急対応における児童生徒等の心のケア ④教職員等に対する児童生徒へのカウンセリングマインドに関する研修活動 ⑤教員との協力のもと、子どもの心理的問題への予防的対応（ストレスチェック等）	①家庭環境や地域ボランティア団体への働きかけ ②個別ケースにおける福祉等の関係機関との連携・調整 ③要保護児童対策地域協議会や市町村の福祉相談体制との協働 ④教職員等への福祉制度の仕組みや活動等に関する研修活動

資料：文部科学省資料を一部改変

表5-15 学齢・青年期の子ども家庭や学校・地域を取り巻く課題と関係する主な法令（例）

事象	概要	関係する主な法令
いじめ	いじめは、いじめられた子どもの教育を受ける権利を侵害し、心身の健全な成長および人格の形成に重大な影響を与える人権侵害であり、どの学校にも起こり得る可能性があるとの認識が必要である。いじめ防止対策推進法では当該行為を「対象となった児童等が心身の苦痛を感じているもの」と明確化し「重大事態」を定義した上で、対応について明示している。	・いじめ防止対策推進法
不登校	文部科学省は、「心理的、情緒的、身体的、社会的要因で登校せず、年間30日以上欠席した者のうち、病気や経済的な理由による者を除いた者」と定義している。不登校の背景は多種多様でありどの子にも起こり得る。欠席が長引くと教育の機会を失うことから、教育機会確保法では「児童生徒が安心して教育を受けられるよう、学校における環境の整備」をすることや「個々の不登校児童生徒の状況に応じた必要な支援」を基本理念としている。	・義務教育の段階における普通教育に相当する教育の機会の確保等に関する法律（教育機会確保法）
児童虐待	児童虐待は増加傾向にあり、近年では重篤な死亡事例が発生し大きな社会問題となっている。学校は虐待の早期発見の努力義務と速やかな通告の義務を有している。 また市町村に設置されている要保護児童対策地域協議会（要対協）は関係する機関が会し、組織的な対応を検討する法定のネットワーク会議である。この機能を活用し、適切なソーシャルワークを行うことが求められる。	・児童福祉法 ・児童虐待の防止等に関する法律（児童虐待防止法）
障害	2000年代以降、インクルーシブ教育の理念や発達障害の概念が広がるなか、2007（平成19）年度から特別支援教育がスタートした。学校においては、子どもの特性を理解し、個々のニーズに対応するため、特別支援コーディネーターが校務分掌に位置づけられ、個別の指導計画づくりや校内体制の整備、学校外の関係機関との連携等が進められている。また、2016（平成28）年度から、学校に対しても「合理的配慮」の提供義務が課せられることになった。	・障害者の日常生活及び社会生活を総合的に支援するための法律（障害者総合支援法） ・障害者差別解消法 ・児童福祉法 ・発達障害者支援法 ・学校教育法
暴力行為・問題行動・非行	学校内における暴力行為は、2009（平成21）年をピークに減少しているが、小学校では増加傾向である。また、問題行動には、薬物摂取、オーバードーズ、リストカットなどの自傷行為も含まれる。不適切な行為により、自身を保とうとする側面があることを理解する必要がある。	・少年法
子どもの貧困	2009（平成21）年に政府が公表した相対的貧困率が契機になり、「子どもの貧困」が社会問題として注目されるようになった。2018（平成30）年の調査では、子どものいる世帯の7人に1人、ひとり親では2人に1人が貧困であることから、学校は、子供の貧困対策大綱において、「子供の貧困対策のプラットフォーム」と定められた。貧困状態にある子どもやその家庭への支援拠点として機能することが期待されている。	・子どもの貧困対策の推進に関する法律 ・生活困窮者自立支援法
その他	社会的養護のもとで育つ子ども、外国ルーツの子ども、ひとり親家庭、DV、ヤングケアラー、無国籍、LGBT、ひきこもり、保護者の精神疾患など、子ども自身や保護者にかかわる課題は多岐にわたるうえ、制度のはざまで苦しんでいたり、あるいは制度そのものが未整備だったりすることがある。また、教員の多忙化・精神的疲弊や、地域コミュニティの希薄化等、学校や地域における課題も多様化しているのが現状である。	・母子及び父子並びに寡婦福祉法 ・配偶者からの暴力の防止及び被害者の保護等に関する法律（DV防止法） ・子ども・若者育成支援推進法

★いじめの「重大事態」
いじめ防止対策推進法第28条第1項に規定。被害を受けた子どもに「生命、心身又は財産に重大な被害が生じた疑いがある」（同項第1号）、「相当の期間学校を欠席することを余儀なくされている疑いがある」（同項第2号）ときをいう。

★ヤングケアラー
家族のために大人が担うようなケアの責任を引き受け、家事や家族の、感情面も含めた世話を行っている子どもや若者のことをいう。日本では明確な定義がないが、イギリス、オーストラリアでは法律に明記されている。

は、学校教育法施行規則の一部が改正され、SC、SSWer の職務が法的に位置づけられた（学校教育法施行規則第 65 条の 2 および第 65 条の 3）。

4 学齢・青年期の子ども家庭や学校・地域を取り巻く課題

公教育への SSW 導入後も、近年の社会情勢により、子ども家庭・学校を取り巻く課題の多くはますます深刻化・多様化している。たとえば、不登校の背景にいじめがあったり、暴力や非行のケースに生活困窮が関係しているなど、子ども・保護者双方が複合的要因を抱え、それが複雑化していることもめずらしくない。SSWer にはそうした事象への理解と、状況を的確に把握し支援を組み立てる力量が求められる。また、関連する制度・政策を知ることも不可欠である。

2 学校教育の仕組みや学校文化の理解

SSW は学校を基盤にソーシャルワークを展開する。ここでいう「学校」とは、学校教育システム全般を指し、教育行政全般、教育委員会制度や、家庭教育や社会教育、コミュニティスクール構想等のマクロレベルから、学校・学級経営、教育課程、学習指導、児童生徒理解、教育相談や生徒指導等、いわゆる教育実践と呼ばれるミクロレベルまで広範囲に及ぶ。SSWer が幅広く理解を深めることは、教職員との信頼関係を結び、協働体制を築くうえで重要となる。以下に基本的な枠組みを示すが、SSWer にはさまざまな角度から、学校教育の仕組みや文化を捉えてほしい。

1 学校教育の特徴

戦後日本の教育行政は、教育の保障と地域間格差是正を目的とした義務教育を推進してきた。また、戦後のベビーブームといった背景のなか、個々の子どもへの対応よりも、集団を主たる単位として教育・学校がつくられていった。教科指導以外の集団活動（学級・クラブ活動、行事、部活動等）のなかで社会規範を育む、という日本の学校教育の独自性が形成されたといえる。

2 学校文化の理解

　こうした独自性から、日本の教員には子どもの生活全般にわたる任務が与えられ、教員が多くの職務能力を身につけなければならない状況が続いている。また、そのことが「指導者」としてのプライドや、基本的に担任一人で学級を運営するため「学級王国」ともいわれる閉じられた学級経営などとも関連し、結果として「協働」や「連携」を不得手とする「文化」を生んでいるとの指摘もある。

3 校務分掌

　校務分掌とは、教科指導以外の教育活動すべて（教育指導、学校事務、研修等）を「校務」と呼び、所属する教職員全員で分担することをいう。校務は多岐にわたるため、教職員はそれぞれ、いくつもの任務を重複して担うことになる。また、校務分掌は学校単位でつくられるため学校間で違いが大きく、学校種★によってもさまざまな特徴がみられるが、詳細な役割や教職員の氏名を明記したものが一般的である。

3 SSW の展開と関係機関との連携

1 基盤となる考え方

　SSW 実践において、特に重要な視点を以下に示す。[1] これらの考え方を学校関係者と共有しておくことは、SSW を展開するうえで大切な基盤となるため、共有する機会をもつことが大切である。

❶エコロジカルな視点

　個人のもつ問題・課題を病理として捉えるのではなく、人から社会システム、さらには自然までも含む「環境との不適合状態」として捉える。実際の対応としては、「個人が不適合状態に対処できるよう力量を高めるように支援する」「環境が個人のニーズに応えることができるように調整をする」という、「個人と環境の双方に働きかける」という特徴を有する。

❷ストレングス（強み）視点

　個人の欠点に着目するのではなく、「潜在的な能力（才能・技能・好み・意欲等）」や環境（人間関係・社会資源等）から本人の強み、よい部分、うまくいっていることなどを見出し、かつ尊重する視点をもち、それを支援に活かしていく考え方である。

❸エンパワメント

「人間尊重の理念」のもとに、「問題解決は、児童生徒、あるいは保護者、学校関係者との協働によって図られる」と考える。SSWer は、問題解決を代行する者ではなく、児童生徒の可能性を引き出し、自らの力によって解決できるような条件づくりに参加するというスタンスをとる。

2 SSW の展開

SSW はソーシャルワーク実践であるから、基本的には❶インテーク、❷アセスメント、❸プランニング、❹インターベンション、❺モニタリング、❻エバリュエーション、❼終結、❽フォローアップといった展開過程を進めていくことになる。

また、学校においては、おおむね以下❶〜❺の経過をたどると考えられる。

❶（発見）学校や地域の関係者からの要請を受け支援を要する子ども・保護者と出会う（直接相談を受けることもある）、❷（受理面接／問題把握）相談の内容から状況の全体像や環境を把握する、❸（ニーズ把握／

表5-16 子どもや保護者が関係する機関（一部、人や機能を含む）の例

公共団体	教育	福祉	警察・司法	保健・医療	その他
・市町村行政（要保護児童対策地域協議会等） ・福祉部局等（母子保健・障害等） ・青少年福祉センター　等	・（当該学校以外の）小中学校・高等学校 ・特別支援学校 ・教育委員会 ・教育事務所 ・適応指導教室 ・教育センター（教育相談所） ・幼稚園 ・公民館 ・図書館 ・社会教育団体 ・PTA　等	・児童相談所 ・福祉事務所 ・家庭児童相談室 ・保育所 ・認定こども園 ・民生・児童委員／主任児童委員 ・社会福祉協議会 ・障害児者生活支援センター ・障害児施設 ・児童養護施設 ・自立支援施設 ・母子生活支援施設 ・男女参画センター ・地域包括支援センター ・子育て世代包括支援センター ・児童発達支援センター ・放課後等デイサービス ・学童保育 ・児童館　等	・警察 ・家庭裁判所 ・少年鑑別所 ・保護観察所 ・保護司 ・法テラス ・弁護士会　等	・保健所 ・保健センター ・精神保健福祉センター ・各種医療機関（児童精神科等） ・医師会 ・歯科医師会 ・看護師会 ・（民間の）カウンセリングルーム等	・NPO団体（フリースクール、学習支援、子育て支援、生活困窮者自立支援、ひとり親支援、子育てひろば、子ども食堂等） ・地域若者サポートステーション ・ひきこもり支援センター ・青少年育成団体 ・民間シェルター ・町内会、自治会 ・ハローワーク ・企業（放課後等デイサービス、アフタースクール　等） ・地域子育て支援拠点等

出典：埼玉県教育委員会『スクールソーシャルワーカー活用ハンドブック——福祉の視点を踏まえた児童生徒支援の方策』p. 9, 2020.

アセスメント）子ども本人が何を希望しているか、うまくいっていないのはなぜか、どんなことが得意なのか等、さまざまな角度からアセスメント（見立て）を行う、❹目標を定め子ども本人の了承を得たうえで、関係者と協力、協働しプランを立案・実行する、❺プランの実施状況を確認し振り返りを行う。

なかでもアセスメントは、SSWer が単独で行うのではなく、できるかぎり関係者との協力のもと、連続的に進めていくことが望ましい（共同アセスメント）。その際、SSWer には促進・仲介役となりチームを形成する姿勢が必要となる。また、支援の状況をチェックし連携体制を構築するには、ケース会議の開催が有効である。

ケース会議では、問題を提示するだけに終わらないよう促進・仲介役である SSWer は、適切な運営を目指さなければならない。支援方針の決定と役割分担を行い、プランの実施期間を設定することは必須であり、次回の会議開催の可否および日時の決定も怠らないようにしたい。

3 関係機関との連携——SSWer と協働する関係者および関係機関の例

SSWer は、さまざまな外部関係機関と連携を図り、ネットワークを形成しながら、子ども家庭を包括的に支援していく。**表5-16** では SSWer と協働する関係者と関係機関の例を挙げた。日頃から社会資源である各分野関係機関の職務を知り、関係者間の関係を築くことにより、予防的な観点を含めた支援が可能となる。その際、なるべく直接会う機会をつくり、前もって「顔の見える関係」となることが重要である。

4 スーパービジョン（SV）の重要性

SSWer 活用事業の拡がりとともに SV の重要性も高まりスーパーバイザー（SVer）を配置する自治体、機関も徐々に増えている。SV 体制の充実は、SSWer の業務の適正化に寄与するばかりでなく、SSWer のアイデンティティの形成や SSWer のエンパワメントにつながる、いわば子ども支援の要諦ともいえるだろう。

◇引用文献
　1）武田信子編著『教育相談』学文社, pp. 131–132, 2019.

◇参考文献
　・金澤ますみ・奥村賢一・郭理恵・野尻紀恵編『スクールソーシャルワーカー実務テキスト』学事出版, 2016.
　・末冨芳編『子どもの貧困対策と教育支援――よりよい政策・連携・協働のために』明石書店, 2017.
　・文部科学省「児童生徒の教育相談の充実について――学校の教育力を高める組織的な教育相談体制づくり（報告）」2017.
　・日本ソーシャルワーク学会編『ソーシャルワーク基本用語辞典』川島書店, 2013.

第10節　少年非行

- 少年非行にかかわる基本的な視点を確認する
- 少年非行への対応に必要な基礎知識を身につける

1 少年非行のイメージと実際

「非行少年」という言葉から、どのようなことを連想するだろうか。

暴走族、校内暴力、薬物使用、性非行等という言葉からは、「手に負えない少年たち」というイメージをもつかもしれない。そして、そのような少年たちを相手に面接や生活指導をするのは、「自分にはできない」とか「怖い」という反応につながり、難しい少年たちと対峙するためには、果敢に向かっていく勇気が必要だと考えられてしまうかもしれない。

しかし、個々の事例を丁寧にみれば、「放火」とされた非行の背景に重度の虐待がある例や、閉じこもりの少年でゲーム依存やネットでの物品の購入・乱費があるような例が少なくない。いずれにしても、起こした行為にのみ注目するのではなく、個々の事例の背景にある事実に基づき、丁寧に読み解く技術が求められる。

2 非行少年への支援の歴史と動向

1 明治時代

歴史をさかのぼれば、非行少年は大人と同じ監獄に収容されていた。1872（明治5）年に、「懲治監」が設けられ、年少の犯罪者や親から願い出のあった非行少年が収容されたが、大人と同じ監獄内にあったため実際上はさほど大人との区別がなされなかったようである。

このような隔離・懲罰によってではなく、保護と教育による非行少年への支援が始まったのは、1883（明治16）年に大阪の池上雪枝が設立した池上感化院が最初とされる。その後、1885（明治18）年に予備感化院（翌年、東京感化院）、1888（明治21）年に岡山感化院、1899（明

治 32）年の留岡幸助による家庭学校等が設立された。いずれも慈善事業から発展した点に注目すべきである。

1900（明治 33）年にはこれらの実践を裏づける感化法が制定された。これは、1890（明治 23）年に旧憲法が施行された 10 年後に当たり、当時は豊かで強い国づくりが目指される一方で、格差も広がり社会の底辺に貧困等のひずみが深刻化していたという社会的な背景があった。

この後、感化院は、1907（明治 40）年の刑法改正（第 41 条「14 才ニ満タサル者ノ行為ハ之ヲ罰セス」）を受けて、14 歳未満の非行少年の受け皿として全国に整備された。

2 戦後の少年非行

感化院は、その後も根拠法とともに名称が改められ、少年教護院、教護院を経て、1997（平成 9）年の児童福祉法の改正により、児童福祉法第 44 条に基づき児童自立支援施設として現在に至る。

Active Learning

児童自立支援施設の支援、哲学などについて調べてみましょう（例：with の精神）。

児童自立支援施設は、都道府県に設置義務が課され、学校教育を一体的に提供するところに特徴がある。6 人から 10 人程度の寮舎での生活を基本とするが、伝統的な小舎夫婦制で運営する施設が減り、交代制での運営が主流となっている。

❶戦後第一のピーク

第二次大戦後、戦災孤児があふれ、昭和 20 年代には多くの少年が非行行為を重ねた。これは戦後の少年非行第一のピークと呼ばれる。

❷戦後第二のピーク

昭和 30 年代半ばに、少年非行が深刻化する時期がある。これが戦後の少年非行第二のピークである。終戦直後の混乱は収束していたものの、この時期に始まった高度経済成長の歪みによって家庭や地域社会に揺らぎが生じ、少年非行も頻発したと捉えられている。この時期に軽度、かつ、比較的年齢の低い非行児童への対策として創設されたのが、近年、児童心理治療施設と名称変更された情緒障害児短期治療施設である。

❸戦後第三のピーク

これに続く戦後少年非行の第三のピークは、昭和 50 年代後半に校内暴力や暴走行為が頻発し、万引きや自転車窃盗等も頻発したことを内容とするものである。この時期には不登校や家庭内暴力も社会問題化した。少年非行の低年齢化が指摘され、非行の入口としての「遊び型非行」という用語が使用された。

❹近年の状況

近年では「オレオレ詐欺」等の特殊詐欺の受け子として逮捕される中高生も増えている。深刻な事件となった例でも、個々の少年のおかれた環境やその背景に注目すべきは当然のこと、個々の少年の抱える問題性に主な要因がある例でも、強い指導よりも心理や医療による治療の必要性が高い例である場合が多いことを前提に、対処や対策のあり方を問う必要がある。

なお、令和元年版犯罪白書によれば少年の刑法犯検挙人員は減少し、2018（平成30）年は前年比13.2％減である。特別法犯（毒物及び劇物取締法、覚せい剤取締法、軽犯罪法等）も減少しており、減少の速さは少子化より早いというのが実態である。

3 非行少年への支援と関係機関との連携

1 少年の定義

少年法は、その第1条において、「この法律は、少年の健全な育成を期し、非行のある少年に対して性格の矯正及び環境の調整に関する保護処分を行うとともに、少年の刑事事件について特別の措置を講ずることを目的とする」と定めている。

この記述はそのまま、非行少年への支援に当たっては処罰よりも少年の「性格の矯正」と「環境調整」が重要であること、また、たとえ刑事事件としての取扱いが必要な場合でも、少年が成長の途上にあること、環境に影響されやすいこと、失敗しても可塑性に富み、治療や教育による効果が期待できることを考慮して特別の措置を講ずることが必要であるという考え方の表明であると解せられる。

なお、少年法において使用される「少年」という言葉と、児童福祉法による「少年」という言葉は同義ではない。少年法では、少年とは、「20歳に満たない者」（第2条第1項）であり、児童福祉法では、「満18歳に満たない者」を児童としたうえで、「小学校就学の始期から、満18歳に達するまでの者」を少年として定義している（第4条第1項）。

少年非行の事例にかかわるときには、社会福祉だけではなく、司法（主に家庭裁判所）や警察署・少年鑑別所・少年院・保護観察所といった組織や施設、小中高等学校や教育委員会、市町村やその外郭団体において児童の健全育成にかかわる機関や施設、民生・児童委員や保護司などと

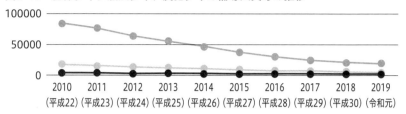

図5-19　犯罪少年、触法少年、虞犯少年の補導人員等の推移

──●── 刑法犯少年の検挙人員　　──●── 触法少年（刑法）の補導人員　　──●── 虞犯少年の補導人員

資料：警察庁「令和元年における少年非行、児童虐待及び子供の性被害の状況（令和２年３月）」より作成

　いった公と民を併せもつ立場の支援者といった広い範囲のさまざまな機関や施設との連携と協働が欠かせない。

　このため、それぞれが使用する用語の意味の違いを意識するとともに、それぞれの機関や施設での問題や課題の捉え方、重視する価値の違いにも注意を払う必要がある。

■2 審判に付すべき少年と児童相談所先議の原則

　すでに**図5-19**を通して、少年非行の数的な推移を確認したが、その内容を正確に理解するためには非行のある少年が、犯罪少年、触法少年、虞犯少年に分けて整理されていること、それぞれの言葉が意味するところを知っておかなければならない。

　犯罪少年は、すべて14歳以上の少年であり、刑罰の対象とならない（刑法第41条）触法少年はすべて14歳未満である。虞犯少年という言葉は、14歳以上の少年にも14歳未満の少年に対しても使用される。そのうえで、いずれの場合でも、14歳に達していない少年の場合には、まずは、社会福祉の機関における要保護性に着目した対応を優先させ、本人の行った行為に着目した司法的なかかわりは、社会福祉の機関としての都道府県知事・児童相談所長からの送致があった場合に限り家庭裁判所の審判に付することができる（児童相談所先議の原則）とされていることに留意する必要がある。

　以下に少年法の条文を引用するので内容を確認しておきたい。

少年法
第３条　次に掲げる少年は、これを家庭裁判所の審判に付する。
　一　罪を犯した少年
　二　14歳に満たないで刑罰法令に触れる行為をした少年

　三　次に掲げる事由があって、その性格又は環境に照して、将来、罪
　　を犯し、又は刑罰法令に触れる行為をする虞のある少年
　　イ　保護者の正当な監督に服しない性癖のあること。
　　ロ　正当の理由がなく家庭に寄り附かないこと。
　　ハ　犯罪性のある人若しくは不道徳な人と交際し、又はいかがわし
　　　い場所に出入すること。
　　ニ　自己又は他人の徳性を害する行為をする性癖のあること。
　2　家庭裁判所は、前項第 2 号に掲げる少年及び同項第 3 号に掲げる少
　　年で 14 歳に満たない者については、都道府県知事又は児童相談所長
　　から送致を受けたときに限り、これを審判に付することができる。

（ルビは筆者による）

３ 児童相談所による対応

　社会福祉の機関で、非行少年への対応を行うのは、主に児童相談所で
ある。それは、警察が市町村にではなく専門機関である児童相談所に対
して通告ないしは送致を行うとされている（通常は、児童の要保護性に
着目した児童福祉法第 25 条に基づく「通告」であり、事件の重大性を踏
まえた事案等については少年法第 6 条の 6 に基づく「送致」となる。）こ
とや、家庭裁判所が児童相談所への事件送致（少年法第 18 条）や児童自
立支援施設または児童養護施設送致を内容とする保護処分（少年法第
24 条）を決定することがあるためである。

　また、児童相談所は、保護者からの相談や学校・教育委員会からの相
談や通告を受けて、少年非行に関する支援も行う。

４ 家庭裁判所の行う保護処分や決定等

　家庭裁判所には家庭裁判所調査官が置かれ、家庭裁判所の審判に付す
べき少年の特性や家庭環境、学校での様子などを調査し（少年法第 8 条、
第 9 条、第 9 条の 2 参照）、処罰ではなく、あくまでも少年の更生や児童
の健全な育成を目的とした決定を行う。もちろん、少年自身の更生のた
めに、また冤罪防止の観点や犯罪被害者への適切な対応等が考慮され、
刑事処分が相当と認められる重大事件等については、検察官送致（いわ
ゆる逆送。少年法第 20 条）が決定される。

　保護処分には、先に記した社会福祉機関への送致のほか、保護観察や
少年院送致がある。また、審判前の対応として「家庭裁判所調査官の観
護に付すること」「少年鑑別所に送致すること」や「試験観察」「補導委

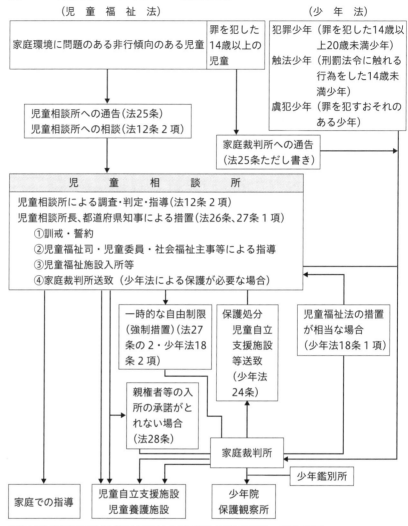

図5-20　非行傾向のある児童への福祉的対応

（児　童　福　祉　法）　　　　　　　　　　　　　　　　　（少　年　法）

出典：厚生労働統計協会編『国民の福祉と介護の動向 2019/2020』p. 106, 2019.

託」の措置がとられることもある（少年法第 17 条、第 25 条）。

　軽微な事件などの場合には、審判をして不処分を決定すること（少年法第 23 条）や調査の結果で審判を開始しない旨を決定すること（少年法第 19 条）もある。

　なお、家庭裁判所の審判は、少年に「内省を促すもの」としなければならず、犯罪被害者の傍聴等が認められる場合（少年法第 22 条の 4 ）を除き、非公開で行われる（少年法第 22 条）。

5 少年鑑別所

　家庭裁判所の措置としての少年鑑別所送致を受けて、医学、心理学、

教育学等に基づいて少年の鑑別診断を行い、その結果を家庭裁判所に提出する。

　また、少年鑑別所は、少年鑑別所法第 131 条に基づき、2015（平成 27）年 6 月からは、法務少年支援センターとして、少年・保護者その他からの相談を受け、教育機関や福祉機関との連携も図るという直接支援も担うようになっている。

6 市町村および要保護児童対策地域協議会

　2003（平成 15）年に制定され、2005（平成 17）年 4 月に施行された児童福祉法の改正により、子どもの福祉に関するさまざまな問題については第一義的に市町村が窓口となることが定められた。

　また、市町村に設置されている要保護児童対策地域協議会は児童にかかわる複数の機関がネットワークのもと、虐待を受けた子どもの支援のほか、少年非行を含む、要保護や要支援の子どもや家族も対象とする。

7 警察署、警察官

　触法少年や虞犯少年の補導を行った場合や、罪を犯した少年を検挙した場合の調査や捜査を担い、少年の年齢や行為により通告や送致を行う。

　また、予防的に、少年や保護者からの少年非行に関する相談に応じて助言や指導を行っている。

◇参考文献
・法務省法務総合研究所『犯罪白書 令和元年版』2019.
・羽間京子「少年院在院者の被虐待体験等の被害体験に関する調査について」『刑政』128（4），pp. 14-23, 2017.
・寮美千子『あふれでたのはやさしさだった──奈良少年刑務所 絵本と詩の教室』西日本出版社, 2018.

● おすすめ
・村瀬嘉代子『小さな贈り物──傷ついたこころにより添って』創元社，2004.

第11節 若者支援

学習のポイント

● 若者世代に現れる困難の状況を学ぶ

● 若者支援制度の最近の動向について把握する

● 若者支援の制度について理解する

 1 子どもから「若者」へ、そして大人へ
——移行期に現れる困難

子どもは、「若者」へ、そして大人へと移行する。この移行の過程には、進学・就職などとともに、原家族（定位家族）から徐々に離れ、自らが選択する新たなコミュニティへ出ていく過程も含まれる。つまり、経済的な自立、生活の自立だけでなく、親からの精神的な自立、社会的な自立が求められる時期でもある。

一方で、こうした移行には、社会や原家族のありようが濃縮されて現れる。たとえば、進路選択には、家族の経済状況の問題がより強調され、それまでの困難の集積が表面化する。また、若者の雇用状況の変化は、経済的自立をより困難にする。こうしたなかで、近年、自立に困難を抱える若者たちの問題が大きくなっている。

若者は、家族による扶養が期待される年齢であると同時に、稼働年齢でもある。そのため、家族か企業による生活保障が前提にあり、従来、若者が社会福祉の対象とみなされることは少なかった。しかし、現在、貧困家庭で育つ子ども・若者の問題、不登校やひきこもり状態にある若者の問題、若者の雇用問題、子ども・若者のメンタルヘルスの悪化や自殺の問題など、広範な子ども・若者への支援施策が求められている。

■1 「若者」が生きる社会

❶経済的な困難を抱える家庭と若者

子どもの貧困問題に象徴されるように、家庭の経済状況等が子どもや若者の進路にも大きな影響をもたらすことが知られている。特に、高校や大学等の進路選択をみると、経済的な困難を抱えやすいひとり親家庭や生活保護世帯、児童養護施設等の社会的養護で生活する子どもたちの

★原家族（定位家族）
自分の生まれ育った家族のことを原家族／定位家族（family of orientation）という。一方で、結婚・出産によって自らが築く家族のことを生殖家族（family of procreation）という。

図5-21 子どもの高校、大学等への進学率の推移

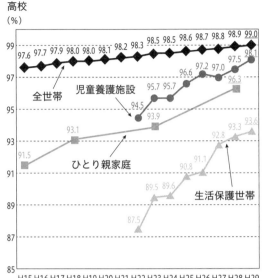

高校
(%)

注1：生活保護世帯については、厚生労働省社会・援護局保護課調べ
　なお、平成24年度以前＝被保護者のうち中学校（特別支援学校中学部を除く）卒業者のうち、高等学校又は高等専門学校に入学した者の占める割合
　平成25年度＝被保護者のうち中学校（特別支援学校中学部を除く）卒業者のうち、高等学校、高等専門学校又は専修学校の高等課程に入学した者の占める割合
　平成26年度以降＝被保護者のうち中学校（特別支援学校中学部を含む）卒業者のうち、高等学校、高等専門学校、専修学校の高等課程に入学した者の占める割合
　2：児童養護施設については、厚生労働省雇用均等・児童家庭局家庭福祉課調べ
　3：ひとり親家庭については、平成15・18・23年度は厚生労働省「全国母子世帯等調査」、平成28年度は厚生労働省「全国ひとり親世帯等調査」より作成
　4：全世帯については、文部科学省「学校基本調査」を基に算出

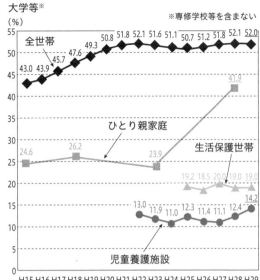

大学等※
(%)　　　　　　　　　　　　　　　　　　※専修学校等を含まない

注1：生活保護世帯について、厚生労働省社会・援護局保護課調べ
　2：児童養護施設については、厚生労働省雇用均等・児童家庭局家庭福祉課調べ
　3：ひとり親家庭については、平成15・18・23年度は厚生労働省「全国母子世帯等調査」、平成28年度は厚生労働省「全国ひとり親世帯等調査」より作成
　4：全世帯については、文部科学省「学校基本調査」を基に算出

進学率が顕著に低くなっている（**図5-21**）。

　子どもの貧困問題については、2013（平成25）年に子どもの貧困対策の推進に関する法律が制定、翌年に施行されたことを受け、基本方針や子どもの貧困に関する指標とその改善に向けた重点施策、調査研究等や施策の推進体制等を定めた子供の貧困対策に関する大綱が策定された。その後、5年を途とした見直しをうけて、2019（令和元）年11月に新たな大綱が出されており、総合的な推進が図られている。

　文部科学省では、幼児期から高等教育段階までの教育費負担の軽減が目指され、2018（平成30）年度には大学等の給付型奨学金制度が本格実施となった。

厚生労働省では、2013（平成25）年に制定（2015（平成27）年4月施行）された生活困窮者自立支援法に基づき、生活困窮家庭の子どもに対する学習支援事業を制度化し、貧困の連鎖の防止のための取り組みを強化してきた。この制度化により、学習面の支援だけでなく、子どもの居場所づくり・日常生活の支援や家庭訪問、進路相談、親への養育支援など、各自治体において地域の実情に応じた支援事業が実施されている。

また、内閣府および文部科学省、厚生労働省、独立行政法人福祉医療機構は、支援情報の発信や支援活動を行う団体とサポートする企業等とのマッチングの推進、民間資金を活用した「子供の未来応援基金」による官公民の連携・協働プロジェクト「子供の未来応援国民運動」を推進している。

❷働くことの困難を抱える若者

若者の経済的自立においては、就労の不安定化などから、パートやアルバイトなど、非正規雇用で働く若者が急増していることもその困難の一つとして挙げられる。1990年代から2000年代にかけて、労働者に占める非正規雇用の労働者の比率が大幅に増加し、現在、非正規雇用で働く労働者は全体の4割に近い。2019（令和元）年の労働力調査の結果をみると、15〜24歳までの非正規雇用率は、2019（令和元）年には50.4％となっており、非正規雇用が若い世代において拡大傾向にある。

非正規雇用は正規雇用に比べて、雇用が不安定、賃金が低い、能力開発の機会が乏しいなどさまざまな課題がある。また、非正規雇用に就く若者の増加は、所得格差の拡大や生活不安の増大の一因となっており、近年では若者のホームレスの問題も明らかになりつつある。

さらに、15〜34歳の若年無業者の数は、2019（令和元）年で56万人であり、15〜34歳人口に占める割合は2.2％となる。

このような状況に対して、2003（平成15）には、青少年育成施策大綱が出され（2008（平成20）年にも新たに策定）、また、2003（平成15）年には若者自立・挑戦プランが打ち出された。若者自立・挑戦プランは、「若年者の働く意欲を喚起しつつ、全てのやる気のある若年者の職業的自立を促進」することにより、若年失業者の増加傾向を転換させることを目的としたものであった。

また、2005（平成17）年から2009（平成21）年には、生活支援とともに労働体験を積み、就労を後押しする若者自立塾事業が行われ、2006（平成18）年からは、相談支援や労働体験プログラムの実施、セミナーなどを行う地域若者サポートステーション事業が若者支援政策の核

となってきた。

地域若者サポートステーションでは、働くことに悩みを抱えている15〜49歳までの若者に対し、キャリアコンサルタントなどによる専門的な相談、コミュニケーション訓練などによるステップアップ、協力企業への就労体験などにより、就労に向けた支援を行っている。さらに、若者の雇用の促進等を図り、その能力を有効に発揮できる環境を整備するため、勤労青少年福祉法を改正し、若者の適職の選択ならびに職業能力の開発および向上に関する措置等を総合的に講ずる青少年の雇用の促進等に関する法律が、2015（平成27）年10月から順次施行されている。

❸社会的養護を必要とする子ども・若者

社会的養護では、アドミッションケア（社会的養護のもとに入る前後の支援）から始まり、インケア（社会的養護のもとでの支援）、リービングケア（社会的養護からの巣立ちに向けた支援）、アフターケア（社会的養護のもとを巣立ったあとの支援）と連続したプロセスによって、若者の自立に向けた専門的な支援が目指されている。1997（平成9）年に行われた児童福祉法改正では、自立支援が重要なキーワードとなり、児童養護施設等の機能に「自立支援」が明定され、教護院から児童自立支援施設への改称や児童自立生活援助事業（自立援助ホーム）の法定化も行われた。

しかし、社会的養護を措置解除となった若者の生活状況が依然として厳しい状況であることが明らかとなりつつある。経済的自立の面では、社会的養護を巣立った若者の生活保護受給率が同年代の約18倍の高さとなっており、社会的に困難が集積している状態である。また、周囲の若者たちとの状況の違いから精神的な葛藤が生じることも多い。なぜ家族に大切にされなかったのか、なぜ社会的養護のもとで育ったのかという問いに対する整理が図られなければ、経済的・生活的な自立が図られたとしても、自身の根幹をなす部分が揺らぎ、主体的な人生を歩むことを困難にしてしまう。ケアのもとにあるときから日々の生活のなかで主体的な選択の機会や意見を聴かれ尊重される経験が重要であり、こうした積み重ねによってはじめて「自立」が可能となるだろう。

こうした社会的養護の措置解除後の困難に対して、2016（平成28）

---

i　厚生労働省が委託した全国の若者支援の実績があるNPO法人、株式会社などが実施し、「身近に相談できる機関」として、すべての都道府県に必ず設置されている。

年に家賃相当額や生活費の貸付を行う「児童養護施設退所者等に対する自立支援資金貸付事業」が開始された。また、2016（平成28）年の児童福祉法一部改正法において、児童自立生活援助事業（自立援助ホーム）の対象者に、22歳の年度末までの間にある大学等就学中の者が追加されたことに伴い、2017（平成29）年から20歳到達後から22歳の年度末までの間における支援に要する費用について補助を行う「就学者自立生活援助事業」も行われている。

さらに、児童養護施設等への施設入所措置を18歳（措置延長の場合は20歳）到達により措置解除された者について、原則22歳の年度末まで、引き続き必要な支援を提供する「社会的養護自立支援事業」が、2017（平成29）年に開始されている。

2 「若者」と社会のつながり

❶ひきこもり状態にある若者

若者の「生きづらさ」と呼ばれるもののなかには、進学・就労の問題だけでなく、社会とのつながりに困難を抱える場合もある。その一つが、ひきこもりの問題である。2015（平成27）年の内閣府の調査では15～39歳の広義のひきこもりの推計数は、54万1000人であった。

これに対し、2009（平成21）年度から、保健・医療・福祉・教育・雇用といった分野の関係機関と連携のもと、ひきこもり専門相談窓口としての機能を担うひきこもり地域支援センターの整備が進められ、すべての都道府県および指定都市に設置されている。

また、2013（平成25）年度より、本人や家族に対する早期対応を目的として、継続的な訪問支援などを行うひきこもりサポーターを都道府県または市町村が養成し、市町村が家族や本人へサポーターを派遣する事

ii　ひきこもりの定義として、厚生労働科学研究費補助金こころの健康科学研究事業「思春期のひきこもりをもたらす精神科疾患の実態把握と精神医学的治療・援助システムの構築に関する研究」によって作成され、2010（平成22）年に公表された「ひきこもりの評価・支援に関するガイドライン」による「様々な要因の結果として社会的参加（義務教育を含む就学、非常勤職を含む就労、家庭外での交遊など）を回避し、原則的には6ヵ月以上にわたって概ね家庭にとどまり続けている状態（他者と交わらない形での外出をしていてもよい）を指す現象概念」が用いられることが多い。なお、ガイドラインでは「ひきこもりは原則として統合失調症の陽性あるいは陰性症状に基づくひきこもり状態とは一線を画した非精神病性の現象とするが、実際には確定診断がなされる前の統合失調症が含まれている可能性は低くないことに留意すべき」とされている。

iii　「ふだんは家にいるが、近所のコンビニなどには出かける」「自室からは出るが、家からは出ない」「自室からほとんど出ない」「ふだんは家にいるが、自分の趣味に関する用事の時だけ外出する」に該当する者。

業が行われている。iv 2018（平成 30）年度からは、より住民に身近な市
町村でのひきこもり支援の充実・強化のため、ひきこもり支援のノウハ
ウを蓄積しているひきこもり地域支援センターによるひきこもり支援関
係機関へのバックアップ機能の強化を図っている。

❷若者と自殺

　近年、自殺者の総数は減少傾向にあるものの、若年層の自殺対策は依
然として大きな課題である。厚生労働省・警察庁「令和元年中における
自殺の状況」（令和 2 年 3 月 17 日）によると、2019（令和元）年の 30
歳未満の自殺者数は 2776 人に上る。また、人口動態統計より 30 歳未
満の若者の 2018（平成 30）年の死因をみると、10 歳以上で自殺が一定
の割合を占めるようになり、20 歳代では約半数となる。原因をみると
「うつ病」などの健康問題が多く、19 歳以下では「学業不振」「進路に関
する悩み」や「親子不和」が挙げられている。

　自殺対策基本法に基づき、2017（平成 29）年に閣議決定された自殺
総合対策大綱では、重点施策の一つとして、「子ども・若者の自殺対策を
更に推進する」ことが掲げられ、具体的な対策として、「いじめを苦にし
た子どもの自殺の予防」「学生・生徒への支援の充実」「SOS の出し方に
関する教育の推進」などが挙げられている。

　さらに、子どもの悩みや不安を受けとめて相談に当たることが大切で
あることから、スクールカウンセラーやスクールソーシャルワーカーの
配置の拡充など教育相談体制の充実が図られている。

2　制度間の連携による若者支援

　子ども・若者を取り巻く環境はそれぞれ異なり、多岐にわたる困難が
複合的に現れ、より複雑な状況になることもある。また、子どもが若者
に、そして大人になる移行過程では、年齢に伴って適用される法律が異
なっていたり、対象となる制度が変更されることがある。たとえば、年
齢が上がることによって子ども家庭福祉の対象とみなされなくなった
り、ひきこもりや自殺の問題があってもはっきりとした診断名がなけれ
ば障害（児）者福祉制度が適用されにくい。また、家族が生活上の困難
を抱え、経済的に困窮していても、世帯内にいれば若者本人が生活保護

iv　市町村は 2018（平成 30）年度からの実施。

第5章
子どもの福祉課題と支援

制度を利用することも簡単ではない。このような縦割りの制度が強まれば、若者たちはより「制度の狭間」に落ち込みやすくなる。これに対して、現在では子ども・若者・家庭にかかわる制度・機関の連携が強く求められている。

1 子ども・若者支援地域協議会を通じた縦と横の支援ネットワークの構築

2003（平成15）年には、全閣僚を構成員とする「青少年育成推進本部」が設置され、青少年の育成に係る基本理念と中長期的な施策の方向性を示す「青少年育成施策大綱」を策定、その後2008（平成20）年には、前大綱の理念を継承しつつ、時代の変化に対応するため、新しい「青少年育成施策大綱」が出された。

その後、子ども・若者をめぐる環境の悪化や抱える問題の複雑化に対し、従来の縦割り的な対応では限界が生じていることを背景に、2009（平成21）年に子ども・若者育成支援推進法が制定され、困難を抱える子ども・若者の問題に対する国・地方自治体の責任が明記された。子ども・若者育成支援推進法の施行に基づき、2010（平成22）年には子ども・若者育成支援推進大綱として「子ども・若者ビジョン」が策定されている。5年が経過したことから、検討が加えられ、2016（平成28）年には、新たな「子供・若者育成支援推進大綱」が出された。

子ども・若者育成支援推進法に基づく子ども・若者支援地域協議会等の設置によって、福祉・教育・保健・医療・矯正・雇用など、さまざまな機関がネットワークを形成し包括的支援体制を構築することが示され、子ども・若者期への支援強化が図られつつある（**図5-22**）。

困難を有する子ども・若者に対し、年齢階層で途切れることなく継続した支援を行う「縦のネットワーク」を機能させ、併せて、教育・福祉・保健・医療・矯正・更生保護・雇用等の関係機関・団体が、個々の子ども・若者に関する情報を適切に共有し、有機的に連携する「横のネットワーク」を機能させることが必要とされている。

2 生活困窮者自立支援制度と子ども・若者育成支援施策との連携

生活困窮者自立支援制度では、複合的な課題を抱える生活困窮者の自立に向け、自立相談支援事業を中核に、住居確保給付金の支給、就労準備支援事業や子どもの学習支援事業などの支援を提供する。包括的な支

★**自立相談支援事業**
福祉事務所設置自治体が、生活困窮者からの相談を受け、①抱えている課題を評価・アセスメントしそのニーズを把握する、②自立支援計画を策定し、③自立支援計画に基づく支援が包括的に行われるよう関係機関との連絡調整を実施する。自治体から、社会福祉協議会や社会福祉法人、NPO等への委託が可能である。

図5-22　子ども・若者支援地域協議会

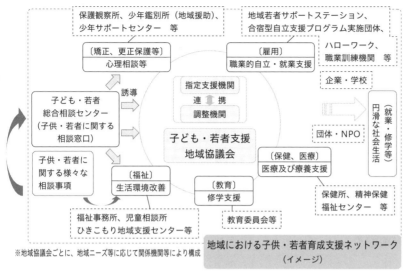

※地域協議会ごとに、地域ニーズ等に応じて関係機関等により構成

(役割)
・社会生活を円滑に営む上での困難を有する子供・若者に対し、地域の関係機関が連携して支援するための
　ネットワーク。
・個別分野の施策や知見を結集して、困難を有する子供・若者を総合的に支援するもの。

資料：内閣府資料を一部改変

第**5**章

子どもの福祉課題と支援

援を行うためには、生活困窮者自立支援制度（支援会議等）と、子ども・若者育成支援推進法に基づく子ども・若者支援地域協議会等の関係制度との連携が重要である。

◇**参考文献**
・永野咲・有村大士「社会的養護措置解除後の生活実態とデプリベーション──二次分析による仮説生成と一次データからの示唆」『社会福祉学』54(4), pp. 28-40, 2014.
・宮本みち子・小杉礼子編著『二極化する若者と自立支援──「若者問題」への接近』明石書店, 2011.
・内閣府『令和元年版 少子化社会対策白書』2019.
・永野咲『社会的養護のもとで育つ若者の「ライフチャンス」──選択肢とつながりの保障、「生の不安定さ」からの解放を求めて』明石書店, 2017.
・岡部茜『若者支援とソーシャルワーク──若者の依存と権利』法律文化社, 2019.

障害のある子どもへの支援

学習のポイント

● 障害のある子どもに関する施策の変遷を学ぶ
● 障害のある子どもに関する施策や支援サービスの内容について理解する
● 障害のある子どもに対する現状の課題と支援サービス内容について考察する

1 障害者の概念と定義

1 障害の国際的概念

　1980 年に WHO から国際障害分類（ICIDH）が示された（図 5-23 左図）。このモデルでは、何らかの機能形態障害により能力障害が発生し、それにより社会的不利が生じるといった、負の面が一方的に強調されるため、機能障害や能力障害に関係する課題の克服のみが注目される結果、当事者の生活環境やニーズが軽視されがちになるという弊害が指摘されていた。

　これらの反省を活かし、2001 年に国際生活機能分類（ICF）が発表され（図 5-23 右図）、障害の理解と支援に転換をもたらした。このモデルは、当事者のニーズを中心に据えながら、社会参加や生活そのものを前向きに捉え、それらをさまざまな環境との相互作用の視点から全体的に考えるものである。その具体的な効果は、次のとおりである。

---

① 病気や障害に偏らず、「生きていることの全体像」を把握できる。
② 「参加」の具体像として「活動」を捉えることができる。
③ 「できる活動」より「している活動」に働きかけることができる。
④ その人にとってのプラス面を引き出すきっかけになる。
⑤ 補完的な援助から目的指向型援助への転換が図れる。
⑥ その人の人物像が把握しやすい。
⑦ 社会や環境との相互作用が理解できる。

図5-23　国際障害分類初版（ICIDH）から国際生活機能分類（ICF）へ

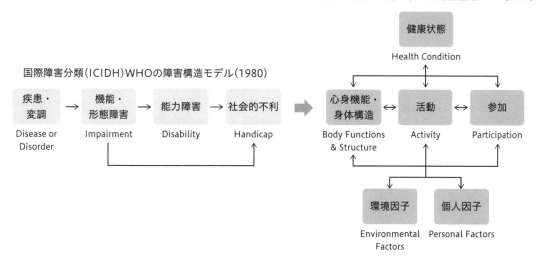

出典：WHO, International Classification of Impairments, Disabilities, and Handicaps, Geneva, 1980.（厚生省仮訳「WHO 国際障害分類試案」厚生統計協会，1984．三つのレベルの説明とともに、各レベルを詳しく分類している），WHO, *ICF : International Classification of Functioning, Disability and Health,* Geneva, 2001.（厚生労働省訳は、障害者福祉研究会編『ICF 国際生活機能分類―国際障害分類改定版―』中央法規出版，2002.）

2 障害児の定義

●定義

　日本においては、障害とは、障害者基本法第2条より、「身体障害、知的障害、精神障害（発達障害を含む）、その他の心身機能の障害」であるが、その概念は前述のとおりである。また、障害者とは、「障害及び社会的障壁により継続的に日常生活又は社会生活に相当な制限を受ける状態にあるもの」と定義されている。さらに障害児とは、児童福祉法より、身体障害児、知的障害児、精神障害児（発達障害児を含む）、難病のある児童（規定程度の障害があるもの）と定義されている。

　なお、障害者には障害者手帳が交付されるが、日本では、身体障害者手帳、療育手帳、精神障害者保健福祉手帳の3種類があり、さまざまな支援サービスや自治体および事業者が独自に提供するサービスを受けることができる。

　身体障害者手帳は、視覚・聴覚障害、肢体不自由、内部障害等、身体の機能に一定以上の障害があると認められた場合に交付され、障害の程度によって1～6等級がある。また、療育手帳は児童相談所または知的障害者更生相談所において知的障害があると判定された場合に交付され、都道府県によって障害の程度は、A（重度）とB（中・軽度）や、A-1（最重度）、A-2（重度）、B-1（中度）、B-2（軽度）などと区分が細

分化されている場合もある。精神障害者保健福祉手帳は、精神疾患等による一定程度の精神障害や能力障害の状態にあることを認定して交付されるものであり、障害の状態により1～3級まである。なお、発達障害者もここに含まれる。

2 ▶ インクルージョンと障害のある子どもへの支援

■1 一般施策と専門施策

　障害のある子どもとその家庭が地域社会のなかで、将来にわたって、社会参加し社会に包容されて生きていくことは、最も重要な理念である。その実現のためには、障害のある子どもに対して専門的な支援が優先されるのではなく、地域のなかで生きていくことを中心としながら、それを後方支援する考え方のほうが、よりインクルージョンの理念に即している。すなわち、子ども・子育て支援制度で規定されている一般施策を中心に考えながら、それを児童福祉法や障害者の日常生活及び社会生活を総合的に支援するための法律（障害者総合支援法）で示されている専門施策を後方支援として適用し、その両者が相互補完関係にあることがより望ましいといえるのである。

■2 特別支援教育・障害児保育と障害者差別解消法

　教育・保育の分野においてもインクルージョンの理念の実現のために、特別支援教育（文部科学省）および障害児保育（厚生労働省）の実施が積極的に行われている。前者においては、主に幼稚園や特別支援学校、小・中・高等学校があり、後者には、保育所や障害児（者）入所施設および児童発達支援センター、医療機関等がある。特別支援学校とは、2006（平成18）年の学校教育法改正により、従前の盲学校、聾学校、養護学校に代えて再編されたものである。

　特別支援教育の理念は、「障害のある幼児児童生徒の自立や社会参加に向けた主体的な取組を支援するという視点に立ち、幼児児童生徒一人一人の教育的ニーズを把握し、その持てる力を高め、生活や学習上の困難を改善又は克服するため、適切な指導及び必要な支援を行うもの」であり、学校教育の場においても障害のある子どもに対して積極的な支援が求められている。（文部科学省通知「特別支援教育の推進について」平成19年4月1日19文科初第125号）すなわち、児童一人ひとりの教

育ニーズに着目し、自立や社会参加の実現に向け、それを妨げるさまざまな課題について積極的な改善を目指すことが求められることになったのである。

また、これまで、重度の障害のある子どもの日中活動の場は、自宅であることが最も多かった。このことは、何らかの社会的障壁により、障害のある子どもの教育や保育の機会保障が困難であったことを意味している。

2013（平成 25）年に制定（2016（平成 28）年 4 月 1 日に施行）された障害を理由とする差別の解消の推進に関する法律（障害者差別解消法）では、障害者に対する不当な差別的取り扱いおよび合理的配慮に関し規定された。前者はどのような場合でも禁止とされ、後者においては、当事者から障壁を取り除いてほしいという要求があった場合には「その実施に伴う負担が過重でない」範囲での合理的配慮の提供が、行政機関等は義務、事業者は努力義務とされている。このことは、教育や保育の場面でも同様であり、人員の加配、意思疎通のための筆談、手話、絵や写真などの視覚支援ツールおよび IC 機器の準備、教材の工夫などの配慮が、負担が重すぎない範囲で求められることになる。

3 障害のある子どもに対する支援体系の概要

1 障害児に対する支援の基本体系

インクルーシブな社会の実現のための支援体系の概要について、簡単に触れてみたい。障害のある子どもに対する支援制度は、児童福祉法と障害者総合支援法、子ども・子育て支援法の 3 法を関連させ、相互補完させることで成り立っている。

2012（平成 24）年に制定された子ども・子育て支援法をもとに実施された子ども・子育て支援制度では、市町村が策定する障害のある子どもの受け入れ計画の明確化や優先利用のための利用手続き上の配慮、障害のある子どもの受け入れを促進するための事業の創出および環境整備等の方針が示された。これらの施策は、すべての子どもが対象となる制度のなかで障害児への対応を考えていくという性格のものである（一般施策）。

2010（平成 22）年に改正された児童福祉法では、障害のある子どもに対する支援制度が一元化された。これにより、障害種別や法律ごとに

第5章 子どもの福祉課題と支援

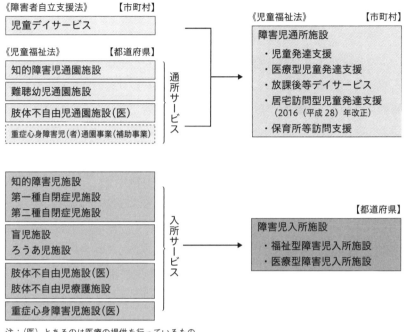

図5-24　児童福祉法改正による障害児施設・事業の一元化

《障害者自立支援法》　　　【市町村】

児童デイサービス

《児童福祉法》　　　【都道府県】

知的障害児通園施設

難聴幼児通園施設

肢体不自由児通園施設(医)

重症心身障害児(者)通園事業(補助事業)

通所サービス

《児童福祉法》　　　【市町村】

障害児通所施設
・児童発達支援
・医療型児童発達支援
・放課後等デイサービス
・居宅訪問型児童発達支援
　（2016（平成28）年改正）
・保育所等訪問支援

知的障害児施設
第一種自閉症児施設
第二種自閉症児施設

盲児施設
ろうあ児施設

肢体不自由児施設(医)
肢体不自由児療護施設

重症心身障害児施設(医)

入所サービス

【都道府県】

障害児入所施設
・福祉型障害児入所施設
・医療型障害児入所施設

注：（医）とあるのは医療の提供を行っているもの
資料：厚生労働省資料を一部改変

異なっていた体系が通所・入所の利用形態によって分類されることになった（**図5-24**）。

　また、2012（平成24）年に制定された障害者総合支援法では、それまでの障害福祉における大きな問題点であった、制度の谷間にあった対象者への支援について、切れ目のない支援を提供することが重点的に盛り込まれた。これにより、障害児者への支援の拡充が図られることになった。その後、同法は2016（平成28）年に改正され、それに伴い児童福祉法も改正され、❶重度の障害がある子どもに対する居宅訪問型児童発達支援を創設、❷保育所等訪問支援の対象を乳児院、児童養護施設に拡大、❸医療的ケア児に対する適切な支援のための保健・医療・福祉等の連携促進、❹各自治体における障害児福祉計画の策定が追加された。

2 障害児に対する支援の全体像と支援体系

Active Learning

障害受容とはどのような状態を指すのか調べてみましょう。

　障害児に対する支援の全体像は、前述の子ども・子育て支援制度において示された一般施策と、障害児の発達に応じて個別に対応する専門的支援が相互補完するスキームとなっている。また、一般施策および専門施策の全体像に関しては、**図5-25**のとおりとなっており、そのなかの専門施策の具体的な支援内容については、**表5-17**のとおりである。

図5-25 障害のある子どもに対する支援施策の全体像（一般施策と専門施策）

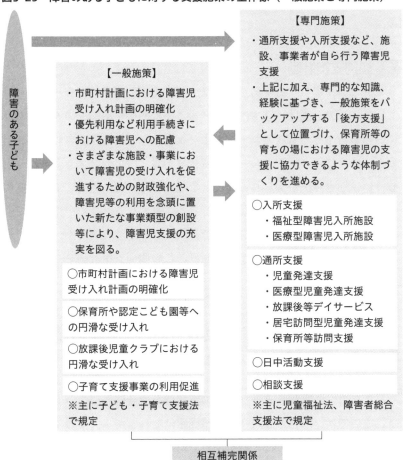

【専門施策】
・通所支援や入所支援など、施設、事業者が自ら行う障害児支援
・上記に加え、専門的な知識、経験に基づき、一般施策をバックアップする「後方支援」として位置づけ、保育所等の育ちの場における障害児の支援に協力できるような体制づくりを進める。

【一般施策】
・市町村計画における障害児受け入れ計画の明確化
・優先利用など利用手続きにおける障害児への配慮
・さまざまな施設・事業において障害児の受け入れを促進するための財政強化や、障害児等の利用を念頭に置いた新たな事業類型の創設等により、障害児支援の充実を図る。

障害のある子ども

○市町村計画における障害児受け入れ計画の明確化

○保育所や認定こども園等への円滑な受け入れ

○放課後児童クラブにおける円滑な受け入れ

○子育て支援事業の利用促進

※主に子ども・子育て支援法で規定

○入所支援
　・福祉型障害児入所施設
　・医療型障害児入所施設

○通所支援
　・児童発達支援
　・医療型児童発達支援
　・放課後等デイサービス
　・居宅訪問型児童発達支援
　・保育所等訪問支援

○日中活動支援

○相談支援

※主に児童福祉法、障害者総合支援法で規定

相互補完関係

資料：厚生労働省「障害福祉施策の動向について」を一部改変

第5章 子どもの福祉課題と支援

　これら一般施策と専門施策を重層化させることにより、障害の早期発見や障害受容が困難な親への支援が可能となった。特に子どもの障害の場合は、発達に個人差がみられることから一概に発達の遅れと判断することができず、加えて、子どもが低年齢の場合は、障害受容が困難な場合もあるため、相談支援も含めた早期介入は重要な支援である。

　なお、給付の種類については、児童福祉法による給付として、障害児入所給付、障害児通所給付、障害児相談支援給付等がある。また、障害者総合支援法による給付として、サービス発生時に費用を給付する介護給付や医療費を助成する自立支援医療給付があり、ほかにも、補装具費の支給、計画相談支援給付等がある。これら多様な給付の制度は、必要なところに必要な支援を過不足なく提供することを目指すと同時に、障害児者のニーズに対してきめ細かく対応するためのものでもある。

また、経済的支援に関しては、特別児童扶養手当、障害児福祉手当がある。

3 個別支援計画

サービスを提供するにあたっては、個別支援計画作成が義務づけられている。この計画は、基本的にはさまざまな関係諸機関との連携をもとに、当事者やその家族のニーズおよび状況に基づいて作成されるが、当事者の成長に伴う状況やニーズの変化に応じて再アセスメントを繰り返し行い、適宜修正が図られることとなる。この一連の流れにより、適切なタイミングで適切な評価が実現できることになる。なお、学校等で作成される教育支援計画や保育所等で作成される個別支援計画、福祉事業所で作成されるサービス等事業計画は、この個別支援計画をもとに作成される。

4 障害のある子どもに対する現状の課題と支援サービス内容

これまで、障害がある子どもへの支援体系や全体像について述べてきた。ここでは、障害児を取り巻く諸課題に触れながら、支援サービス内容の具体についてさらに考察を深めてみたい。

1 通所型支援

障害のある子どもへの通所支援には、**表5-17**のとおり、児童発達支援、医療型児童発達支援、放課後等デイサービス、居宅訪問型児童発達支援、保育所等訪問支援がある。基本的には、通所支援では、子どもに対する生活支援や発達保障、医療型においては治療等を行うことがサービスの中心となるが、支援を実施する際には、一人ひとりの子どもや家庭の状況に応じて支援計画が作成され、それをもとにサービスが提供される。

通所支援では、基本的に通所可能な子どもが対象であるため、比較的軽度の障害のある子どもの利用がイメージされるであろう。しかし、医療型児童発達支援では、看護師の配置はもとより、吸引器等在宅医療機器を使用する場合もあるなど、かなり重度の子どもが利用している現状がある。

一方、障害のある子どもをもつ保護者の就労支援や、放課後および夏

表5-17 障害のある子どもが利用可能な専門施策

類型	サービス名	支援内容	法
訪問系	居宅介護	自宅で入浴、排泄、食事の介護等を行う	障害者総合支援法
	同行援護	重度の視覚障害のある人が外出する時、必要な情報提供や介護を行う	
	行動援護	自己判断能力が制限されている人が行動するときに、危険を回避するために必要な支援、外出支援を行う	
	重度障害者等包括支援	介護の必要性がとても高い人に、居宅介護等複数のサービスを包括的に行う	
日中活動系	短期入所（ショートステイ）	自宅で介護する人が病気の場合などに、短期間、夜間も含め施設で、入浴、排泄、食事の介護等を行う	
障害児通所系	児童発達支援	日常生活における基本的な動作の指導、知識技能の付与、集団生活への適応訓練などの支援を行う	児童福祉法
	医療型児童発達支援	日常生活における基本的な動作の指導、知識技能の付与、集団生活への適応訓練などの支援および治療を行う	
	放課後等デイサービス	授業終了後または休校日に、児童発達支援センター等の施設に通わせ、生活能力向上のための必要な訓練、社会との交流促進などの支援を行う	
	居宅訪問型児童発達支援	重度の障害等により外出が著しく困難な障害児の居宅を訪問して発達支援を行う	
	保育所等訪問支援	保育所等を訪問し、障害児に対して障害児以外の児童との集団生活への適応のための専門的な支援を行う	
障害児入所系	福祉型障害児入所施設	施設に入所している障害児に対して、保護、日常生活の指導および知識技能の付与を行う	
	医療型障害児入所施設	施設に入所または指定医療機関に入院している障害児に対して保護、日常生活の指導および知識技能の付与ならびに治療を行う	
相談支援系	計画相談支援	【サービス利用支援】 ・サービス申請に係る支給決定前にサービス等利用計画案を作成 ・支給決定後、事業者等と連絡調整等を行い、サービス等利用計画を作成 【継続サービス利用支援】 ・サービス等の利用状況等の検証（モニタリング） ・事業所等と連絡調整、必要に応じて新たな支給決定等に係る申請の勧奨	障害者総合支援法
	障害児相談支援	【障害児支援利用援助】 ・障害児通所支援の申請に係る給付決定の前に利用計画案を作成 ・給付決定後、事業者等と連絡調整等を行うとともに利用計画を作成 【継続障害児支援利用援助】	児童福祉法

資料：内閣府「子ども・子育て支援新制度の施行と障害児支援の充実について」を一部改変

第5章 子どもの福祉課題と支援

休み等の長期休校中においても社会性の育成や生活能力向上等を目指す取り組みを充実させるための支援として、放課後等デイサービスが創設された。このサービスは、端的にいえば、障害のある子どものための放課後児童クラブであり、その目的は、学校教育と連携しながら、障害のある子どもの自立促進を目指すことである。

ほかに、就学前の子どもへの支援として、保育所等訪問支援がある。このサービスでは、子どものよりよい成長を願う保護者の意向を尊重することを主眼に、児童指導員や臨床心理士、作業療法士等が地域の保育所や幼稚園等を訪問し、障害のある子どもへの直接的なかかわりおよびスタッフへの助言・指導を行う。したがって、申請者は保護者であり、サービスは保護者の意向を確認しながら実施することになる。

障害児通所支援サービスを利用する場合には、相談支援サービスが利用できる。これは、サービスの利用支援として実施される利用計画の作成が主であるが、それ以外にも必要な情報の提供、市町村域を越えた広域にわたる相談支援（都道府県事業）がある。

■2 重度の障害のある子どもへの支援

重度の障害のある子どもが、地域社会や家庭で生活する場合は、基本的に、専門施策の訪問系、日中支援系、通所系のサービスを利用することになる。たとえば、寝たきりなどで行動や移動が困難な最重度の障害がある場合は、居宅介護サービスを利用し、食事、排泄、入浴などのサービスを受けることができる。また、重度の視覚障害がある子どもが移動時やそれに伴う外出先において、代読や代筆、排泄、食事の介護等、必要な援助を受ける場合は、同行援護サービスを利用することができる。

さらに、2016（平成28）年の児童福祉法の改正により、居宅訪問型児童発達支援が創設され、重度の障害等の理由で、既存の障害児通所支援サービスを利用することが著しく困難な障害児に対して、障害児の居宅を訪問して発達支援を行うことができるようになった。サービス内容は、児童発達支援および放課後等デイサービスと基本的に同様であるが、重度の障害や疾病のために体調不良をきたすことが予想されるため、おおむね基本的に週2日の利用を目安とする想定になっている。また、知的障害や発達障害で行動上著しい困難を有する障害のある子どもを対象として行われ、自傷行為、多動行為、異食などから生じる危険を回避するために行われるサービスに行動援護がある。

なお、障害者総合支援法では、障害者の定義のなかに、「難病である者」

が新たに追加された。難病の子どもに対する支援を定めた法制度とし
て、2014（平成 26）年に難病の患者に対する医療等に関する法律（難病
法）が制定され、それに伴い翌年の 2015（平成 27）年に児童福祉法が
改正された。これにより、長期にわたり療養が必要とされ、高額の治療
費を必要とする疾病の子どもに対して、小児慢性特定疾病医療費の支給
が法に位置づけられた。

3 発達障害児者に対する支援

　発達障害のなかには、特定の強いこだわり等の発達特性により周囲か
らの誤解を受けることがあり、当事者のみならず親や家族が追い詰めら
れ、地域社会のなかで孤立することが見受けられた。

　このような状況のなか、2004（平成 16）年に発達障害児者の自立や
社会参加を目指した法整備として、発達障害者支援法が制定され、発達
障害とは、自閉症、アスペルガー症候群その他の広汎性発達障害、学習
障害、注意欠陥多動性障害その他の脳機能の障害の症状が通常低年齢で
発現するものと定義され、公的責任において保育や教育に関する支援や
発達支援、就労支援等を積極的に行うことが示された。また、これらの
支援を専門的に実施する社会資源として、発達障害者支援センターが新
たに明記された。その後、2016（平成 28）年に改正され、発達障害者の
定義について、「発達障害を有するために日常生活又は社会生活に制限
を受けるもの」から「発達障害がある者であって発達障害及び社会的障
壁により日常生活又は社会生活に制限を受けるもの」とし、DSM-5（ア
メリカ精神医学会診断基準）や障害者差別解消法との整合性が図られて
いる。

　また、主に発達障害の子どもをもつ家族を支える支援に、ペアレント
トレーニングがある。これは、子どもの行動に悩む保護者の困りごとに
ついて適切な対応方法を学ぶことで子育て負担感の軽減を図りながら、
保護者が困っている子どもの行動改善や発達援助を行うものである。

4 障害のある子どもや家庭、家族を支える支援

　家庭で主に介護している保護者等の家族が病気になるなどで、一時的
に介護が困難になる場合は、日中活動系サービスである短期入所（ショー
トステイ）を利用することができる。このサービスは、障害児入所系サー
ビスである福祉型あるいは医療型障害児入所施設に短期間入所し、入浴、
排泄、食事等の生活支援サービスを受けることができるものである。

第 **5** 章　子どもの福祉課題と支援

Active Learning

障害のある子どもの
専門施策を担う部署
と一般施策を担う部
署の連携の課題を、
当事者である子ども
と家族の立場から考
えてみましょう。

本来このサービスは、日常の介護を行う保護者等が疾病やその他の事情により一時的に施設入所ができるサービスを指すのであるが、近年では子どもの強度行動障害により、しばしば家族が精神的に追い詰められている場合にも利用されることがある。放置すれば児童虐待や親子心中に発展する懸念も想定されることから、家族が深刻な SOS を発信している際は、短期入所サービスを利用することで一時的に家族の負担軽減を図り、レスパイトケアの役目を果たすことになる。

　また、障害のある子どもや家庭、家族に対する支援として重要な役割を果たすのが、相談支援事業である。2010（平成 22）年の障害者自立支援法の見直しでは、地域における相談支援の中核的な役割を担う機関として基幹相談支援センターが設置され、相談支援体制のさらなる強化が図られた。なお、障害児相談支援事業所ではケアマネジメント機能を有しており、障害児支援利用計画作成やその見直しについての援助を行っている。

5 入所型支援

障害児入所施設での支援には、契約によるものと措置によるものとがあります。両者の違いや入所定員に占める割合などを、居住する（していた）自治体にある施設の例を含めて、調べてみましょう。

　障害のある子どもの入所型支援としては、福祉型障害児入所施設と医療型障害児入所施設がある。どちらの施設も、施設に入所し、安定的な生活の保障を基盤としながら、日常生活に必要な能力を獲得するための指導や発達保障などの支援を行う。

　医療型障害児入所施設では、医療行為が行われる点において福祉型とは異なり、施設の位置づけとしては指定医療機関である。したがって、支援内容としては、生活支援以外に治療や機能訓練等があり、医師、看護師、理学療法士、作業療法士等の医療スタッフが常駐している。入所型支援事業を利用する理由はさまざまであるが、家族の高齢化等で家庭機能が低下して介護が困難である場合や長期にわたる疾病が挙げられる。

第13節 ソーシャルアクション

学習のポイント
● 社会変革とソーシャルアクションおよび地域変革について理解する
● ソーシャルアクションにおけるソーシャルワーカーの役割について理解する

1 子ども家庭福祉におけるソーシャルアクション

2014年に、国際ソーシャルワーカー連盟（IFSW）総会および国際ソーシャルワーク学校連盟（IASSW）総会において採択されたソーシャルワークのグローバル定義において、「社会変革と社会開発、社会的結束」が明記され、社会福祉専門職団体協議会国際委員会における「ソーシャルワーク専門職のグローバル定義と解説」（2016年3月版）において、「マクロな社会変革・社会開発の強調」「抑圧や不正義の構造に挑戦し変革するソーシャルワーク」と示されている。

このようにあらためてソーシャルワーカーの役割に、「社会変革」「社会開発」が示されているわけであるが、これらのことを実践していく具体的な機能がソーシャルアクションである。

ソーシャルアクションについては、定義も位置づけも変遷してきており、明確に定まってはいないが、空閑は、「広い意味での社会福祉活動の一形態で、地域住民や当事者のニーズに応えて、社会福祉関係者の組織化を図り、世論を喚起しながら、既存の社会福祉制度やサービスの改善、また新たに制度やサービスの拡充・創設を目指して、議会や行政機関に働きかける組織的な活動1)」と示している。また、中島は、「従来型の『社会変革』観にしろ、ソーシャルアクションの対象にしろ、マクロ領域にかたよっていたきらいがある」とし、「ソーシャルワーカーの手の届かないところにある『社会変革』を取り戻すためには、まず地域を変えていく道筋を示す必要がある2)」と述べている。そしてソーシャルアクションは権利擁護のための実践活動でもある。

このようなことからここでは、本来のマクロレベルにおける社会制度改革に加え、メゾレベルの地域変革も含めて、子ども権利擁護のための子ども家庭福祉におけるソーシャルアクションについて触れておきたい。

Active Learning

子ども家庭福祉におけるソーシャルアクションとしてどのようなものがあるか考えてみましょう。

2 地域のニーズと社会資源の創出

1 対象ごとのニーズ

　児童家庭福祉領域における課題である虐待や不登校、非行、ドメスティック・バイオレンス等の背景には多様なニーズが存在し、支援者はそのニーズに合わせて社会資源を活用して支援を展開していくことになる。しかし、必ずしも既存の社会資源だけで、ニーズが満たされるとは限らず、必要な社会資源が存在しない場合もある。その場合には社会資源を創出していく必要がある。

　たとえば、子どもの貧困に対する新たに創出された社会資源として子ども食堂がある。「子ども食堂」という名称を使った取り組みは2012（平成24）年に、東京都大田区の八百屋さんで始まった。経済的な貧困家庭の子どもに対する食事の提供というイメージが強い子ども食堂であるが、貧困家庭に限ったものでなく、両親の共働きによる孤食などの子どもたちに安心できる場と食事を提供するものであった。また、地域によっては子どもに限らず高齢者や障害者など年齢に制限なく受け入れているところやシングルマザーの親子を受け入れている食堂もある。このようにさまざまなニーズに応じた資源としてさまざまな子ども食堂が存在している。

　さまざまなニーズの背景には、経済的貧困に限らず、つながりの貧困や社会的孤立、家族の縮小化、地域交流の希薄化などがある。これらは地域の課題であり、地域のニーズでもある。ソーシャルワーカーは、個々の支援課題を人と状況の全体関連性のなかで捉えることにより、個のニーズを地域のニーズとして捉えていくことが必要になる。そしてその地域のニーズを社会資源の創出につなげていく活動が求められるのである。

2 共通するニーズ

　また、地域のニーズは、「子ども」や「障害者」、「高齢者」など対象ごとの「縦割り」で存在するのでなく、共通するニーズとして存在することも多い。このことは分野横断的な社会資源づくりにもつながっていく可能性をもっている。

　具体的な個のニーズを地域のニーズに広げていく方法として、既存のネットワーク資源の活用が有効である。たとえば、障害者の日常生活及

Active Learning

「地域」という言葉の意味をいくつかの国語辞典で調べてみましょう。同様に「社会」の意味も調べてみましょう。

び社会生活を総合的に支援するための法律（障害者総合支援法）に定められている「協議会」では、個々の事例ごとに行われている支援会議で挙がったニーズや課題、困難ケースを地域の課題として捉え、新たな社会資源の開発に結びつける機能がある。同様のことが要保護児童対策地域協議会を通して実践していくことも可能である。要保護児童対策地域協議会には、そのような機能は位置づけられてはいないが、そこにかかわるソーシャルワーカーは、個別ケース会議、実務者会議におけるケースの進行管理等を通して、それらの困難事例等からみえてくる地域の課題を地域のニーズとして捉えて社会資源の開発につなげていく取り組みが求められる。また、個々の支援を通してでも地域のニーズはみえてくるはずである。地域においては貧困家庭の不登校事例において、高校進学時の通学定期の助成制度を創出することによって不登校改善につながった事例もある。ソーシャルワーカーには、個々の事例を通して地域課題やニーズを見出す視点が不可欠である。

3 地域変革とネットワーク

1 地域変革

　地域変革を進めるには、社会資源の創出と併せてネットワークの構築が必要になる。京都市のNPO法人山科醍醐こどものひろばでは、夕方から夜の子育てサポートを実施していたが、そのプログラムを用いて大津市は社会福祉協議会が中心となったネットワークにより、地域ボランティアによるトワイライトステイ（夜の居場所づくり）を実施している。また滋賀県では、高齢者福祉施設を活用したトワイライトステイも行われている。このように1団体の取り組みがネットワークを活用した取り組みに広がることによって、地域の活動になり、行政、民間、地域住民のつながった取り組みへと変化している。

　このように新たな社会資源の創出とそれらがつながっていくネットワークが生まれることで、新たなアイデアや取り組みが始まり、地域のつながりが生まれ、地域変革へと結びついていくのである。

2 当事者参画の地域変革

　また、地域変革、地域づくりには当事者の参画が重要である。個別支援において当事者との協働が示されているが、地域変革においても同様

である。向谷地は、浦河での取り組みをもとに、「地域の福祉を担うのが、施設や相談機関以上に住民自身であり、特にもっとも切実なニーズを持つ当事者自身でなければいけないということである[3]」と述べている。

　社会福祉におけるさまざまな地域活動には、当事者が中心となった活動も多い。1980年代より広がった障害者の作業所づくりも親の会や当事者、関係者の力によって進められた。また、セルフヘルプグループやピアサポートなども活発になり、当事者が支援の受け手でなく、支え手として地域で主体的に活動している取り組みも増えている。

　児童家庭福祉における地域づくりにおいても、当事者の参加が重要な鍵になる。地域においては精神疾患をもちながら子育てをしている親の会などの活動も行われており、当事者同士のネットワークも広がってきている。また、鈴木は、東日本大震災の経験をもとに、「学校や地域、家庭が子どもを育てることとともに、『子どもが学校や家庭、地域を育てる』、そういった主体者形成をめざすソーシャルワークが問われる[4]」と述べている。地域変革での取り組みのなかには、このような理念が内包されていることが必要であり、そこからスタートする地域づくり、当事者のエンパワメントにつながる地域変革が求められている。

4 ソーシャルワークの価値から始まる ソーシャルアクション

1 ソーシャルアクションがもたらすもの

　ソーシャルアクションは、「世論を喚起しながら、既存の社会福祉制度やサービスの改善、また新たに制度やサービスの拡充・創設を目指して、議会や行政機関に働きかける組織的な活動[1]」である。

　これまでのさまざまな法制度にもソーシャルアクションは影響を与えてきた。2006(平成18)年に制定された自殺対策基本法も自死遺族や遺族支援に取り組んでいる民間団体の取り組みがきっかけになった。また、待機児童の問題も「保育所一揆」と呼ばれる杉並区の母親たちの抗議集会がきっかけとなり社会問題として議会で取り上げられるようになった。車いすの当事者たちが声をあげることによって街のバリアフリー化も進むようになった。

　このように共通のニーズをもった当事者が、組織化され声をあげることで社会を変えていく力になる。

　現代社会の変容による格差、貧困、少子高齢化、社会的孤立などの問

Active Learning

世論形成に大きな影響を与えるものとしてマスメディアによる報道があります。自分が「なるほど」「そうかな」「取り上げ方に疑問を感じた」という記事をそれぞれ持ち寄って、なぜそう思うのかを話しあってみましょう。

題は、子どもと家庭の生活環境にさまざまな影響を与えている。子ども
や家庭の抱えている課題を改善するためには、個別支援や地域変革だけ
でなく社会の変革を迫る必要がある。子どもの貧困の問題は、保護者の
貧困の問題であり、地域の雇用の問題でもあり、地域経済の問題でもあ
る。ミクロ・メゾ・マクロレベルの連続性のなかで問題を捉え、そこに
地域変革でも取り組まれた当事者の参加とエンパワメントを中心に据え
たソーシャルアクションが求められる（**図 5-26**）。

2 ソーシャルアクションの展開

　ソーシャルアクションを展開していくには、個のニーズや地域のニー
ズからみえてきた課題を可視化していく取り組みが必要になる。個が組
織化されることにより周知、普及啓発、広報などの取り組みが可能にな
る。そのことは課題を可視化することにつながり、世論の喚起につなが
る。また、議会への陳情や請願活動、署名などの取り組みによって具体
的な政策課題として位置づけ、社会構造の変革への取り組みとなってい
くのである。個別の支援や地域づくりは目の前にある課題への対処の側
面が強いが、ソーシャルアクションは、根本的課題への対策として位置
づけられる。

　具体的には、認定 NPO 法人児童虐待防止全国ネットワークのオレン

図5-26　ミクロから始まるソーシャルアクション

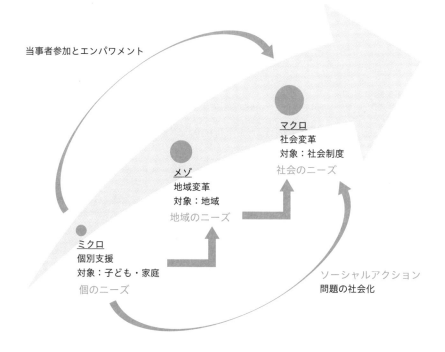

191

ジリボン運動や、子ども貧困対策センターである公益財団法人あすのばの取り組みなどが挙げられる。あすのばでは、直接支援、中間支援と併せて調査提言を活動に位置づけソーシャルアクションを展開している。

ソーシャルワーカーがソーシャルアクションを実施していくうえで、基盤となるのが基本的人権や社会正義などソーシャルワークの価値・原則である。このことを常に日々の実践のなかに位置づけておくことで、社会の不正義や権利侵害、法制度の不備への気づきが生まれソーシャルアクションへとつながっていく。

また、ソーシャルワーカーとして職能団体に所属し、職能団体として取り組むことも重要である。2019（令和元）年6月には、日本ソーシャルワーカー連盟として、「児童虐待を早急に根絶するため、児童福祉司にソーシャルワーク専門職である社会福祉士・精神保健福祉士の必置に関する要望」を厚生労働大臣宛てに提出しており、公益社団法人日本社会福祉士会としては、「子供の貧困対策に関する大綱案に対するパブリックコメント」や「児童福祉法施行令及び地方自治法施行令を改正する政令（案）に関するパブリックコメント」などを提出している。

このような取り組みを通して、制度政策の拡充・創設だけでなく社会の意識変革につなげることが重要である。さまざまな子どもや子育てに対する重圧は、制度政策面だけでなく社会の意識によるところも大きい。さまざまな課題を可視化し、ソーシャルワークの価値に基づいて発信していくことで、ソーシャルワークの価値が社会に根づくこと、それが社会変革である。

◇**引用文献**
1）空閑浩人「ソーシャルアクション」山縣文治・柏女霊峰『社会福祉用語辞典 第9版 福祉新時代の新しいスタンダード』ミネルヴァ書房，p. 249, 2013.
2）中島康晴「ソーシャルワークの原点とは？――課題を乗り越えるために」井手英策・柏木一惠・加藤忠相・中島康晴『ソーシャルワーカー――「身近」を革命する人たち』筑摩書房，p. 73, p. 78, 2019.
3）向谷地生良「はじめに」向谷地生良・小林茂編著『コミュニティ支援、べてる式。』金剛出版，p. 7, 2013.
4）鈴木庸裕「大震災が浮き彫りにした学校におけるソーシャルワークの課題」『「ふくしま」の子どもたちとともに歩むスクールソーシャルワーカー 学校・家庭・地域をつなぐ』ミネルヴァ書房，pp. 221-230, 2012.

◇**参考文献**
・幸重忠孝、村井琢哉『まちの子どもソーシャルワーク』かもがわ出版，2018.
・湯浅誠『「なんとかする」子どもの貧困』角川書店，2017.
・室田信一「社会福祉におけるソーシャルアクションの位置づけ」『社会福祉研究』129, pp. 23-32, 2017.
・山東愛美「日本におけるソーシャルアクションの2類型とその背景――ソーシャルワークの統合化とエンパワメントに着目して」『社会福祉学』60(3), pp. 39-51, 2019.

第6章

子ども家庭福祉の
ソーシャルワーク
実践

　実践とは、理念や価値を基盤とし理論を踏まえて行うものである。単なる業務の実施との違いは、この点にある。

　しかし、しばしば「理論と実践は違う」ともいわれるように、両者をつなげることや、二つを一致させることは容易ではない。

　本章では、冒頭で子ども家庭福祉におけるソーシャルワークの意義を提示し、第1章から第5章までで取り扱った内容を、実践への適応を意識して論じ直す。

　具体的な事例に対応する場合には、答えが一つであれば、苦労はいらない。当事者の立場に立つ、自分が担当であったらどうするかということを基本にして、考え、話しあってほしい。そのプロセスを大切にして、実践力の獲得を目指してほしい。

序 節　子ども家庭福祉における ソーシャルワーク

1　子ども家庭福祉における ソーシャルワークの意味

　子どもが安心し満足している姿は、親ばかりではなく、私たちのすべてを幸せにしてくれる。子どもたちはとても大きな力をもっている。逆に、子どもが不幸な目にあう出来事は、私たちの胸を締めつける。

　子どもの幸せの実現は、すべての親の基本的な願いであり、私たちが共有する希望である。しかし、残念ながら、親の願いも社会の希望も、さまざまな事情により妨げられる。言い換えれば、子どもの、生き、成長し、安らかに暮らし、さらなる幸せを求める権利が脅かされる。

　それは親自身が抱える弱さや身につけてしまった問題による場合もある。しかし同時に、社会（人と人のつながり、人間が生きる場、国や自治体などの仕組み）が、子育ての責任を親だけに押しつけ、そのあり方が、子どもを含む個々の人間を大切にしない方向へ向いて来たために起こったものであることが多い。

　私たちは、個別の事例に当たるときも、組織や地域さらには社会全体に働きかけるときにも、子ども自身が力を発揮できるように取り組む。また、子どもが自ら願うとおりに親に愛され、社会からも大切にされるように、また、親や社会が本来の責任を果たし、子どもの幸せを実現し、自らも幸せになることができ、安定が得られるように取り組む。

　ソーシャルワークにおける子ども家庭福祉領域での実践は、子どもの今の生活と「子ども時代」を土台として生きる人々の一生を新生させるとともに、その親を含む家族の全体に影響を与え、未来の社会のあり方をよい方向に向かわせる可能性に満ちたものである。そして、ソーシャルワーカーは、個人の福祉（幸せ）と社会変革を目指し、個人と環境とその相互の関係や接点に働きかける専門職なのである。

2 子どもにかかわるさまざまな機関に求められるソーシャルワーク

1 子どもが体験する困難の拡がり

20世紀を「児童の世紀」と呼ぼうという運動があった。たしかに、20世紀を通じて、保健、医療、教育、福祉の分野では子どもの利益を考慮したさまざまな取り組みが進められた。しかし、20世紀ほど、戦争や飢餓で命を失う子どもが多かった世紀はなかったともいえる。このため、これを教訓として、1989年には国際連合で児童の権利に関する条約がまとめられ、世界のほとんどの国がこの条約の締約国となった。このような経緯から、21世紀こそ、世界全体で、すべての子どもの幸せが実現すると期待した。しかし、今、子どもが体験する困難が広がっている。これは世界でも、日本国内でも同様である。

豊かにみえる日本にも貧困や生活困窮が広がっている。住まいを持てない人、住まいを失う人がいる。仕事を失う人がいる。かろうじて仕事はあるが、預金がほとんどなく、明日を見通せない人が少なくない。食費を切り詰める、体調を崩しても受診をみあわせる、水道光熱費を滞納したという経験は珍しいものではなくなってしまった。貧困は、7人に1人の子どもが体験し、母子家庭では2人に1人という高い水準にある。

暴力と支配、孤立の問題もある。児童虐待の対応件数は、児童相談所の統計でも市町村の統計でも増え続けている。子どもへの暴力と支配、そして配偶者間での同様な関係性とに高い相関関係があることは、統計においても、顕在化した事例からも明らかである。これらの事例の多くが地域において孤立していたり、転居を繰り返したりしている。孤立の問題は、子どもの閉じこもりや自立の難しさ、自死の問題にもつながっている。疾病や障害のある親やその他の親族のケアを担うヤングケアラーも、地域で孤立し、公的な支援にもつながれない問題として捉えられる。

2 アウトリーチの必要性

支援を受ける力の弱い人々がいるという指摘がある。たしかに、困っていても助けを求めない人は少なくない。このなかには、自分自身や自分の家族が困難を抱えていることを認識できない人、困ってはいるが助けの求め方がわからない人、助けを求めたことはあったが受けとめられない経験をしてあきらめてしまった人などがいる。

このような人々やその子どもたちを救うためには、「助けを出しやすくする仕組み」「発見するための仕組み」「気づくアンテナ」「手を伸ばす意志」「手をつかみ、手を離さない支援」「伴走する支援」「あきらめずに追いかける支援」が必要である。

児童虐待にかかわる人の間では、支援を拒むことは、子ども家庭福祉特有のことのように捉えられがちである。たしかに、かかわりを拒否し、自分が行った虐待行為を認めない保護者の事例は、あとを絶たない。しかし、これは必ずしも児童虐待への対応や子ども家庭福祉特有のことではない。高齢者福祉の場合でも、高齢者自身の認知症や家族の存在が障壁となってかかわりがもちにくい事例や、障害者福祉の場合でも、家族の無理解や、本人の精神疾患や薬物依存が妨げになって接近困難になっている例は山ほどある。

高齢者福祉や障害者福祉であれば、当然利用可能なさまざまな社会福祉サービスが、基礎自治体やさらに小さな圏域ごとに用意され、それを利用することが権利であると捉えられている。また、これらの領域では、それらサービスの利用を支援する事業所が多数あり、そこに福祉専門職がいるという状況がある。子ども家庭福祉領域では、これらが十分でないことのほうが、むしろ課題として大きいのではないか。

子ども家庭福祉領域でも、すべての乳児のいる家庭へ訪問する乳児家庭全戸訪問事業は一般化し、乳児の養育に何らかの課題を抱える家庭への養育支援訪問事業を実施する市町村は増えている。しかし、後者が実際に行われている件数（利用件数）は、自治体間で大きな開きがあり、この事業のほか、子どものショートステイ（子育て短期支援事業）やホームヘルプサービスなどの利用要件は、高齢者福祉などの場合に比べてはるかに厳しく（保護者の疾病等の場合に限られる）、ハードルが高い。いわば、高いニーズがあっても実際にはアクセスしにくい状況がある。

子ども家庭福祉でソーシャルワークの実践を担う者は、母子保健、保育、子育て支援、教育、医療などの場で子どもと家族にかかわるさまざまな人々や機関と力を合わせ、支援を必要とする子どもとその家族を必要な支援につなげる、また、そのための社会資源の開発に力を尽くさなければならない。さらにいえば、これら機関のそれぞれにソーシャルワーカーがいるという状況を実現する必要がある。

Active Learning

以下の会議は、いずれもこの節と共通するテーマを検討するために設けられた検討会です。議事録や配布資料を見てみましょう。①厚生労働省社会保障審議会児童部会社会的養育専門委員会（市町村・都道府県における子ども家庭相談支援体制の強化等に向けたワーキンググループ）、②同（子ども家庭福祉に関し専門的な知識・技術を必要とする支援を行う者の資格の在り方その他資質の向上策に関するワーキンググループ）、③東京都児童福祉審議会専門部会（新たな児童相談の在り方に関する検討）

3 子ども家庭福祉を担う人材の育成と体制の整備

1 子ども家庭福祉を担う専門職としての力量の向上

　社会福祉専門職として、自らの実践力を向上させることは、当事者の暮らしと人生に大きな影響を与える責任の大きさに照らして、義務であるといってよい。しかし、だからといって、すべての責任を背負い込み、自分を責め追い詰めることは得策ではない。むしろ、自分自身を開放し、自分の仕事に誇りをもち、仕事を続け、そこに喜びや生きがいを見出すために、学びと訓練を継続すると考えたい。

　ソーシャルワーク実践は、本章の扉の文に記したように、理念や価値を基盤とし理論を踏まえて行うものである。ここでいう理念や価値、理論の理解を深めるためには、少なくとも二つの方向性が必要である。

　一つは、領域を深掘りすることである。そして、もう一つは領域を超えた広い視野をもつことである。どちらもないがしろにしてはならない。子どもについて知ることと人間そのものを知ることは不可分であり、個人を知ることと家族を知ること、社会を地域から世界までのさまざまな位相で知ろうとすることも大切である。そして、これら探求の作業は、時代を理解することとも関連づけられるべきである。

2 スーパービジョンと体制整備

　ソーシャルワーク実践の質もソーシャルワーカーとしての成長や力量の向上も、その個人がどのような機関に所属し、どのような仲間や上司とともに仕事をするかに深く関係する。

　スーパービジョン（以下、SV）には、支持と教育と管理の三つの機能がある。しかし、あえていえば、そのうちの一つである管理機能が否定的に理解され、その形態が面談や対話としてイメージされすぎる。

　SV は、実践者を育成し、実践者の先にいる当事者への支援の質を担保するためのものである。その形態も、支援者への「大丈夫か」「休め」といった声かけや「やって見せる」（ライブ SV）といった多様なあり方が含まれる。管理するとは、「大切にする」ことにほかならない。SV の体制を整備することに、いま少し正当な関心を向ける必要がある。

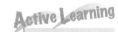

Active Learning

ソーシャルワーク・スーパービジョンの三つの機能について調べてみましょう。

◇参考文献
・福山和女編著『ソーシャルワークのスーパービジョン——人の理解の探究』ミネルヴァ書房, 2005.
・山辺朗子『ジェネラリスト・ソーシャルワークにもとづく社会福祉のスーパービジョン——その理論と実践』ミネルヴァ書房, 2015.

子ども家庭福祉の支援の端緒と調査

学習のポイント

- 「介入」と「支援」の意味を理解する
- 「調査」の基本を確認する
- 「面接」にかかわる基本的な事項を確認する

1 ソーシャルワークでいう介入と支援の意味

ほかの領域の専門家等から「保護者との関係を重視するあまり、子どもを守るために必要な適切な対応がとられない例がある」「対立した保護者と担当者とでは支援は行いにくい」「だから介入と支援の機能を分離すべきである」という声が上がった。

実際に児童虐待事例への対応を担っている児童相談所や市町村の側からも、「業務量が増えるばかりだ。児童相談所は介入のみを担うべきだ」「市町村の本来の役割は支援であり、市町村では介入的なかかわりは難しい。役割分担をすべきだ」という声が聞かれた。

確かに、児童虐待には犯罪に当てはまるものが少なくない。このため介入を犯罪を制止することと捉え、支援を加害者の教育や治療に近いものとして捉えるなら、かかわる人間を分けるという発想は自然に映る。

しかし、ソーシャルワーク実践でいう「介入」とは、通常は、当事者や当事者が抱えている生活課題に関心をもち、接近し、かかわろうとすることの全体をいう。狭義には、かかわりの初期の段階のみを指す場合もあるが、広義では、かかわりの端緒から終結までの全体を通じて行われる働きかけのすべての意味で用いられる（図 6-1）。

Active Learning

厚生労働省の審議会での議論や、簡潔な言葉で「介入」と「支援」の定義づけを試みた東京都児童福祉審議会専門部会の議事録やとりまとめをみてみましょう。① 2018（平成 30）年 12 月の社会保障審議会児童部会社会的養育専門委員会「市町村・都道府県における子ども家庭相談支援体制の強化等に向けたワーキンググループとりまとめ」、② 2020（令和 2）年 12 月の東京都児童福祉審議会提言「新たな児童相談のあり方について——『予防的支援』と『早期対応』の抜本的強化に向けて」

---

i　このような考え方を取り入れた内容として、2019（令和元）年 6 月に公布された「児童虐待防止対策の強化を図るための児童福祉法等の一部を改正する法律」によって、児童虐待の防止等に関する法律の第 11 条には、「都道府県は（中略）児童の一時保護を行った児童福祉司以外の者に当該児童に係る保護者への指導を行わせること（中略）を講じなければならない」という記述が盛り込まれた。

図6-1　子ども家庭福祉領域における介入と支援との関係

警察的な危機介入…犯罪行為の制止、犯罪の防止、治安の維持など

介入　| 社会福祉でいう介入 |…当事者が抱える生活課題に関心を寄せ接近すること。
当事者とその家族、彼らが置かれている状況や生活課題について把握し、
当事者やその関係者にかかわろうとすること。

| 社会福祉でいう支援 |…当事者が抱える生活課題の多様性や重層性を踏まえて、
当事者の力を引出し、強め、当事者の内側や身近にあるものを活用するととも
に、さまざまな社会資源や制度などを最適に組み合わせて活用し、これら
支援　を調整し、当事者とともに、当事者が抱える生活課題を乗り越えたり解消を
目指すこと。近年では、権利擁護機能やマネージメント機能が重視される。
＊治療的機能や教育的機能も含まれる。命の危険などのリスクを踏まえて
「保護機能」を優先して対応することもある。

医療等の立場からイメージされる支援…教育・訓練、サービス利用など

注：社会福祉における「介入」と「支援」は、通常、一体的あるいは連続的に理解される。

2　包括的な支援の必要性

　子ども家庭福祉のソーシャルワークでは、子どもと家族が抱える生命
（いのち）と生活（くらし）にかかわる課題の広さと多様性を前提とす
ることが必要である。特に児童虐待の事例では複雑に絡みあう難しい生
活課題を抱えていることが一般的である。

　言い換えれば、子どもが安全か否かだけではなく、把握しなければな
らない内容が多岐に及ぶこと、そのなかで何を「幹」とし何を「枝」と
して捉えるか、全体をどのように理解すべきかを的確に判断し、何が、
その子どもと保護者にとって必要不可欠なもの（ニーズ）であるかを明
らかにし、実際にそれらを満たすものを、個々の子どもと家族に届くよ
うに提供できるかどうかが問われている。

3　相談と通告

　支援者が子どもとその家族に出会い、彼らが抱える生活課題に触れる
端緒となるのは、当事者やその近くにいる人からの相談や通告である。
このほかにも、支援者が、何らかの経過から、その子どもや家族とかか
わりをもっており、そのかかわりのなかで、当該子どもやその家族に、
それまでは見えていなかった生活課題があることに気づくこともある。
いずれにしても重要なことは、これらの「入口」や「出会い」、すなわち

★通告
当事者以外の者や機関
が、権限を有する機関
に対して、何らかの対
応を期待して、知り得
た一定の事実を告げ知
らせること。連絡をし
てきた人や機関が使用
した言葉が「相談」「情
報提供」「通告」等のい
ずれであっても、内容
に照らして判断され
る。児童虐待であれ
ば、児童福祉法等によ
り、市町村と福祉事務
所と児童相談所が通告
先として規定されてい
る。

端緒を大切にすることである。

　残念ながら、せっかくなされた相談の機会をやり過ごしたうえで、第三者からの通告を受けてあらためて関与しようとする例があとを絶たない。開かれた「ドア」や「窓」を閉じさせてしまってから、ノックを続けたり、大声をかけたり、力ずくでこじ開けようとするような関与は成功しない。

　支援者は、当事者の人権に配慮し、できる限り「対等な関係」を築くように務めなければならない。当事者たちが感じるものの多くが、自分たちと支援者との間にある圧倒的な立場の優劣であり、専門用語を使って話されるときなどには当事者たちのなかに「見下された」といった心情が湧き上がってくるものである。ソーシャルワーカーは自らの権力性を常に意識しなければならない。

4　調査

　当事者と当事者がおかれている状況と当事者が抱える生活課題、また、当事者自身がそれにどのように取り組んできたか、そして今後どうしたいかを知ることが何よりも重要である。それを知ろうとする行為のすべてが「調査」である。

　相談であっても通告であっても、当事者自身から直接に聞き取り、観察することが優先される。とりわけ子どもは、特にその子どもが幼ければ幼いほど、自分に迫る危機や困難を言葉で説明することはできない。これを踏まえれば、年齢やその子の表現力に応じた聞き取りを行えるようになることや、言葉以外の方法で子どものニーズを把握する方法（遊びや行動の意味、身体状況等）を知っておく必要がある。

　しかし、第三者からの通告や、当事者からの相談であっても子どもや保護者の状況を客観的に把握する必要がある場合には、関係者から別に情報を得る必要がある。

　この際に注意しなければならないことを以下に述べる。

❶　本来は当事者の許可を得て行うことが原則である。このため児童虐待から子どもを守るという漠然とした理由を述べるだけで、本人の承諾を得ずに無制限に調査の対象範囲を拡げるべきではない。具体的に、1．なぜそれが必要か、2．どのような内容が必要か、3．得た情報をどのように用いるのかが述べられることが不可欠である。

❷　聞き取りを行う際に留意しなければならないのは、１．誰に、２．どのような聞き方で、３．何を聞くかによって、聞き取られた結果が大きく異なることである。たとえば、学校から聞き取る場合、子どもが家庭で厳しい状況におかれていても、登校し、休みが少なく、成績がよければ、問題がないと捉えられてしまう傾向がある。調査結果は、電話による聞き取りであれば、とりわけ差が大きくなる。

❸　児童虐待の対応においては、通告者から丁寧に聞き取ることをせずに、「安全確認」の実施を急ぐ傾向がある。まずは、通告者が子どもにかかわっている保育所や学校、診療を行った医師や看護師などの専門職であれば、その人たちと対面して丁寧に聞き取り、今後の対応についても意見を聞くことを重視すべきである。この際、たとえ通告者が専門職や専門機関であっても、抱いている心配や危機感を適切に表現できているとは限らないので言語化を助けることが重要である。

　先に述べたように、調査は当事者に対して直接行うことが原則である。しかし、急な家庭訪問等では、すべてのことを的確に行うことは難しい。まずは、落ちついた口調で簡潔に説明し、必要な聞き取りや確認を行う。当事者を尊重した態度で臨み、必要に応じ、別に適切な面接日時を決めるようにする。

5　面接の重要性

　過去には権限の有無が話題にされ、次には、対応マニュアルの作成に関心が向いた。たしかに、それらは重要である。しかし、たとえそれらを整えることができても、面接力がなければ、生じている問題の核心にはたどりつけず、当事者の力を引き出せず、調整は行えず、危機回避や保護機能を発揮することはできない。一番の武器は面接であり、面接を通じて、これらの機能を発揮し、子どもと家族の福祉を実現する。このことがソーシャルワーク実践の基本であることは変わらない。

◇参考文献
・金子恵美編集代表，佐竹要平・宮島清ほか編『要保護児童対策調整機関専門職研修テキスト』明石書店，2019.
・金子恵美編集代表，佐竹要平・宮島清ほか編『児童福祉司研修テキスト』明石書店，2019.
・相澤仁編集代表，宮島清共編著『家族支援と子育て支援――ファミリーソーシャルワークの方法と実践』明石書店，2013.

★面接の形態①
窓口でのやりとり、面接室での面接、家庭訪問、いわゆる生活場面面接などがある。広い意味では電話や手紙、メールなども面接として位置づけられる。

★面接の形態②
①とは、異なる整理として、個別面接、家族面接、当事者参加の調整会議、治療的グループ面接というように参加者や目的の違いで分けることもできる。

★面接の展開
面接には必ず目的がある。以下のような展開例を念頭に置くと進めやすい。
⑴目的の確認
⑵聴き取り①（傾聴）
⑶聴き取り②（質問）
⑷観察
⑸交わされたやりとりによって明らかになった内容の確認
⑹情報提供、助言
⑺今後についての契約ないし終結。他機関への紹介を含む。
なお、1回の面接時間や頻度も意識する。

第2節 子ども家庭福祉におけるアセスメント

学習のポイント

- アセスメントの基本と子ども家庭福祉において特に重視すべき観点を知る
- 陥りがちな失敗例を踏まえて、実践において留意すべき事項を再確認する
- 精度を上げるために不可欠な組織としての取組み、当事者参加の意義を知る

1 アセスメントとは

かねてから使われて来た「診断」「判定」という言葉は、時代とともに変化し、現在はアセスメントという用語が一般的に使われる。しかし、一部ではかねてからの用語も使い続けられ、言いやすくやわらかい響きがある「見立て」という言葉は今も頻繁に口にされる。

アセスメントは、一般的には客観的な基準に照らされることの意味が強い評価、評定、査定といった言葉に邦訳される。しかし、福祉や看護の分野では、当事者に関する情報収集や分析などの意味が加わり、「当事者のために」や「当事者とともに」という意味が加味される。

これらを踏まえて、ここでは、アセスメントとは「当事者、その当事者がおかれている環境や抱える生活上の課題、また、当事者が、その生活課題にどのように取り組んで来たかなどを、当事者への共感とともに客観的に理解しようと努めること、あるいは、当事者がその課題を乗り越えるために必要なことを『探求』し続けること」と表現する。

それは、次の諸点を考慮したためである。

❶ ソーシャルワーク実践が、当事者が抱える生活課題の解決を目指し、当事者の福祉（幸せ）の実現を目標とするものであること。

❷ 当事者の主観的な理解と支援者の側の専門性に基づく理解とをすり合わせる共同作業であること。

❸ 当事者への共感という前提があって初めて可能になること。

❹ 固定的なものではなく変化するものであること。また、深化や拡がりを目指すプロセスとして捉えることが適当であること。

2 総合的なアセスメントとリスクアセスメントとの関係

アセスメントは総合的なものである。しかし、論者によっては、児童虐待においては、総合的な見立てや支援を前提にすべきではなく、児童虐待に特化した厳密な評価や対応をしなければならないとの主張がみられる。ここでは、子ども家庭福祉において重視しなければならない児童虐待への対応とそこで行われるリスクアセスメントとの兼ね合いについて確認したい。

児童虐待の徴候を、傷やあざの有無やその部位、手がかけられているかなどの確認だけによって判断するのは難しい。

子どもの場合、あざが消えるのは早い。医師の判断を仰ごうにも、毎月できるあざのうちの 1 回を見落とせば、発生頻度の判断は狂ってしまう。幼児であれば通常はあり得ないほどの体重減も、過去に把握された正確なデータとの照合がなければ、単なるやせ気味や小柄な子どもだと見誤ってしまう。断片的な情報と情報を組み合わせて総合的に状況を理解する。リスクは、生活と人生の文脈を踏まえなければ測れない。

間違った判断に陥らないために必要不可欠なのが、子どもが体験しているかもしれない痛みや苦しさへの注目であり、その子どもへの共感である。ここでは最悪の事態の発生を前提とする必要がある。そのうえで、何を調査するか、何をなすべきかを具体的に決める。

このとき常に念頭におくべきは、❶家族メンバーの個性、❷メンバーとメンバー等との関係（複数関係や組み合わせ、外部との関係を含む）、❸当該家族の暮らしの全体像、❹当該子どもとその家族の歴史である。

3 支援を展開するために不可欠な総合的な理解

これは、児童虐待の事例に限らず、あらゆる子ども家庭福祉のソーシャルワーク実践に共通するものだが、「いったんレッテルを貼ればそのように見えてしまう」「支援者が得意とする手法や所属機関が提供できるサービスに引き寄せてしまうと、その範囲を超える重要なニーズを見落とす」という事実である。

子どもと家族が抱える生活課題は複雑で、子ども家庭福祉の専門性だけで対応可能なものは少ない。社会福祉に限定しても、女性の福祉、障

Active Learning

誰かのことを知ろうとするとき、あなたはどうしますか。また、最初の印象と付き合ってみてわかったことが異なる経験はありませんか。当事者の人柄や当事者が抱える生活上の課題を理解する場合はどうでしょうか。考えてみましょう。

害者福祉、公的扶助、祖父母などがいる場合には高齢者福祉等との協働が欠かせない。さらには、社会福祉以外、すなわち保健、医療、教育、法律、警察などのさまざまな専門領域の力を借り、それらを担う人々や機関と力を合わせて初めて対応が可能になる。

このときに必要となるのが、基本となる情報（後述参照）をできるだけ確実に取得し、整理し、その内容をもとに、当事者からの訴えと当事者自身の解釈、関係者によって気づかれた出来事や気になる「徴候」などを踏まえて、考え、分析することである。その作業は「仮説の検証」「共同作業」「探求」であるといってよい。

よくある失敗とこれを補うための二つのツール

介入や支援の失敗が起こるとき、しばしば口にされるのが、「情報が足りなかった」「情報の共有が十分ではなかった」という言葉である。

この指摘には、これを真摯に受け止めなければならない側面と、これによって振り回されてしまって、ますます状況が悪化しているという側面との両面がある。順を追ってみてみよう。

1 情報収集に脅迫的になる傾向

情報がなければ適切な判断はできないのは当然である。だから、重大事件が起きるたびにあれもこれも調べるようにという指摘がなされる。

その結果、子ども家庭福祉にかかわるソーシャルワーク実践の最前線では、情報収集に追われる姿がみられ、それに拍車がかかっている。

その極端な姿が、膨大な分量となったアセスメントシートを埋めることの「目的化」であり、どの機関に何回連絡をいれたか、さらに深刻な例では、困難を抱える当事者にどんな注意喚起をしたのかといったことが支援者の関心の的となり、それが対応の基本になるという本末転倒が起きている。

2 情報をつなぎ、組み合わせる。分析し統合するが抜け落ちる。

実際に対応の最前線で起きていることの多くは、情報の足りないことではない。情報を踏まえて分析すること、知り得た情報を当事者の立場で検討することが抜け落ちてしまっている。

具体的にいえば、数々の留意すべき事項に縛られ、自ら考えること、

伝えられていることや目にした事柄を当事者の状況に照らして理解すること、表面に現れている事柄を人々の暮らしや人生という文脈のなかで理解するといったことが失われている。

3 活用すべきツール

アセスメントシートの作成は、実践者からも政策立案者からも頻繁に提案されるが、実際につくられたものが効果を上げ、支援の質の向上が図られる例に触れることは少ない。

昨今は、急速に発展して来ている AI の活用がこの領域でもいわれ始めているが、AI が取り込む学習内容が、危険を回避し優先的に親子分離を選択することに偏れば、決してストレングスの視点やエンパワメント理論に立つことはなく、命を救っても人生や暮らしを破壊するような実践を拡げかねない。

まずは、以下の二つのツールを十分に活用できることを優先させたい。
❶ フェイスシート★ これをできるだけ確実に記載したい。ここに書かれるべき事項、すなわち、氏名、生年月日、住所、家族構成、家族の年齢や職業、転居歴、住宅や地域の状況、主訴、相談経路、過去の取り扱い履歴などであり、前述した「基本となる情報」である。
❷ ジェノグラム できるだけ 3 世代にわたるものとする。結婚・離婚、出生などのほか、同居非同居、転居歴、所属先なども記載する。

この二つを確実に使用できるようにし、支援者が自ら考える（省察）こと、当事者と話しあうこと、また、所属機関内や関係者と協議することが重要であり、これらなしには、アセスメントの精度を上げることはできない。

★**フェイスシート**
援助のために最低限必要な情報を一まとめにした用紙のこと。初めに「この当事者はどんな人か」を知るための書類である。

5 スーパービジョンを受ける

判断の間違い、当事者の訴えに巻き込まれること、関係者の声に飲み込まれること、疲れや余裕のなさによる進行管理の失敗や見落としは常に起こる。だからこそ、スーパービジョンを受けることは支援者の権利であり義務でもある。その体制を築くことは機関や組織の責務である。

子ども家庭福祉における支援の展開過程と連携

学習のポイント

● 課題解決を図るために必要不可欠な「目標の共有」の意義について確認する
● 複数の機関が協働して支援を展開するうえでの留意点を知る
● 支援状況の進行管理について、留意点を確認する

1 支援の展開過程

　前節までの記述は、すでに支援の標準的な展開過程を前提として記述している。

　かかわりの端緒として相談や通告の受付や支援者の気づきがあり、その内容について調べる調査やニーズ把握があり、それを統合し深めて理解する過程としてのアセスメントが続く。そして、これに続くものとして支援計画（ケアプラン）の作成と契約がある。

　子ども家庭福祉領域のソーシャルワーク実践では、契約書の取り交わしや金銭の収受を伴うものが多くはない。しかし、たとえ当事者に支援への求めがないことのほうが多い児童虐待の事例ではあっても、支援者側からのかかわり続けることの必要性やその内容について説明すること、さらにはその説明に対する当事者の受け入れについての確認がなければ、「かかわり」はあいまいなものとなってしまう。

　さらには、たとえどれほど優れた支援計画ができたとしても、それがそのまま実行され、予測された効果を上げることはまれである。社会福祉の実践が、当事者の生活課題の解消や軽減、あるいは、その課題を残しながらも、何とかそれを乗り越えて幸せを目指すという人間と社会への働きかけであるからである。

　現実には、さまざまな具体的な支援に取り組みながら、当事者に起こる変化や推移、支援の成果や失敗を継続的に把握し続け、支援の中身を組み替えたり、当面の目標を見直したりしながら、当事者と関係者との参加を促し、最終的な目標である当事者の利益を見失わないように努力し続けることが、支援の展開の実際であろう（**図6-2**）。

Active Learning

具体的な事例を取り上げたうえで、当事者や関係者の参加を阻害する要因をそれぞれ上げてみましょう。また、逆に参加を促進する要因や阻害要因を取り除くために必要なことを考えてみましょう。

図6-2 支援の展開過程 当事者の利益を目標とした取り組みと参加

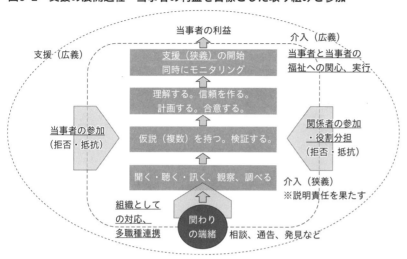

2 役割分担の必要とそこに潜む落とし穴

　子どもと家族の抱える生活課題の多くは複合的なものである。言い換えれば、彼らの抱えるニーズは多様で多岐に及ぶ。しかも、児童虐待のように深刻で重篤な課題を抱えるということは、それだけ必要とするものが大きく広い範囲に及ぶということである。

　児童虐待の場合には、「総合的なアセスメントは不要で、支援は子どもを守るためのかかわりに特化すべきだ」という主張があるが、このような考えがまかり通れば、「より高い複合的な福祉ニーズがある子どもと家族」のアセスメントは単純化が必要で、支援も単純化されたパターナリスティックなものでよいということになってしまう。これでは、支援の必要性が高ければ高いほど、支援から漏れるという事態が生じかねない。

　同様に、「役割分担が重要である」という指摘にも注意を払いたい。ニーズが複雑で多岐に及べば、支援も多様で複数の機関にわたるものとなる。そうすれば、これらをパッケージとして効果的に当事者に届けることが必要となる。ここで、真に必要なのは関係者の参加による協働であり、支援者と支援者の間に線を引くことや自分たちの役割を限定し、ほかの関係者により多くの責任を求めることではない。役割分担の前に不可欠なのは、目標を一致させること、重なり合う役割を前提にすること、連携や協働は省力化の手段ではなく当事者の利益のために負担が増えることであるという事実を受け入れることである（**図6-3**）。

Active Learning

チームとグループは違います。チームには必ず目標があります。

① さまざまなスポーツにおけるチームのあり方を比較してみましょう。

② 結果が出せるチームに備わっているもの（要素や条件など）について考えてみましょう。

③ チームは、人と同じように成長するものである。チームの成長も人の成長と同じように直線的には進まない。人の成長に照らして、チームの成長について考えてみましょう。

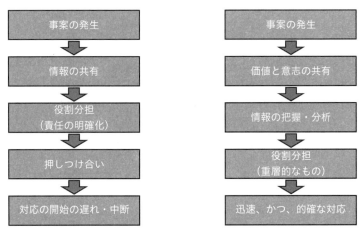

図6-3　関係機関との適切な連携・協働のために必要なこと

しばしば言われること

事案の発生
↓
情報の共有
↓
役割分担
（責任の明確化）
↓
押しつけ合い
↓
対応の開始の遅れ・中断

本来

事案の発生
↓
価値と意志の共有
↓
情報の把握・分析
↓
役割分担
（重層的なもの）
↓
迅速、かつ、的確な対応

注1：価値と意志を共有しない（子どもと家族の利益を第一とする）まま呼びかけられる連携は、負担増と消耗しか生まない。
　　2：「べき」で論じれば、必ず、衝突が起こり、漏れが生じる。

3 ケースカンファレンス（関係者調整会議）

　複数の機関で協働して支援を展開する場合、関係者が一堂に会して協議することが行われる。ここでは、この会議に「ケースカンファレンス」（関係者調整会議）という用語を当てる。制度化された例としては、要保護児童対策地域協議会における個別ケース検討会議がこれに当たる。

　このような会議において、しばしば見られる残念な例として、前項に記したような「押しつけ合い」が生じることや、児童相談所や市町村の調整担当者が一方的に取り仕切って子どもと家族に直接かかわる機関や施設の担当者の意見が反映されないこと、あるいは反対に、一時保護や施設入所を求める声や家庭引取りに反対する声で埋め尽くされ児童相談所の担当者が突き上げられてしまうことなどが思い浮かぶ。

　ケースカンファレンスは、効果的な支援の展開のために極めて重要な機会でありながら、特に経験が浅い支援者にとっては、大きなストレスを抱える場でもある。

　このようなケースカンファレンスの実情を踏まえて、少なくとも社会福祉士資格を有する支援者は、互いの立場を尊重して、そこでもたれる協議が少しでも生産的なものとなるように努めたい。

　ケースカンファレンスを成功させるためには、前項に記した目的の共

有が重要である。そして、一見遠回りのように見えても、この協議の場においてそれぞれの機関がもつ情報や所見をもち寄り、協働してチームとしてのアセスメントを行うことから始めることが効果的である。

そこで経験されることを通じて築かれた信頼関係が、当事者の利益につながり、支援者の成長を促進させる。

4 進行管理

緊急性や危険性の高い事例の見落とし、当事者に起こっている変化に気づかずに放置してしまうことを防ぐ必要がある。さらに効果的な支援を展開するために、以下の3層の進行管理があることに留意したい。

1 担当者および所属機関による組織としての進行管理

ケース記録は、所属機関への報告、所属機関による組織的な進行管理、当事者や経費負担者への説明の必要に応えるための基礎資料などといったさまざまな目的がある。記録をつけることは、ソーシャルワーカーにとってセルフスーパービジョンそのものであり、当事者を守り、自分を守るために不可欠のものである。

2 所属を超えた当該事例にかかわるチームによる進行管理

前述したようなケースカンファレンスの実情があるにせよ、当事者の福祉を実現するための支援者チームには、このチームによる支援の進行管理が期待される。このため、ケースカンファレンスには、その会議のなかで、次回の会議の日時を決めておくことや必要に応じて開催時期を早めたり臨時の会議を開いたりするときのルールを決めておく必要がある。

3 包括的な進行管理

要保護児童対策地域協議会の調整機関には、児童福祉法に基づき、支援の実施状況を把握しておく役割が求められている。ただし、要保護児童対策地域協議会全体による進行管理は、1、2で述べた当該事例にかかわる各機関による進行管理とチームによる進行管理が行われることを前提とした包括的な進行管理にとどまるものであることを認識しておかねばならない。

子ども・子育て支援にかかわる実践

拠点で気になる母子等を含む

学習のポイント

- 親子を孤立させないことが重要であることを理解する
- 子育ちおよび子育てにおいて抱えやすいさまざまな困難に着目する
- 共感的で当事者の強みを引き出す対応を学ぶ

1 予防的視点

　保護者に注意を促し変わることを求めても、改善につながる例は少ない。むしろ、「大きくなったね」とともに子どもの成長を喜び、気になることがあれば、一緒に心配してくれる存在こそが必要である。子どもを守るという目的であっても、それが「監視」になってしまえば、かえって親子を追い詰めてしまう。子どもの幸せは、子どもと親の両方を守らなければ実現しない。地域での予防の基本はそこにある。

1 「気になる」親子が抱える「困難」

　不適切な養育の背景には、保護者が抱える生きづらさや何らかの生活上の課題があることが多い。たとえば、逆境的な環境で生きてきたために、人を信じられず自身が抱える困難を認識できない人もいる。このような例では、自分からは助けを求めにくい社会構造がある。

　保護者の子どもへの不適切なかかわりだけに意識を奪われれば、親子の孤立する状況はますます強まる。その結果、問題の悪循環に陥ることも少なくない（図6-4）。

Active Learning

親の抱えている困難は多様で複合的です。どのようなものがあるか考えてみましょう。

Active Learning

困難を解消し親子をケアするためにどんなシステムがあったら有効か考えてみましょう。

Active Learning

日本社会には、「母親規範」が根強く残っています。母親は子育てがつらいとき、なぜSOSを出しにくいのか考えてみましょう。

図6-4　気になる親子をめぐる状況・困難が放置されてしまう構造

多様で複合的な課題は、周囲からは捉えにくい

当事者が、助けを表明・表出しにくい状況

親子が抱える困難

周囲・支援者は保護者の不適切なかかわりに意識が向きやすい

困難を解消・軽減するための社会資源の乏しさ

子育て支援拠点を利用していた親子が来なくなってしまった事例

母親は長女の食が細いことをとても心配している。23 歳の母親は、2 歳半のこの子を連れて地域子育て支援拠点に来るが、昼食のために、いつも手作りのお弁当を持参している。見ていると、長女が食べ終わるまでには 1 時間半ほどかかる。食事中の子どもの表情は硬い。母親によれば、「朝ごはんも夕ごはんも同じくらいの時間がかかるので本当に疲れてしまう」と言う。

問　あなたが支援拠点に勤務する支援者だったら、どのように対応するか？

● 解説

年齢に照らすと、1 時間半という食事時間は長すぎる。母親は懸命であったとしても、結果として、子どもに我慢を強いている。

この母親に対して、子育て支援拠点のスタッフが、「食事は 30 分くらいで切り上げてもよいかもしれないですね」と助言した。すると、親子は翌日からぱったりと姿を見せなくなった。親子が来なければ、その後の様子はわからない。残念な結果である。

「完璧」を目指す育児、「手作りでバランスのとれた食」へのこだわり、これらはしばしばみられる。しかし、このことにどのような背景があり、なぜそのようなことが起きているのか。後にわかったことだが、この事例の母親は、過去に摂食障害で通院していた。また、自身の育ちのなかで負ったトラウマによって子どもの養育につらさを抱えていたようだ。

子どもへのかかわりが、気になる場面に出会うと、支援者はつい助言したくなる。しかし、保護者側からすれば、努力を否定されたと受け取られ、支援の拒否につながることを想定しておかなければならない。

指導や助言は、傷つきが深くパワーレスに陥っている親には逆効果で、ストレスを高め状況を悪化させることもある。

このような保護者への支援を成功させるためには、「順番」を意識したい。

初めに、共感性のある対話とともに心地よい居場所をつくり、心理的孤立を解く。つぎに、保護者の抱える困難を理解し、生活のストレス軽減やメンタルの回復を図る（関係機関と協働）。同時に、保護者以外の大人が子どもをケアすることが重要である（社会資源の最大限の活用）。そして、最後の段階においては、育児のありようを話しあうことが有効であることも多い。

子どもの福祉を実現するために、どのようにすれば、保護者のストレングスを引き出せるのかをソーシャルワーカーは問われている。

心配な親子をチームで支えた事例

　母親は 30 歳、外見はとてもおしゃれで垢抜けしている。しかし、2 歳の長男に持たせるお弁当は毎回、白米にふりかけの一品である。母親自身の話によれば、「父親が帰宅する夜中に子どもを起こして一緒に過ごす」「お昼近くまで寝ていて午前 11 時頃に一緒に起きる」「子どもの前で『一緒にいたくない』『死にたい』と口にしている」とのことであった。母親は、うつ病の診断を受けて通院中であるという。

問　あなたが、支援者として、この母子に出会ったら、どのように対応するか？

● 解説

　子どもの心を著しく傷つける言動があり、子どもに必要な生活リズムに配慮しない。食生活も貧しい。「できない」のではなく、「しない」ようにみえる。このような母親に出会ったとき、あなたは、どのような感情を抱くだろうか。

　実際に当初は、関係する機関の誰もが、「わがままな母親」という見方しかできなかった。それでもこの事例に対して、子ども家庭福祉機関は、チームを組んでかかわりをもち、利用理由を問わない一時保育を使ってみるように促した。

　母親は、子どもを預けてはパチンコ店に行った。しかし、その間、子どもは親以外の大人（保育士）と充実した時間をもつことができた。そして支援者は、母親が感じている「つらさ」に耳を傾け続けた。支援者の間でも、「世話がかかる母親だよね」「甘え過ぎなのでは」という声が上がったが、それでも支援を継続した。

　1 年半後、ようやく変化が見え出した。母親から、「最近は死にたいと思わなくなったんです」「子どもの成長がうれしい」と語るようになり、母親の安定は徐々に本物になっていった。子どもは、明るく意欲的な性格で、のびのびと育っている。

　保護者は、共感性のある対応を支援者や社会から受けることで、子どもへのかかわりを共感性のあるものに変えていくことができる。残念ながら、支援の現場では、善し悪しという尺度で捉えることが優先されてしまい、当事者の力を奪い、助けを求める声をいっそう出しにくくさせるようなかかわりもみられる。親子の支援は、注意喚起をして終わるものでない。手間と時間をかけ、よい循環が生じれば、予後は異なる（表 6-1）。

表6-1　状況を改善させるかかわりと悪化させるかかわり

改善	悪化
共感する	注意喚起をする
敬意をもつ	反省を求める
理解する	指導する

2 現場で生じている矛盾

子育てがつらいと感じている親のなかには「にこにことしていた保育園の先生に通告された。もう誰も信じない」「虐待する親だとマークされるから児童相談所なんかには相談できない」と語る人がいる。

子どもの安全と命を守る児童相談所や市町村の訪問も、当事者からすれば、「苦しい子育てをわかってもらえるはずはない」「養育力のない親だと決めつけられた」と感じるものとなっている。

このことの矛盾を一番感じているのは、この業務を担っている児童相談所の職員や市町村の職員かもしれない。それでもソーシャルワーカーは、この矛盾をどう乗り越えるかを自らに問い続ける必要がある。

Active Learning
ソーシャルワーカーの直面する矛盾は、なぜ起きるのか考えてみましょう。

2 包括的な支援で親の孤立を防ぐ

ある市の地域子育て支援拠点では、相談につながる絶妙な工夫がある。

支援拠点の2階に設けられた相談室の入口は、奥まって目立たない。入口近くに身長計と体重計が置かれている。保護者は「子どもの身体測定に来た」と自分にもほかの親にも説明できる。しかも、この支援拠点の相談室に勤務する「子育て支援コーディネーター」は、市役所の児童福祉主管課の相談員を兼務している。

このため、二つの機関の協働は円滑であり、利用者は軽微な問い合わせから深刻な課題までワンストップで相談ができる。

最後に、子育てがつらい母親のための有効な支援方法の一つである、MCG（マザー＆チャイルドグループ）を紹介したい。

参加者は、輪になって順番に語る。「自己決定」「対等性」「仲間」をキーワードに、互いに大切にされることを体感する場である。

ファシリテーターは、参加者を温かく迎え入れ、あらゆる種類の精神的な葛藤を安心して話すことができるように助ける。「語ることの治癒力」と「グループの力」が体験できる。

Active Learning
ワンストップ相談の有効性について考えてみましょう。

Active Learning
サポートグループは、自己理解を深めるといわれている。「グループの力」について考えてみましょう。

◇参考文献
・広岡智子「子育ての苦しみの意味に向き合う MCG」『こころの科学』206, pp. 51-54, 2019.
・小林美智子「子ども虐待の『支援』を考える」子どもの虹情報研修センター紀要13, pp. 1-12, 2015.

第6章 子ども家庭福祉のソーシャルワーク実践

母子保健や医療との協働による実践

学習のポイント

- 課題を拾って指摘するだけでは、かえって当事者を混乱させることを理解する
- 子どもの健康や発達、養育状況などを踏まえて支援することの重要性を知る
- 情報提供や紹介で終わらせず、母子保健や医療との連携や協働を実質的に進める

1 母子保健と子ども家庭福祉との関係

　子どもとその母親の状況を妊娠期から把握し、安全な出産を実現する。そして、母親を中心に乳幼児期の子育てを支える。

　母子保健と子ども家庭福祉の関係は深い。

2 医療と子ども家庭福祉との関係

Active Learning

保健師をキーワードとして検索してみましょう。

　一口に医療といっても、その範囲は広く、協働のあり方も多様である。

　たとえば、障害のある児童についての診断、保護者が抱える疾病や障害に関しての知見や助言、あるいは医師やほかの医療職の直接関与も想定される。近年大きな課題となっている児童虐待の対応のためには、高度な医学的な診断が必要である。AHT／SBS（虐待による頭部外傷／揺さぶられ症候群）の例などでは、複数の小児科医や脳神経科医による医学的所見を求めなければならない。

Active Learning

AHT／SBS について調べてみましょう。「虐待死から子どもを守らなければならないが、冤罪も防がなければならない」について考えてみましょう。

3 連携協働における留意点

Active Learning

妊娠届出の方法、妊婦健診や乳幼児健診の実施状況について、現在住んでいる自治体や在籍校のある自治体での内容を調べてみましょう。

　母子保健や医療との連携と協働は欠かせない。しかし、近接する領域だからこそその行き違いや衝突が起こりやすい。医師や保健師という異なる専門職であるゆえに、また、所属する機関により、認知や意思決定の仕方には違いがある。福祉からはみえにくい、それぞれの業務の範囲の広がりや量にも注意を払いたい。

事例 1

言葉の発達に遅れがあるので心配だと相談があった事例

　男児。2歳前後。健康や運動発達には問題がない。表情もよい。しかし、自発語はほとんどみられない。父親は勤務が不規則で、帰宅が遅く、時折休日にも出勤する。母親は長男と二人だけで過ごすことが多い。しかし、近隣や夫の親族との交流はある。母親によれば、半年前にあった1歳6か月健診では、特に何も指摘されなかったという。

問　あなたが子ども家庭支援センターの職員だったら、窓口に来た母親に対して、どのように対応するか？

● **解説**

　これは、テレビ・アニメに登場する一家を題材として創作した架空事例である。長男には聴力の問題はないようにみえる。年齢相応の理解力があり、親子関係は、愛着の課題を含めて良好と思われる。また、夫婦関係もよさそうである。しかし長男は、「はーい」「ぱぷう」しか話さない。

　もしも、これからも自発語が少ない状況が続けば、母親が心配し、市町村が設ける相談窓口に立ち寄ることは、十分に考えられる。

　市町村の児童福祉担当部署に勤務するソーシャルワーカーは、このような事例に自ら直接対応することのほか、同じ部署に所属する家庭児童相談室の相談員から「このような相談だった」といった報告を受け、対応に関する助言や相談を求められたり、母子保健を担当する部署や医療機関との橋渡し役を担ってほしいとの依頼を受けたりすることがある。

　この事例への対応を、「専門機関を紹介する」「父親の育児参加を促す」「母子保健や療育につなげる」で終えてしまってはならない。

　「よさ」や「強み」に着目することは重要だが、だからといって「様子をみる」でよいわけでもない。たとえ、子どもの発達に問題がない場合でも、母親の不安を受けとめる必要がある。この事例のように、自発語が著しく少ないのが事実であれば、発達検査や聴力や構音の検査を受けることを勧めることも必要だろう。その場合には、連絡先や予約の方法まで伝えることや、状況しだいでは受診同行まで行ったほうがよい例もある。

　子どもの状況について聞き取ったり観察したりすること、生育歴や生活の様子なども含めて聞き取ることが多くの例で必要となる。ただし、その内容に基づき、課題だけに焦点を当てて、母親が抱いた不安を煽ることは好ましくない。

　一見簡単にみえる、このような事例の対応においてでさえ、子どもの発達や家族関係を客観的に押さえることの重要性は変わらない。

　対応によっては、当事者をさらに不安にさせたり、保たれている家族の良好な関係を壊したりする危険性がある。

母親から電話相談があり、子どもを虐待してしまいそうだと言っている事例

　生後 6 か月。不妊に苦しんだが、治療の甲斐があって結婚 9 年目にやっと妊娠・出産となった。出産前に一戸建て住宅を購入し、幸せいっぱいの妊娠期間を過ごした。その後里帰り出産をして生後 3 か月までは実家で過ごし、後に自宅に戻った。

　実際の子育ては大変で、考えていたのとは違った。転居後間もないこともあり、近くに友人はいない。夫は毎日帰宅が遅く、自分の気持ちをわかってくれない。この思いはどんどん募っていて、今日は子どもに対して怒鳴ってしまった。

問　保健師から、「一緒にかかわってほしい」と依頼があった場合、どう対応するか？

●解説

　市町村では、妊娠届け出を対面で行い、母子健康手帳の交付に合わせてさまざまな情報提供を行うとともに、母親等の不安に応じ、助言などを行っている。この際にはチェック項目を設け、該当する場合には継続的にフォローしている。

　具体例を挙げれば、「妊娠届け出の時期が遅い」「妊娠届け出時非婚で、妊娠の後期になってもその状況が続いている」「連れ子婚（ステップファミリー）である」「若年母の出産である」「多子家庭である」「多胎妊娠である」などである。

　しかし、チェック項目に該当しない「待ち望んでいた出産と子育て」であっても、強いストレスを感じて、「子どもがかわいいと思えない」という状況に陥り、「乳児に対して怒鳴ってしまった、虐待をしてしまいそうだ」というところまで追い込まれる例もある。この事例はその一例で、比較的高齢での出産、夫の不在、長く夫婦だけの生活が続いた、転居等により、深刻な事態に陥った可能性がある。

　保健師に対して、子ども家庭福祉機関の側からは、きめ細かい支援を期待し、それが可能であるというイメージを抱きやすい。しかし、実際には、それが難しい場合も少なくない。この事例では、ソーシャルワーカーは保健師とともに家庭訪問を行い、ともに母親の訴えを傾聴した。この機会を通じて保健師と福祉職との信頼関係が深まった。その後、保健師のみで複数回の訪問を行った後、母親は落ち着き、民間団体の訪問型支援を受けて、子育ての喜びを体感できるようになった。

　2018（平成 30）年に発生した三つ子のうちの次男の虐待死事例も、経済的に安定している、夫婦で妊婦健診や子育て教室に参加しているというプラス要素がそろっていた。しかし、実際の子育ては過酷ともいえる厳しいものだった。

　子どもの状況や実際の育児状況、当事者が体験している困難がどういうものであるかを把握する必要がある。複数の見方を平行させておく「判断の一時保留」も重要である。

4 ▷ 母子保健との連携で生じやすい葛藤の例

　母親の口から「虐待してしまうかも…」という言葉が出れば、母子保健機関の側が、子ども家庭福祉の機関の関与を期待しても不思議はない。しかし、このようなとき、子ども家庭福祉機関の側では、「母親が自分からSOSを出しているのだから、現時点では母子保健機関が責任をもって対応してほしい」との応答となりやすい。

　また、保健センターの保健師からは、「自分たちが継続的にかかわった結果、家族メンバーやその関係に多くの問題があることがわかった。そのため、要保護児童対策地域協議会の対象として個別ケース検討会を開催してほしいと要望した。しかし、断られた」といった嘆きが聞かれる。このようなことが複数回起きれば、母子保健機関と子ども家庭福祉機関との間に不信と対立の構造が生まれてしまう。

　役割分担の必要をいうのは容易でも、実際の線引きは難しい。たしかなことは、現在かかわっている機関の側が感じている危機感の中身が聞き取られること、その危機感を抱くに至った経過や事実が確かめられることである。こちらの側の考えを相手側に伝わるように言語化することも必要である。

5 ▷ 医療との連携を図るうえでの前提

　医療機関と一口にいっても、診療科目はさまざまである。連携先は小児科に限らない。特定妊婦とのかかわりであれば産婦人科とのかかわりが深い。ある大学病院に勤務する助産師によれば、「精神科の既往歴がある母親の例や胎児の状態に心配がある場合にも対応できることなどから、自病院では半数近くが特定妊婦かそれに近い方のお産となっている」という。病院の規模や地域でのその病院の位置づけによってもかかわり方は大きく異なる。

　このほか、非常にかかわりが深い診療科として、精神科や心療内科がある。保護者が治療を受けている場合のほかに、子どもへの専門的なかかわりが必要な場合もある。

Active Learning
自分の住所地の近くにある産婦人科病院のホームページで、病院設備、分娩に要する費用、年間の分娩数などを調べてみましょう。

Active Learning
児童精神科医をキーワードとして検索してみましょう。

Active Learning
子どもへの心理療法や子どもに処方される向精神薬について調べてみましょう。

第6節 保育における実践

学習のポイント
● 保育におけるソーシャルワーク実践の意義を学ぶ
● 保育におけるソーシャルワーク実践の方法について理解する

1 子育て家庭が抱える課題と取り組み姿勢

Active Learning

入園前後になされる
保護者との面接にお
いて、次の項目につ
いて考えてみましょ
う。
・誰が行うか
・どのくらいの時間
　をかけるか
・どのように進める
　か
・どのようなことに
　注意するか

今日の教育・保育施設に求められる重要な視点にソーシャルワークがある。教育・保育施設では、子どもへの保育の提供を中心に業務を行っているが、その他にも、利用児童の保護者や地域の子育て家庭支援という重要な役割も担っている。特に、保護者支援と子育て支援は、保育所保育指針や幼保連携型認定こども園教育・保育要領のなかにも触れられている重要な役割の一つである。なお、保護者支援とは、入所児童の保護者に対する支援を指し、子育て支援とは、地域社会の子育て家庭全般に対する支援を指す。

保護者は、子どもの強い自己主張に強いストレスを感じるものであるが、この場合、子どもへの適切な接し方についてアドバイスさえすれば解決につながるであろうか。仮に、主訴が「子どもの強い自己主張に悩まされている」ことであったとしても、それを引き起こしている原因やストレスを強めているほかの要因についても探りながら対応しなければ、根本的な解決にはつながらない。この課題の根底には、夫婦関係、経済的な状況、子どもの障害等が影響を及ぼしている可能性がある。

このように、家庭の環境や背景は各家庭によって実にさまざまであり、保護者の性格や家族構成、夫婦関係、子どもの発達など、子育てを取り巻く環境要因は、取り扱うケースごとに異なっている。したがって、支援者は、相談者本人の口から語られる言葉について、真剣に耳を傾ける必要がある。さらに、よりよいソーシャルワーク実践のためには、知識や技能の獲得、それを支えるための専門知識や制度理解などについて研鑽を積むことが重要である。

発達障害のある子どもの保護者に対するソーシャルワーク実践

　児童相談所経由で市役所より、緊急一時保護の子どもの保育所への入所依頼があった。子どもは 6 歳児で、半年後に就学を控えている。児童相談所から「子どもは自閉スペクトラム症の診断を受けており、母親が子育てに悩んだ末に子どもの首を絞めてしまった。現在、緊急一時保護中である」との情報を得ている。今後の方針としては、要保護児童対策地域協議会（以下、要対協）や就学指導委員会からの助言を受けながら、関係諸機関と連携のもと地域の保育所で経過を見守り、円滑な就学に結びつけたいとのことであった。

問　さて、あなたが担当者だったら、どのように対応するであろうか。

● **解説**

　発達障害のある子どもの場合は、その障害特性から単に育てにくいだけではなく、周囲が子どもの行動に対して違和感や反感を抱くことも決して珍しいことではない。そして、その結果、コミュニティから家族が孤立することにつながっていくのである。

　本事例の家族においても、コミュニティから完全に孤立していた様子が見受けられ、そのことが精神的不安定に拍車をかけることにつながっていったと考えられる。

　さらに、年長クラスでの入園であることを考えると、それまでの成育歴や生活の様子を把握し、子どもや家族の思いに関して共感的理解をすることは、本事例に関して適切に対応するための重要なプロセスである。特に、周囲からの誤解を受け続けて、子ども本人をはじめ、母親や家族が深く傷つき追い詰められていたとしたら、支援者の不用意な発言によりさらに状況が悪化することも十分に想定される。したがって、支援者は、共感的理解を心がけながらも客観的に状況を見きわめながら慎重に対応する必要がある。

　本事例の場合、的確な課題解決を図るためには、子どもへの適切なかかわりのほかに、当事者やその家族を取り巻くさまざまな要因に関しても配慮する必要が生じてくる。具体的には、家族への適切なアドバイスをはじめ、地域社会と家族との調整、ほかの専門機関や専門職との連携およびケースの進行管理等である。この実践は、まさにソーシャルワークそのものであり、教育・保育施設においても必要な取り組みである。

　教育・保育施設においては、本事例のように児童相談所から依頼されることがある。その場合、ケース全体の進行管理は児童相談所等の専門機関が行うが、日常的かつ具体的な進行管理は、実質上、教育・保育施設がその役割を担うこととなる。教育・保育現場では、毎日子どもに保育を提供し、そして保護者とも顔を合わせるが、日々の子どもや保護者の様子をつぶさに観察し、手遅れとならないように、必要なタイミングで支援を行うとともに、状況に応じて間髪入れずに連携を行わなければならない。まさに、ソーシャルワークを実践しなければならないのである。

精神的課題を抱えた保護者への対応

　1歳児の女の子が転園してきた。入所面接の際、「前の園で、娘が他児から引っかかれ傷跡がついた。園からは適切な説明がなく、信用できないので転園してきた」とのことである。その園に問い合わせると、「母親には十分な謝罪を行い了解も得ていたので寝耳に水である」との回答であった。その後も、母親は体調不良を訴え、夫や父方祖父母への不満を主張し続けている。母親は自律神経失調症であると言っているが、以前、面接の際に母親が持参した診断書の記述は人格障害であった。また、体調不良が認められない娘に不必要な受診を繰り返し、そのたびに薬の処方を受けている状況である。

問　このケースを取り扱う際の重要な視点は、何であろうか。

●解説

　母親が精神的課題を抱えている本事例は、対応を間違えれば転園を繰り返すことが十分に想定される。子どもは、著しい環境の変化にひどく敏感であることを考慮すると、これ以上の転園は好ましくない。特にインテーク面接の際は、相談者も神経質になっていることが考えられ、相手の言葉をさえぎらないようにし、温かく受けとめる姿勢が重要である。

　さらに見落としてはならない視点は、母親が子どもが病気ではないのにもかかわらず、不必要な受診を繰り返して薬を与え続けていることをどう評価するかである。結論からいえば、これは、「代理ミュンヒハウゼン症候群」という児童虐待の一形態である。担当者は速やかに児童相談所に相談・通告し、要対協に対して積極的に情報提供を行う必要がある。

　また、実際には対象者のストレングスを意識することが重要である。夫の存在は大きなストレングスとなる可能性があるとともに、夫方の祖父母についても同様である。周囲にどのような社会資源、活用できそうなサービスがあるかを探すことも対象者のストレングスに着目した支援のあり方である。母親の体調がすぐれない本事例は、フォーマル、インフォーマルにかかわらず、家庭支援のサービスを利用することも一案である。

　家族システムに着目した支援にも触れる。家族はその構成員同士が互いに影響を及ぼしあいながら生活している。母親への直接アプローチだけでなく、父親の母親へのかかわり方を変化させることを期待するのも重要である。その結果、母親の負担感の軽減につながる可能性がある。父親との面談を実施し、家族関係を調整するのも効果的な方法である。

　教育・保育施設が行う保護者支援や子育て支援では、さまざまな課題を抱えた保護者が訪れるが、何らかの精神的課題をもった保護者への対応は非常に困難で、クレーム等に発展することも少なくない。子どもにも大きな影響が及んでいる場合も多く、支援者は子どもの最善の利益を考えながら保護者支援を行い、ほかの専門職や専門機関との連携も必須になるなど、さまざまな視点からケース全体を俯瞰して取り組む必要がある。

2 教育・保育施設でのソーシャルワーク実践

　教育・保育施設の主たる業務は日々のケアワークであるが、対応困難なケース等に関しては、ソーシャルワークの手法を取り入れなければならないこともある。以下に、教育・保育施設がソーシャルワークを実践する際に担う必要がある役割について触れることにする。

①教育・援助・治療的処遇者としての役割
　　子どもや家族に対して適切な働きかけやアドバイスを行うことや、臨床心理士等の専門職の助言を受けながら子どもおよび保護者の心の傷を癒すなど治療的な援助を行う。

②ケアマネジャーとしての役割
　　課題を抱え、支援を求めている子どもや家族などがエンパワメントされるように、具体的な支援計画を作成し、継続的支援を提供する。

③ほかの社会資源との有機的連携、仲介を図る役割
　　児童相談所や要対協等関係諸機関と連絡を密にとりながら、当事者に寄り添った進行管理を適切に行う。保護者の変化や精神状態に変化がみられたときには迅速に関係諸機関と情報を共有し、必要であれば臨時会議や打ち合わせを実施する。

④調停を図る役割・社会変革
　　子どもや家族とコミュニティとの間で意見の違いやトラブルがある際にその調停者としてかかわること、また、地域社会や学校、施設等のなかで偏見や差別、不理解、誤解がある場合に積極的に改善を図る。特に発達障害のある子どもの場合は、強いこだわりやパニック行動、イマジネーション能力の欠如等の障害特性があるため、「わがまま」や「しつけの失敗」等の誤解を受けやすい。そのような場合は、周囲に対して、正しい発達障害の理解を促す取り組みなどについて、保護者の了解を取りながら実施し、子どもや家庭が孤立しないようにする取り組みも必要である。

Active Learning
代理ミュンヒハウゼン症候群について調べてみましょう。

Active Learning
どんなことが意見のくい違いとして生じたり、トラブルに発展しているのでしょうか。そしてその調停をどのように行っているのでしょうか。考えてみましょう。

第 6 章 子ども家庭福祉のソーシャルワーク実践

児童虐待にかかわる実践　その１

当事者からの相談や関係者からの協議

学習のポイント

- 当事者からの相談や関係者からもち込まれる協議などの実例を理解する
- 子どもの利益を図ることと保護者を支援することの関係を理解する
- 関係者と連携するときに生じやすい葛藤への対処について考える

1 児童虐待と要保護と要支援

Active Learning

児童虐待防止法第 2 条を実際に読んで、内容を確かめてみましょう。

　「児童虐待と不適切な養育とは区別されるのか」「要保護と要支援とをどう見分けたらよいか」「境目はどこにあるのか」という問いがある。

　これと重なる問いであった「しつけと虐待との区別」については、児童虐待の防止等に関する法律（児童虐待防止法）の改正によって、たとえしつけを目的としたものであっても体罰が禁止されるようになった。

　しかし、これからも、これらの問いには苦心し続けるものと思われる。

　まずは、抽象的に論ずるのではなく、子どもの状況を的確に把握し、児童虐待防止法第 2 条の定義に照らして、その内容に当てはまるかどうかで判断することが重要である。

2 「支援を必要とするかどうか」を優先すること

　さらに優先するべきことは、区別をつけること以上に、当該子どもとその保護者の状況を「支援を必要とするか否か」という観点で調査し、必要なかかわりを先延ばししないことである。子どもや保護者自身が支援を希望しているならば当然のこと、たとえ、そうではなくとも、また、関係者からの相談や協議が「報告だけにしておきたい」「介入は待ってほしい」ということではあっても、子どもと保護者に、支援を必要とする状況があれば、関与を始めなければならない。

相談歴のある母親が、実際に子どもに危害を及ぼしてしまった事例

報道された二つの事例を紹介する。

ア　母親は、生後 9 か月の子どもを自宅の浴槽に投げ入れてしまった。逮捕された母親は、危害を加えようとしたことを認めたうえで、「子どもが部屋を散らかすのでストレスがたまっていた」「以前児童相談所に相談したことがある」と話している。

イ　母親が 2 歳の男児を殺害してしまった。母親は 40 歳代前半である。母親は、子どもが発達障害ではないかと心配し、市に対して複数回の相談をしていた。母親は約 10 歳年上の夫と離婚した後、アパートで、子どもと二人で暮らしていた。

問　過去に遡り、あなたが母親からの相談を受ける立場だったら、どう対応するか？

• 解説

　二つの事例は、研修会で何度も演習用教材として用いてきたものである。

　アの事例を提示した場合、受講者は、この記述に関して何らかの違和感を抱くことがあっても、それが何であるかを言語化することは難しいようである。アの事例が報道されたときに警察に通報したのが、当日在宅していた父親であったことから、多くの受講者は、父親の育児参加の有無に関心を向け、母親が自らの殺意を否定しなかったことに注目し、母親が精神的に追い詰められていたと推察する。そして自分が事件前に母親からの相談を受けていた職員であったら、「母親の精神的な負担について聞く」「相談できる人の有無や父親の育児参加、家事への協力の度合いなどについて聞く」などと考えることが多い。

　しかし、アの事例への対応では、まずは、❶当該児童が生後 9 か月であったこと、❷生後 9 か月の乳児であれば、その運動発達において、まだ立位や歩行には至らず、「高這い」で移動するか「つかまり立ち」ができる程度であること、❸そのような乳児が部屋を散らかすと訴えるとはどういうことかに注目したい。

　次にイの事例についてみてみよう。アでは、幸い当該児童には外傷や深刻な健康被害は生じなかった。しかし、イでは、母親の加害によって子どもが死に至っている。

　この事例で、母親は、2 歳の男児の客観的な状況にかかわらず、「発達障害ではないか」と心配し悩み続けていた。そして、乳幼児健診や歯科検診の際に、そのことを繰りかえし訴えていた。結局母親は心配を深め、自ら深夜に男児の顔を塞ぎ、窒息死させてしまった。事件は母親から連絡を受けた父親の通報によって確認された。

　子どもの発達を踏まえた状況把握が重要である。保護者の不安の深さや過去の相談歴、そのときに受けた助言等への受けとめ方に留意したい。どちらの事例も、子どもの状況や親子関係とともに保護者の状況を、暮らしのレベルから健康や精神的な安定度に至るまで、総合的に理解することの重要さを示している。

報告はするが、介入しないでほしいと求められる事例

以下も、研修で教材として使用してきたものである。

ア　月曜日の昼過ぎに、保育所長から市の児童福祉担当部署に「子どもの首にうっすらとあざがあった。母親は自分が今朝首を絞めたことを認めている」という電話があった。

イ　火曜日の朝10時に保健センターから市の児童福祉担当部署に「虐待のおそれがあるため念のため情報共有をしておきたい」旨の連絡があった。保健師によれば、「産婦人科病院が今朝9時に、昨晩11時に母親から『生後1か月の子どもに手を上げてしまった。子どもにけがはないが怖くなった』という電話相談を受けた。過去に複数回相談を受けている」と言っているという。

問　あなたが、電話を受けた職員だったら、どう対応するか？

● 解説

　この二つの事例はともに、話をもち込んだ施設や機関が「報告はするが、虐待事例としての対応をすることは望んでいない」と述べている。

　このような場合「見守り」とする方針が、しばしば選択される。アの例では、「保育所で毎日、子どもの安全確認ができる」「保護者と保育所との関係が悪化すればさらに深刻な状況になる」との意見のもとで選ばれやすく、イの場合にも、「母親が自ら何度も相談しており、強みだと捉えられる」「病院の意向を無視できない」として選ばれやすい。しかし、いずれも適切とはいえない。

　子どもの安全を第一として、保育所や病院に電話し、説得したうえで対応するという方針も考えられる。しかし、残念ながら電話での説得は成功せず、意見の対立が続くことが多い。

　ア、イとも極めて重大な結果になり得ることから、即刻子どもを保護するという方針も考えられる。アでは、指の痕が残るほど強く首を絞められることは生命の危険があるとともに子どもの心を深く傷つける心理的虐待でもある。また、イの事態は、生後1か月の時点で、病院に複数回の電話をするほど母親が不安定な状態に陥っているとも解釈できるし、当該児童が乳児であることを踏まえれば、死の危険があると認識すべきだろう。しかし、いずれの場合も乳幼児の親子分離は、その後の再統合を極めて難しくもさせる。

　アでは、即日の一時保護も念頭においたうえで帰園時間を意識し、いち早く市町村の児童福祉担当課と児童相談所と保育所との三者協議を実施したい。イでも、即座に病院職員や医師らと、保健センターの保健師、市町村児童福祉部署職員との三者協議を実施したい。

3 児童虐待の深刻度のランクづけや アセスメントシートに潜む危険

　法令に定められている「児童虐待」「要保護」「要支援」というグループ分けは、多くの場合には的確な理解や対応を生み出すが、ときには、それこそが誤解を生み、そのときに取られるべき対応を遅らせる。

　子どものおかれている状況や子育てをする保護者の状況、両者の関係を把握することは簡単なことではなく、たとえその時点の把握が正しくても、その状況が変わらずに続くとは限らない。むしろ常に変化するものだということを忘れてはならない。

　重要なことは支援を必要とするか否かに注目し、複数の機関が内容に踏み込んで協議し、自分たちの見方や対応を点検し続けることである。それが判断のまちがいや取り組みの漏れを防ぐ（**図6-5**）。

4 産後ケア

　事例2のイについて、助産師からは、「まずは母子を病院に呼ぶ」「父親も一緒に来てもらう」「保健師にも来てもらって病院で保健師につなげる」「産後ケアの制度を活用して母子を入院させる」といった提案がある。親子分離をせずに子どもの安全を図り、アセスメントを行い、支援につなげる有効な方法として活用したい。

Active Learning

児童虐待による死亡事例や死亡に至らないまでも児童に深刻な被害が生じて保護者が逮捕されることで、新聞やネットで報じられることは少なくありません。これらニュースの一つをよく調べたうえで、分析してみましょう。なかには、過去に相談歴があったと記載されているものもありますから、そのときにどのような対応が必要だったかを考えてみましょう。

Active Learning

居住する（していた）自治体のホームページなどで産後ケア事業を行っている病院などについて調べてみましょう。

第6章　子ども家庭福祉のソーシャルワーク実践

図6-5　対応の判断基準

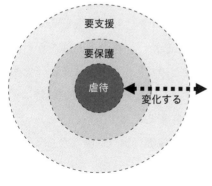

※虐待相談であるかどうかで、受けとめ方や対応が異なってくる。

※「要支援児童」と「要保護児童」との境目はどこにあるのか？　明確には線は引けない。

※当事者の状況は常に変化する。

※支援の要否の判断を優先させることで対応の漏れや不作為を防ぐ。

児童虐待にかかわる実践　その2
児童虐待への対応の実際

● 児童虐待への対応が、実際にどのように行われるのかを学ぶ
● 児童虐待を受けた子どもの回復と家族支援、多機関連携の実際を学ぶ

1 児童虐待の早期発見と対応

Active Learning

児童虐待防止法第8条、第8条の2、第9条、第9条の3などを調べてみましょう。

★複合的要因
児童虐待の発生要因を、保護者側の心理的要因、家族のおかれている社会・経済的要因、家族の周囲からの孤立、子どもの側の要因、親子の関係性、親の怒りを引き出すそのときの状況など、複合的に捉える視点。

★グルーミング
性的虐待は加害者によって時間をかけて、段階的に加害行為を進行させていくことに特徴がある。時間をかけて手なづけていくプロセスをグルーミングと呼ぶ。

★共犯関係
グルーミングのプロセスのなかで、加害者が子どもに報酬を与えたり、暗に子どもにも責任があることを植えつけ、共犯関係をつくり、秘密を保持していくこと。

児童虐待は家族、子ども、それを取り巻く心理、社会的要因が複雑に絡みあった複合的要因によって発生する。家族だけでの解決は難しい。最優先すべきは早期に発見し、子どものおかれた状況を適切にアセスメントし、速やかに対応することである。子どもや、家族が示す小さなサインに気づくことが重要である。

■1 多機関連携による介入と支援

児童虐待対応は、子ども、家族にかかわるあらゆる機関が連携し、ネットワークを構築して対応していかなければならない。要となる機関の一つが要保護児童対策地域協議会である。また、必要に応じて捜査機関との連携が、3機関協同面接の実施などを含めて積極的に取り組まれている。

■2 特に配慮すべき危機介入・性的虐待を受けた子ども

性的虐待は「魂の殺人」とも呼ばれ、その子どもの特徴をサミット（Summit, R.）は性的虐待順応症候群とした。加害者は時間をかけ段階的に手なづけ（グルーミング）、加害者との共犯関係をつくる。子どもは被害を訴えられず、その環境に順応するしかなくなる。性的虐待は子どもの小さなサイン、小さな訴えから発覚することが多い。子どもの性的虐待が疑われた場合、調査のための一時保護（調査保護）から支援が始まる。

---

i　厚生労働省通知「子どもの心理的負担等に配慮した面接の取組に向けた警察・検察との更なる連携強化について」（平成27年10月28日雇児総発1028第1号）

即時の危機介入を必要とした事例

　市役所に「最近引っ越してきた若い両親の家で、殴られているような音と小さな男の子の泣き叫ぶ声が聞こえる。また、男の子は深夜、裸でベランダにいた」との匿名通告があった。住民基本台帳では母子家庭とされていた。前住所地での要保護児童対策地域協議会、児童相談所の関与はなかった。市役所の子ども相談課が家庭訪問をすると、若い男性が現われ「誰が、通告した」と激昂し、職員は追い返され子どもの確認はできなかった。市役所は、直ちに児童相談所に連絡し、対応を求めた。

問　あなたが児童相談所の職員ならば、どう対応するか。

● 解説

　児童虐待に係る通告があった場合は、48 時間以内の子どもの目視による安全確認が求められる。本事例では市役所が訪問したが、住民基本台帳にない男性に追い返されることとなった。このケースの場合、転居前の情報がほとんどないこと、子どもが幼児であること、所属がなく誰も子どもの様子が確認できていないこと、すでに深刻な虐待行為が報告されていることなどを考慮し、きわめて危険な状況にあることを想定しなければならない。本事例は、即時の対応が求められる状況と判断される。

　児童相談所職員はチームを構成し、児童虐待の防止等に関する法律（児童虐待防止法）に基づく立入調査の準備をしつつ、家庭訪問をする。職員が最も緊張する瞬間である。

　しかし、実は家族にとっても、望まない訪問者が訪れたことによって緊張が一気に高まる場面でもある。自分たちの子育てについて責められるという不安が、裏腹の態度として怒りとなり「誰が通告した」と他罰的になるのである。児童相談所は、子どもの安全確認、リスクアセスメントに基づく一時保護の冷静な判断と、毅然とした態度が求められる一方、保護者がおかれた状況を理解し対話を進めていくことが求められる。子どもの安全の確認ができない場合は、児童相談所が有する権限において、立入調査、臨検・捜索を行い、子どもの安全を調査し、権利侵害が認められれば躊躇のない一時保護を実施する。しかし危機的な状況や、強制的な対応をする場面があったとしても、家族に対しリスペクトのある態度が求められる。

ii　1983 年にサミットが提唱した。性的虐待を受けている子どもに共通の心理を説明している。加害者によるグルーミングのプロセスのなかで共犯関係を結ばされることで、誰にも訴えることができなくなった子どもが、逃げ場を失い、生きていくためにはその環境に順応せざるを得なくなることを示した。子どもは、一見、落ち着いて、ときには加害者に迎合するような態度を示すことがあるが、順応による態度を示しているにすぎない。

性的虐待事例へ危機介入した事例

　小学校5年生のA子は、養護教諭に父親から「セックスされる」と訴えた。通告を受けた児童相談所はA子と面接し、即日、職権一時保護を実施し、母親に連絡した。母親は信じ難い様子の一方で、「嘘を言う子ではない」とも話した。父親は「自分に関心が向くよう嘘をついている」と話した。A子に一時保護を説明すると「帰れるのか」と不安を示した。

問　性的虐待を理由に一時保護されたA子はどのような心理的状態にあるか。また、児童相談所としてどのような調査、支援が必要か。

●解説

　この事例は、養護教諭への告白により発覚した。子どもは「先生にだけ話したのだから誰にも言わないで」と訴えることがある。しかし、性的虐待は専門機関が介入しない限り潜在的な被害は継続する。被害を訴えられた教諭等は学校として組織的に対応するとともに、子どもに対して児童相談所に通告することを誠実に説明し、理解を求めなければならない。児童相談所は加害者の影響を可能な限り排除するため調査保護を実施する。3機関協同面接とともに、児童虐待を専門的に診察できる医師による系統的全身診察が求められる。

　一時保護された子どもにすれば、養護教諭に話したことで大ごとになってしまったと、家族を裏切ったような気持ちになる場合もある。支援者は子どもの不安に応え、これからの見通しとサポートについて誠実に説明することが大切である。子どもにとっての支えとなるのは虐待をしていない保護者（多くは母親）や親族が子どもの訴えを信じ、サポートすることである。母親が子どもを守る立場に立てるように支援していくことが大切である。

　子どもを守るためのケアは、一時保護所の生活から始まっている。調査、捜査段階からの一貫したトラウマ・インフォームド・ケアが求められる。子どもの態度は実にさまざまで、性的虐待順応の状態で表面的にはきわめて落ち着いた態度をみせる子どももいれば、加害者との秘密が公になってしまったことで不安になり、開示を撤回する子どももいる。長年の秘密を開示したことで、堰が壊れたかのように被害を誰かれとなく開示してしまう子どももいる。子どもが守られ、安心できる生活環境を整えていくことが求められる。なお事例は、父親による女児の被害であるが、性的虐待、性被害はあらゆる関係性のなかで起きることは忘れてはならない。

---

iii　告白は、ほのめかし程度の場合もある。また訴えたあと、「それは嘘、冗談」と言って否定する場合もある（告白の撤回）。一時保護前の聞き取りは、3機関協同面接（司法面接）を想定し、子どもの記憶の情報汚染（コンタミネーション）を防止するため必要最小限度の聞き取り（誰が、何をしたのか）のみとすることが大切である。

iv　性的虐待を受けた子どもの予後を考えたとき、子どもの訴えを信じ、子どもを守る立場に立つことができる親がいることが決定的に重要になる。しかし、子どもを守ることは父親との関係を整理することにもつながるため、容易な判断ではない。いかに、虐待をしていない保護者を支援するのかが課題となる。

3 児童虐待対応での支援者のためらい

子どもの命と安全を守ろうとするとき、ときに子どもや保護者の意思に反して危機介入せざるを得ない場面がある。保護者から厳しい態度で迫られることも少なくない。ここに支援者としてのためらいが生まれることは否めない。しかし、判断の誤りが子どもの命と安全を脅かすことにもつながる。エビデンスに基づく組織としての判断が必要である。

4 児童虐待対応における家族との協働

児童虐待への危機介入は、家族に対する支援の始まりでもある。子どもの安全が確保されなければ、家族再統合には進めない。危機介入は、家族と支援者の間に軋轢を生むことが珍しくないが、これを克服し、子どもの安全と未来を創っていくためのパートナーシップ形成の支援が子ども虐待対応におけるソーシャルワークの意義でもある。家族の当事者参画は必須であり、ファミリーグループ・カンファレンス★、サインズ・オブ・セーフティ・アプローチ★などが積極的に展開されている。

2 子どもの傷つきからの回復と家族支援

虐待を受けた子どもの傷つきを癒し、回復していくためには子どもの安全を確保することを前提として、子どもとの愛着関係の再構築、基本的信頼感★の形成、トラウマからの回復、親子関係の再構築、などが課題となる。虐待を受けたがゆえの子どもの言動、問題行動とされることの背景にあるものを理解し支援していかなければならない。また、子どもがよりよく生きていくための家族への支援は不可欠である。家族が主体者となって、子どもの安全や未来を構築するための支援が求められている。

◇**参考文献**
・日本子ども家庭総合研究所編『子ども虐待対応の手引き──平成25年8月厚生労働省の改正通知』有斐閣，2014.
・Summit, R. C., The child sexual abuse accommodation syndrome, *Child Abuse and Neglect*, 7, pp. 177–193, 1983.

ⅴ　子どもの行動の背景にあるトラウマについて十分理解して対応すること。性的虐待対応は、初期介入の段階から子どものトラウマに十分理解した対応が求められる。

★**ファミリーグループ・カンファレンス（FGC）**
家族が、専門職と協働するなかで、拡大家族や友人・知人といったインフォーマル・ネットワーク（ファミリーグループ：FG）の潜在的力を活用し、子どもの安全・安心を確保するためのカンファレンスに参画し、家族が意思決定するプロセス。

★**サインズ・オブ・セーフティ・アプローチ（SofS）**
当事者（子どもとその養育者）の意見・考え、家族自身がもっている強さ、資源（リソース）に焦点を当て、当事者と専門職が協働することによって、家族自身と安全を守る人が安全を構築していくことを支援するアプローチ。

★**愛着**
乳児が不快・不安を感じると養育者が慰め、その繰り返しによって特定の人との愛着関係が育まれる。これを基盤に子どもの自立心、人間関係や社会性の発達につながる。深い不安、恐怖を感じたときに養育者を求めることを愛着行動、その対象を愛着対象という。

★**基本的信頼感**
エリクソン（Erikson, E. H.）の提唱した概念。養育者への、信頼感を通し、自分がこの世に存在することを肯定的に捉え、人生には生きる意味や生存する価値があり、世界は信頼するに足るものだという感覚をもつこと。

社会的養護にかかわる実践

学習のポイント

● 子どもが社会的養護に至るプロセスを理解する
● 社会的養護における子どもの理解、ケア、家族への支援の概要を知る
● 家族再統合の可能性とその支援を理解する

1 社会的養護を必要とする子どもたち

虐待の通告は年々増え続けている。今日、社会的養護の対象となる子どもの多くが虐待を経験している。しかし、子どもは生まれ育った環境で育つ権利があり、最大限の支援をしても在宅生活が困難な場合において家族との分離がなされる。また、親子分離がなされたとしても、可能な限り家庭に再統合できるように支援を行う。

1 子どもの育ちと回復を支援する社会的養護

2016（平成 28）年 6 月の児童福祉法改正では、「家庭養育優先の原則」が規定され、子どもへのパーマネンシー（養育の永続性）保障が明確に示された。社会的養護は、里親養育と、より小規模化された家庭的養護を目指した施設養護において、さらには里親養育と施設養護との連携において、子どもの育ちと回復を支援する。

2 家族再統合の可能性と家庭復帰の支援

社会的養護では親子関係の修復に向けた支援がなされる。また、子どもの安全を守る仕組みづくりとそれを実現するためのセーフティネットワークの構築がなされ、慎重に家族再統合が進められている。子どもの安全づくりは、当事者である家族が主体者として家族再生に取り組むとともに、里親支援機関、施設養護におけるファミリーソーシャルワーカー、児童相談所、要保護児童対策地域協議会をはじめとした関係機関等との緊密な連携のなかで進められる。

★親子関係の修復
支援は、子どもの個別のケア、養育者のケアに加えて関係性へのケアが不可欠となる。

★セーフティネットワーク
サインズ・オブ・セーフティ・アプローチ（SofS）では、インフォーマルな人たち（親族、友人、知人など家族を取り巻くさまざまな人たち）のネットワークの構築により、子どもの安全を守っていくことを推進する。そして、このネットワークに基づき家族自身がセーフティ・プランを作成することを支援する。

★家族再統合
必ずしも明確な定義はないが、子ども虐待の発生により分離された子どもが家庭復帰し、親子が再び暮らすことおよびそのことを支援することをいう場合が多い。親子関係の修復を「親子関係の再構築」として、必ずしも家族再統合には至らない場合も含めて関係性を支援することをいう場合もある。

事例 1

乳児院から措置変更により里親委託を進めた事例

　Aちゃんは、精神疾患のある母親が未婚のまま出産した子どもであった。母親は体調が回復すれば、早く引き取って二人で暮らしたいと訴えたため、児童相談所は乳児院への措置を決定した。しかし、体調は回復せず、親族の応援も困難だった。結局、Aちゃんは1歳の誕生日を乳児院で迎えた。児童福祉司は母親の思いを尊重しながら、里親委託を提案した。母親は不安を示したが、児童福祉司はあくまで、家庭復帰を目指しての養育里親への委託であること、子どもとの交流は可能であることを説明した。

問　里親委託に不安を示している母親に対して児童福祉司であるあなたは、どのような支援計画を立てるか。

● **解説**

　本事例では、短期間の乳児院の利用を想定していたが、いまだ家庭引き取りのめどはたっていない。母親は毎週施設を訪問し、本児との時間を過ごした。一定の愛着関係も育まれ、母親にとって本児と一緒に暮らすことが夢である。

　里親委託は、特に乳幼児の場合は特定の養育者との間に愛着関係を育むことを重視して行われる。

　本事例のように親権者が里親委託を「子どもが取られてしまう」という思いから消極的になってしまう事例は多い。養育里親は、社会的養護が必要とされる子どもを委託し、可能な限り家族再統合を目指す里親であること、家庭での養育が子どもの安定と成長にとって重要なこと、里親養育は母親との協働養育であることを粘り強く説明することが必要である。

　里親への措置変更の見通しが立てば、どのように子どもに負担の少ない方法で養育者の交替を実現していくのかを計画する。また、母親の不安に対応し、里親の紹介、子どもとの交流も進めなければならない。このとき、母親が里親に会って交流をすることで安心感をもてることが大切である。里親には子どもを養育するだけではなく、母親を支持し、母子関係を支援することが求められる。容易なことではないが、児童相談所は、これらをフォスタリング機関、乳児院、里親会等と連携して実施する。

　里親委託の原則を徹底するためには、社会的養護の受け皿となる里親を量的にも質的にも十分確保する必要がある。また、里親を取り巻く児童相談所、フォスタリング機関、乳児院、里親会等が里親養育をバックアップする体制を確保していくことが必要である。

被措置児童等虐待と認定された事例

　A指導員は児童養護施設に就職して３年目。施設での仕事にも少しずつ慣れてやりがいを感じていた。そして、最近入所した小学６年生のB君の担当となった。入所理由は、父親からの長期間の身体的、心理的虐待であった。A指導員は、B君が施設に慣れて、安心感を抱けるようにと心がけていた。しかし、B君はA指導員の声かけにも、不機嫌な態度を示した。しだいにA指導員はB君との関係に難しさを感じるようになった。ある日、B君が年少児童をいじめているのを発見した。A指導員がB君に注意すると、B君は鋭い視線で「黙れ。どうせ、俺が悪いっていうんだろう。何にも知らないくせに…殴れよ」と挑発してきた。A指導員は、B君の頬をたたいてしまった。

問　あなたはA指導員の対応の背景をどのように理解するか。また、適切な対応やそのために必要なことについても考えなさい。

●解説

　被措置児童等虐待は児童養護施設、里親等に措置、委託されている子どもに対して、当該施設の職員や里親が子どもに対して行う虐待行為をいう。権利侵害を受けて、入所に至った子どもが安心できるはずの生活の場で新たな被害を受けることは、二重の権利侵害を与えることであり、決してあってはならない。しかし、そのことが発生してしまう背景には、虐待を受けてきた子どもが虐待者との関係のなかで培った関係性を、新たな大人との関係のなかで再現してしまうことがある。これに支援者が巻き込まれ、虐待行為に至ってしまうことがしばしば認められる。

　被措置児童等虐待が疑われる事案が発生した場合は、そのことを知り得た者は直ちに児童養護施設等を所管する都道府県、政令指定都市等の所管課に通告しなければならない。都道府県、政令指定都市等の所管課は事案を受理した場合は、子どもの安全を確保するとともに当該児童相談所と連携しながら、現場に出向き子ども、当該職員等に面接調査を行う。また、事案が当該職員と子どもの間にだけ発生したのか、さらに広がりがあるのか慎重に調査を進める。調査結果に基づき、都道府県、政令指定都市等は当該事案が被措置児童等虐待に該当するか否かを第三者の意見も踏まえて審議し、当該職員の処分の要否や、それが里親委託であった場合には里親登録の抹消も含めて検討し、再発予防のための対策案を決定する。

　児童虐待にかかわる支援者は被措置児童等虐待が生まれる構造を理解すること、また、誰もがそこに巻き込まれる可能性を理解するために組織として研修等を通じて共通認識をもつことが大切である。そのうえで、一人ひとりが高い人権感覚をもち、適切なスーパービジョンを受け、チームで支えあうことができる体制を築いていくことが大切である。

2 社会的養護を支える支援者

社会的養護の対象となる子どもたちはさまざまな課題を抱えて里親、児童養護施設等の職員と出会う。子どもは、過酷な環境を生きてきたからこそ、ときに「問題行動」として育ちの課題を示す。よりよい支援のためには、子どもが示す行動の背景を理解することが必要である。つまり、❶子どもが生まれながらにもっている素質の理解、❷これまでの育ちのなかで体験してきたことの理解（基本的信頼感の形成と愛着、しつけと自律性、逆境体験、心的外傷体験・トラウマ、喪失体験、不適切な生活習慣と逸脱行動の学習、暴力に親和的な家庭における誤学習）、❸家族との関係の理解、❹里親との関係性・施設（学校等）のなかでの関係性の理解などが子どもを理解する視点となる。

Active Learning

児童福祉施設におけるケアワーカーとファミリー・ソーシャルワーカーの協働や役割分担について考えてみましょう。

Active Learning

里親養育を支援する児童相談所と民間フォスタリング機関の協働や役割分担について考えてみましょう。

3 子どもとの関係を捉え直す

過酷な生活を生き抜いてきた子どもたちが回復し、大人に対しての信頼を獲得するまでには時間がかかる。この間には、虐待を受けてきたがゆえに示す、大人への不信を背景としたさまざまな言動がある。支援者は、これらの子どもが回復していくための不可避の行動に対しての対応を迫られる。そこには、支援者であるがゆえに、子どもに対しての陰性の感情や、「この子は私でなければ守ることができない」などの陽性の感情が現われることがある。これらの感情は、当然の感情でもあるが、過度になると子どもの支援に支障をきたす。時には被措置児童等虐待に発展することもある。支援者は、自身に生まれる感情をあるがままに受けとめ、そのことを職員間で分かち合うことができる職場づくり、子どもの支援にチームで取り組む視点を忘れてはならない。個別の関係性が凝縮される里親養育においては、さらにこの視点は大切である。

★陰性感情、陽性感情
陰性感情は支援者のなかに生まれる子どもを否定的にみてしまう感情。「この子は私しか守れない」という感情は「陽性感情」であり、いずれも支援者としての子どもとの距離感を失っている状態である。児童養護の現場では子どもとの関係において支援者のなかにさまざまな陰性、陽性の感情が生まれる。子どもと実際かかわっていると、このことの自己覚知が難しくなる場面が生まれる。このようなとき、適切なスーパービジョンを受けることが子どもとの適切な距離感をとることに役に立つ。

◇参考文献
・増沢高『ワークで学ぶ子ども家庭支援の包括的アセスメント——要保護・要支援・社会的養護児童の適切な支援のために』明石書店，2018.

第6章 子ども家庭福祉のソーシャルワーク実践

ひとり親家庭への支援に かかわる実践

学習のポイント

● ひとり親家庭が抱えがちな生活上の困難や寄せられる相談の実際を理解する
● 当事者の意思や意向、アセスメントを踏まえた支援の重要性を理解する
● ひとり親家庭の支援は、包括的で多様であることを念頭において進める

1 ひとり親家庭に対する支援の基本

ひとり親家庭は、非正規雇用の増加や男女の賃金格差など社会構造に起因する問題の影響を顕著に受け、厳しい生活状況に陥りがちである。数々のトラブルや苦労の末離婚にこぎ着けても、過去に受けたDVの影響に苦しみ、余裕がない生活から児童虐待などの新たな課題を抱えやすい。

Active Learning

「自己決定支援」について調べてみましょう。

ひとり親家庭への支援は、暴力や貧困などの危機的な状態から抜け出すだけでなく、親子が自分の意思と行動力で課題と向きあって解決できるように支えることである。自己実現に向けて途を歩めるよう寄り添う姿勢が支援者には求められる。また、親への対応が多いことから、子どもよりも親の事情を優先した支援になりがちである。親と子ども双方の福祉の実現を目標とすることを見失わないようにしたい。

2 相談の初期段階での留意点

Active Learning

相談援助の過程におけるインテーク（受理面接）のポイントについて確認してみましょう。

インテーク面接で、理路整然と話ができる当事者はまずいない。混乱し、言いたいことがうまく伝えられない人もいれば、窮状をみかねた家族や友人に伴われて窓口に来たものの、当の本人は相談意欲がないことも珍しくない。

この段階で行き違いが生じると、その後のかかわりが難しくなることがある。まずはよく話を聞き、相談者の思いを受容・共感し、話の内容を整理・確認しながら相談者のおかれた状況をよく理解することが大切である。

事例 1

子どもへの不適切な養育と DV が疑われる事例

　母親と 4 歳男児のひとり親家庭。交際中の男性とは毎週末、親子が住むアパートで一緒に過ごしている。ある日母親が市の相談窓口を訪れ、「ゆうべ、パートナーが子どもを強く叱ったため、自分も叱らないと暴言がもっとひどくなると思い、子どもをたたいた。自分がやったことは虐待だ」と泣いて訴えた。パートナーは、母親の子育てが不十分だとして子どもを厳しくしつけようとし、子どもをかばうと母親にも暴言を浴びせるという。

問　あなたが母子・父子自立支援員（以下、支援員）だったら、どんなことを聞き、どんなことに注意しながら対応するか。

● **解説**

　法的にはひとり親家庭でも、親に交際する人がいることは珍しくない。パートナーの存在は、親に精神的安定をもたらすなどプラスの面がある一方で、親子の生活スタイルが一変したり、価値観等の違いから家庭内にストレスが生じ、トラブルに発展することもある。

　この母親は今回、支援員に相談したが、事案がより深刻であれば、支援員は児童相談所や警察に送致・通報すべきか、優先すべき対応は何かの判断を早急に行う必要性に迫られる。また、こうした内容の場合、児童相談所や警察が最初の相談先となる可能性もあり、その場合は逆に児童相談所や警察から支援員に連絡が入り、連携を求められることもある。

　母親が取り乱した様子で児童虐待や DV の発生が疑われる訴えをすれば、支援員はあわてて児童相談所や警察に連絡するかもしれない。しかし、母親が求めている支援や母子が直面しているリスク等を検討することなく児童相談所や警察に対応を委ねてしまうことは、専門職としてあってはならない。連絡をとり、ともに対応することが重要である。

　インテーク面接を行う際には、まず、母親が落ち着きを取り戻し、できるだけ冷静に話ができるよう努める必要がある。そのうえで、母親の不安や後悔の念を受けとめつつ、❶母子に起きている事実、❷母親が相談先に求めていること、❸母子の安全を確保するための当面の方策などを優先し、早急に確認、検討する必要がある。

　2018（平成 30）年に発生した東京都目黒区の児童虐待死事件では、加害者である養父が実母にも暴力や暴言を振るい、精神的に支配することで子どもへの虐待に加担させたと報じられている。事例 1 の母親は、たたいたのは子どもを擁護するためと語っているが、自身がパートナーに承認され、攻撃から身を守る手段としたようにも思える。母親は相反する自身の感情や行動を整理できず、混乱していたのかもしれない。

　支援者は、母子のおかれている状況を冷静に見極め、虐待・暴力によるリスクが高い場合には、母親の決断を促すことや、まずは母親に代わって決断し、子どもを守り、保護者を加害者にしないために、法令に基づく強制力をもった対応を選択することも求められる。

若年でひとり親家庭となり、継続した支援が必要な事例

　母親は未成年。救急車で病院に運ばれ、飛び込み出産した。妊婦健診は未受診だった。アパートで一人暮らしをしていたが、アルバイト収入では生活費が足りず料金の支払いが滞り、何度か電気やガスを止められた。1年半程前から親族とは音信不通で、子どもの父親とも妊娠がわかった後に連絡がつかなくなり、誰にも相談できないまま出産に至った。

　病院で母親と面接した市の保健師と相談員は、母親が子どもを自分で育てたいと考えていることを確認したが、今のアパート生活ではそれは困難であること、自分で養育するためには、手厚い支援を受けることが前提であることを伝えた。

問　この後、母親と子どもは、母子生活支援施設に入所することになった。施設の相談員であるあなたは、どのようことに留意して対応するか。

●解説

　母親が、自分自身で子どもを育てたいと明確に意思表示したことは大切にすべきであり、行き詰まったとしても、これまで2年近く一人暮らしをしてきたことは、この女性の「強み」である。しかし、この未成年の母親の生活歴、今まで体験してきた困難やさまざまな生活課題をどのように乗り越えてきたのか、妊娠をどのように受けとめ、出産とその後の子育てをどのように行うつもりであったのか、結果として、まったく妊婦健診を受けずに飛び込み出産となってしまった経緯、出産後の思いや入院中の言動や安定度・対処能力、子どもの健康状況や個性などの要素（情報）を把握しなければ、具体的な支援計画は作れない。

　自身の生活も不安定でかつ親族等の支援者もいないなか、母一人で子どもを養育することは容易ではない。施設に入所して危機的状況は脱したが、これらのことを明らかにしたうえで、当面の生活支援を行いながら自立の準備を進める必要がある。

　母子生活支援施設における支援は、日常の「生活支援」と、母子が抱える複雑で多様な課題を一つひとつともに解決していく「課題解決型支援」である。具体的な支援とは、絶えずアップデートを重ねる一連の行為である。支援者が母子の生活の場で、生活の様子を把握しながら、母子とともに生活課題に取り組むことができるという「近さ」は、母子生活支援施設の大きな特色であり、強みであるといえよう。

　母子生活支援施設は、母親と子どもの安定した生活の実現と自立を促すことを目的としている。入所者は、貧困や虐待、DVなど多くの困難な状況をくぐり抜けた人たちである。それぞれが複雑な課題を抱えており、相談員だけでなく、保育士や医師、弁護士など多くの専門職が連携してかかわることが欠かせないケースも少なくない。施設内の対応も、チームアプローチが基本となろう。

3 着実に支援につながるために

　いわゆる「支援を求めない人」は、困難ケースになりがちである。ひとり親支援の現場においても、たとえば、小さな子どもを抱え所持金が数百円しかないといったぎりぎりの状態になってようやく支援機関に駆け込む人や、そのような状態となっても支援を拒む人もいる。精神的に不安定だったり、障害のために自身の困難を認識することが難しい人、相談するという発想がない人、相談先の情報にアクセスできないでいた人など、その背景はさまざまである。どうすれば支援を届けることができるか、支援者が心を砕き、知恵をしぼり、行動しなければならない。

　教育、労働、住宅などさまざまな分野と連携し、包括的な支援が必要となるケースも多いため、支援の総合調整役を担うことも意識すべきである。

Active Learning

居住する（している）都道府県に母子生活支援施設が何か所あるか調べてみましょう。

4 組織的対応や支援者が負うリスクを認識する

　二つの事例はいずれも複数の課題を抱え、優先順位をつけ迅速な支援を要する。限られた時間や情報のなかで判断に迷ったり、冷静に考えることができなくなることは支援者にも起こり得る。

　しかし、支援は一個人の判断で行うものではない。当事者を守り、支援者も守られる必要がある。そのため、組織で協議され方針が決定される必要がある。支援者は自分だけで抱え込まず、スーパーバイザーや管理者に適宜報告・連絡・相談し、事故等の未然防止の責務も負っている。

　支援の実際は、予期せぬ展開や、計画どおりいかないことの連続である。拒否されたり反発されれば、時には自信を喪失し、相手にネガティブな感情を抱いてしまうこともあるだろう。自身を励ましながら、支援者は相手に関心を寄せ続け、支持しながら家族のウェルビーイングを増やすことに挑み続けてほしい。

Active Learning

ここでは母子家庭と母親の連れ子婚によるステップファミリーの事例を取り上げたが、父子家庭の生活課題や支援事例も調べてみましょう。

第**6**章　子ども家庭福祉のソーシャルワーク実践

◇**参考文献**
　・厚生労働省「ひとり親家庭支援の手引き」
　・厚生労働省「母子生活支援施設運営ハンドブック」

第11節 女性福祉にかかわる実践

学習のポイント
● DV のある家族で生活する母子の心理を理解し、支援の概略を捉える
● 性被害・性的に搾取されている女性に対する支援について知る

1 ▶ 女性福祉とは

★ドメスティックバイ
オレンス
夫婦間、パートナー間
の暴力を指す。配偶者
からの暴力の防止及び
被害者の保護等に関す
る法律に規定されてい
る。

　性差別に基づくさまざまな女性問題への取り組み、とりわけドメス
ティック・バイオレンス★（DV）への対応、性暴力と性の商品化、性的搾
取、貧困、母子生活への支援などがテーマとなる。

2 ▶ 繰り返される DV の構造

　DV はパートナー間の何らかの暴力による支配構造をいう。なぜ抜け
出そうとしないのかと思うが、容易に抜け出すことができないのが支配
である。ウォーカー（Walker, L. E.）は、DV のメカニズムを緊張期、
爆発期、ハネムーン期の三つのサイクルで説明している。被害者は暴力
の後、優しくなるパートナーに「やり直せるのではないか」と期待を抱
く。DV 下におかれた母子のなかには相手から離れては、再びその相手
と暮らすことを繰り返す人もいるが、繰り返す心理を理解し、サポート
を続けることが大切である。

3 ▶ 性的搾取の実態

★児童ポルノ
「児童買春、児童ポル
ノに係る行為等の規制
及び処罰並びに児童の
保護等に関する法律」
に規定されている。児
童ポルノの製作だけで
なく、所持も処罰の対
象となっている。

　性的搾取とは、売春、性行為の強要、アダルトビデオへの強制出演、
児童ポルノ★、JK ビジネス、人身売買等によって生じる利益を搾取する行
為である。巧妙な手口で把握されていない犯罪も少なくない。被害者の
心理をコントロールすることから、自ら被害を訴えることができない場
合がある。

事例 1

DV を受け、母子での生活を決意した事例

　Ａちゃんの母親は、夫の DV に悩み、市役所に相談していた。しかし、暴力のあとは決まって優しくなる夫に「やり直せるのではないか」「私が我慢すれば」と決心できないでいた。ある日、ほんの些細なことから、暴力を振るわれた。泣きじゃくるＡちゃんを見て、母親は家を出た。母親とＡちゃんは、婦人相談所に一時保護された。母親は、揺れ動く気持ちを吐露した。

問　あなたが市町村の婦人相談員であったらどのように支援するか。

● 解説

　婦人相談員は、「これだけの暴力を受けながら、なぜ夫との生活を続けようとするのか」疑問に感じることもあった。それでも、母親の揺れ動く気持ちを受けとめながらサポートを続けた。

　しかし、Ａちゃんへの影響を考慮し、子どものおかれている状況次第では危機介入も必要である。要保護児童対策地域協議会の要保護ケースとして、他機関による見守りを平行して行った。

　母子は婦人相談所に一時保護された。母親は新しい環境に不安を感じるとともに、家を出た直後に届いた夫からのメールに動揺し「婦相に来たことを後悔している」と話した。婦人相談員は母親がこれまで大変な状況のなかでも頑張ってきたこと、そして、子どもの将来のことを考えて決心したことを支持した。母親は「私だけだったらすぐにでも帰ってしまうかもしれない」と答えた。

　保護された母親は、これからの生活に不安を抱き、揺れ動くことが多い。婦人相談員は揺れ動く母親の気持ちに寄り添い、母親の決心をサポートする。しかし、それでもパートナーのところに戻ることとなれば子どもが危険にさらされる。この場合、子どもの安全を最優先したかかわりが必要となり、子どもの児童相談所での一時保護等が検討される場合もある。

　女性相談を担当する職員は、暴力を振るわれ続けてもなお夫をかばい、離れては、再び暮らすことの幾度もの繰り返しにいたたまれない思いになるという。しかし、それでも母親に寄り添い、決意を支援していくことが求められる。一方、母親を支援する立場だからこそ、子どもの危険については判断が遅れることがある。女性相談と子どもの虐待相談の連携は不可欠である。子どもの立場でもリスクを判断するために、要保護児童対策地域協議会等を活用し、ほかの機関の意見も踏まえて、組織として判断することが大切である。

性的搾取の事例

18歳になったばかりのA子は家出を繰り返すなかで、繁華街で男性から声をかけられた。男性は優しく、A子の身の上話を聞いてくれた。泊まる場所がないとわかると男性のアパートに連れていかれた。次の日、「簡単なアルバイト」があるといって連れていかれた場所は風俗店だった。抵抗はあったが、男性が優しかったのと、後戻りできない雰囲気から短期間働くことにした。

幼いときの記憶は、酔っぱらった父親が母親を殴る姿だった。酒乱の父親が暴れるたびに警察が来た。母親が家を出て、A子は父子家庭で育った。中学生になると、家出を繰り返すようになり、何度か一時保護された。何度も施設に行くことを勧められたが、かたくなに拒み、早く家を出ることだけを考えていた。高校は中退した。

問 A子は誰にも相談できずに、以前担当だった児童福祉司のあなたに連絡を入れ、「店を辞めたい」と相談をした。あなたはどんな対応をするか。

●解説

児童相談所は原則18歳未満の児童が相談の対象である。しかし、A子がそうであったように、相談できる大人は、子ども時代にかかわった公的機関の職員だけであったということがある。また、自立援助ホームは20歳未満の入所が可能であり、このことの相談を児童相談所は受理することができる。

家庭の温かさを感じたことがなかったA子には自分に群がる大人たちでも優しいと感じた。その後店長は、「客がクレームをつけてきて、賠償金が必要だ」「アパート代がたまっている」とA子に言い、風俗を続けるしかないと思い込ませていた。

児童福祉司は、自立援助ホームの利用を勧めた。婦人相談所の一時保護も勧めたが、A子は応じなかった。彼女には「風俗に誘った男性を裏切るようで申し訳ないという気持ち」があることもわかった。

児童相談所の嘱託弁護士に相談し、法律相談をすることとなった。その後A子は、弁護士会が運営する子どものシェルターを経て、生活の見通しが立つまで自立援助ホームを利用することとなった。

20歳を超えれば自立援助ホームへの新たな入所はできない（状況によって22歳までの延長が可能）。しかし、弁護士への相談、婦人相談所や民間シェルター、民間団体などの社会資源はある。決して十分な相談体制ではないとしても、いずれかの機関に相談をつなげていくことで支援を形づくることができる場合がある。

4 ▶ DV の支配構造と児童虐待

　DV の支配構造は児童虐待の支配構造と重なる。児童虐待にかかわる死亡事例検証においても DV と児童虐待への対応が連動して行われることの意義が指摘されている。DV 対応は女性福祉の観点と、そこに子どもがいれば児童虐待の観点において、母子に対する支援が不可欠なのである。母親に対する支援のプロセスと児童虐待の介入はいつも同じタイミングではなく、ときには子どもの安全が優先される場合もある。

Active Learning

誰も知る人のいないところで生活を始めることの不安について考えてみましょう。

5 ▶ DV を逃れた後に直面する母子関係の課題

　DV 下で生活していた母子は、パートナーからの暴力を受け続ける被害者としての同志という関係性が強い。ここで、パートナーからの暴力がなくなることで、暴力を受け続ける同志から、母子関係にあらためて直面することになる。子どもにとっては、これまで抑圧されていた思いが噴出したりすることもある。また、母親としてどのように子どもとかかわっていけばよいのか悩む母親も少なくない。ときには、母親による子どもへの虐待が生じることもある。

6 ▶ 性的搾取の拡大

　深刻な実態がある。事例に紹介したように、加害者は女性の弱み、不安につけ込んでくる。社会的養護を巣立った頼る大人の少ない子どもたちが被害を受けることも多い。陥りがちな性的搾取の実態を周知するとともに、**警察、支援団体・組織、弁護士につなげ、被害者を孤立させないことが何より大切**である。

Active Learning

加害者に対する支援についても調べてみましょう。

◇参考文献
・アリス・ミラー，山下公子訳『魂の殺人――親は子どもに何をしたか』新曜社，2013.
・レノア・E. ウォーカー，斎藤学監訳，穂積由利子訳『バタードウーマン――虐待される妻たち』金剛出版，1997.
・友田明美『子どもの脳を傷つける親たち』NHK 出版，2017.
・リーフレット「わたしは、だいじょうぶ！～ほんとかな？ 気をつけて、こんなワナ～」平成29年度子ども・子育て支援推進調査研究事業「児童自立支援施設の措置児童の被害実態の的確な把握と支援方策等に関する調査研究」

教育との協働にかかわる実践

教育を保障し福祉を実現する

学習のポイント

● 子どもにとっての学校とはどのような所であるのかについて考える
● 学校で課題として意識されやすい事例からソーシャルワーカーの役割について考える
● 学校等の教育機関と福祉との協働のあり方について考える

1 子どもにとっての学校とは どのような所なのか

「教育機会確保法」について調べて、学校以外の学びの場の状況についても調べてみましょう。

　子どもたちは、日中の大半を学校で過ごす。子どもたちはそこで多くのことを学び、生きていく力を身につける。子どもたちにとって学校は家庭とともに重要で身近な環境であり、かつ、親やきょうだいを選ぶことができないのと同じように、自分で担任やクラスを選ぶことができない。

　私たちは、学校が子どもたちにとって、とても重要な所であると同時に「逃れられない環境」でもあることを理解する必要がある。

2 子どもの福祉を実現するための学校

自身が担当する地域とそこにある小学校や中学校の歴史（沿革）を調べてみましょう。

　日本では小学校から中学校を卒業するまでの9年間を義務教育期間と定めており、就学年齢の子どものほぼすべてが就学する。学校は、地域福祉の拠点となり、子どもの福祉を実現する社会資源である。

　一方で、戸籍がない子どもたちやいわゆる居所不明児童の問題がある。また、保護者に子どもを就学させる義務がない外国籍の子どもたちへの教育と福祉の保障が課題となっている。

Active Learning

学校プラットフォームについて調べてみましょう。

　子供の貧困対策に関する大綱は、学校をプラットフォームとして位置づけているが、教職員は子どもたちが暮らす地域の外から通勤し、人事異動は地域を越えて行われているため、地域についての情報を蓄積していくことが難しい。このため、学校が地域福祉の拠点となるには、地域と学校をつなぐ役割・助けを必要とする。

事例1

父母からいじめの訴えがあり、不登校が続く小２男児の事例

　父母から「いじめられて登校できなくなった」という訴えがあった。内容は同級生から「臭い」「汚い」と言われたとのことである。学校は対応を図り、本人も父母も納得し問題は解決したようにみえた。しかし、その後も不登校が続いている。この子には以前から登校渋りがあり、授業中落ち着きがなく、衣服や身体が汚れていても頓着がない。持ち物がそろわず、虫歯も治療されない。学校は父母の養育力が足りないとみており、教育センターから父母へ働きかけてほしいという依頼があった。

問　あなたが教育センターに所属するソーシャルワーカーだったら、どう対応するか？

●解説

　実は、この事例では父母は、一人息子であるこの子をとても大切にしている。ともに精神疾患があるため、仕事はしておらず、生活保護を受け、公営住宅に住んでいる。家事が滞りがちで、家の中は散らかっており、家族全体が規則正しい生活を送ることができない。

　学校は、基本的な生活習慣を子どもに身につけさせようと父母に協力を求めたが、徐々に連絡がとれなくなった。学校としては父母が子どもを適切に養育できていないことは明らかなので、一時保護することや児童養護施設に入所させることを希望している。

　実際の支援では、精神保健を担当する保健師、生活保護ケースワーカー、相談支援事業所とも連携し、家族はホームヘルプサービスを利用するようになった。

　スクールソーシャルワーカー（SSWer）は、適宜これらの機関の家庭訪問に同行し、福祉や保健の視点に基づく支援について学校と共有した。

　すでにかかわりのあった職種と連携することで父母の安定を得た。学校では、養護教諭が歯磨きや洗顔の個別指導を行い、学習支援員による個別の学習支援も行われた。学校は教育の保障だけでなく、福祉を図るためにも大きな貢献を果たし、父母との関係も好転していった。

図6-6　事例1で起こっていたこととSSWerの関与

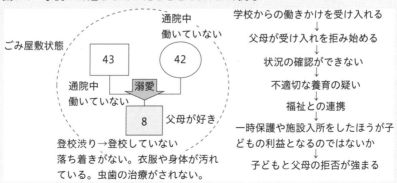

第6章　子ども家庭福祉のソーシャルワーク実践

夜間徘徊、万引き等非行傾向で相談の入った中学2年女子の事例

　ひとり親家庭の父親からスクールカウンセラー（以下、心理職）に相談の申し込みがあった。「長女が万引きを繰り返していて困っている。長女は、どちらかといえば口数が少なくおとなしい性格だが、盗み癖があり、以前にも学校でほかの生徒の物を盗んで指導されたことがあった。最近は、夜に家を抜け出すことがあって何度か警察に補導された。警察からも学校からも家庭でも厳しく注意しているにもかかわらず改善されない。どうしたらよいのか」ということだった。相談の申し込みを受けた心理職から、父子とのインテーク面接に、スクールソーシャルワーカーにも同席してほしいと要請があった。

問　あなたがインテーク面接に同席するとすれば、どのような点に着目するか？

•解説

　まずは父子同席で面接を行い、あらかじめ打ち合わせていたとおりに後半は父子を分けた。長女との面接は心理職が行い、父親との面接はワーカーが担当し、平行して進めた。

　父親はワーカーに対して、長女の下に軽度の知的障害のある長男がいること、仕事は忙しく、弟の学校への送迎や家事など長女が手伝うのが当たり前なのに、長女は自分のことしか考えていないという不満を語った。

　父子同席での面接では、ずっと黙ってうつむいていた長女だったが、心理職との面談で、5年前に亡くなった母親の死因は自殺であったこと、その母親から虐待を受けていたこと、弟の送迎のために自身が遅刻することや部活動に参加できないことなどを語ったという。

　心理職とワーカーは、長女のおかれている厳しい状況を踏まえ、これを教員や学校の管理職とも共有し、非行への指導よりもまずは本人へのケアを優先させることとした。

　ケアのために受診した児童精神科医は「長女の過酷な成育環境を鑑みれば、現在の状況は正常な反応といえる」との意見だった。このことを受けて、父親も彼女の負担を軽減し本来の中学生らしい生活を組み立てていくための支援を受け入れることになった。

　長男のために利用を開始したファミリー・サポート・センター事業やショートステイ、放課後等デイサービスは、長男の生活の質の向上だけでなく長女と父親の負担を軽減し、長女が部活動へ参加するなど中学生らしい生活ができることにつながった。

　学校では見えている行為や行動への指導が行われやすい。年齢が上がり、その行為や行動が反社会的なものである場合にはなおさらである。しかし、その背景に目を向けることにより、SOSをキャッチすることができる。

3 学校教育と子ども家庭福祉との間で生じやすい行き違い

学校は子どもたちの抱えている困難に気づきやすい場所である。多くの場合、それらは不登校や非行、いじめなどの「問題行動」と呼ばれる行為として現れるため、教育の現場では、子どもや保護者を指導する形がとられやすい。社会福祉専門職は、こういった行為の背景には、子どもたちがそうならざるを得なかった環境があることに注目する。

教育では「人格の完成を目指し教え育てる」ことを意図するために、子どもを「愛情と慈しみをもって指導する」という文化が形成される。また、学校では、担任教員は自分のクラスに関して全面的に責任をもとうとする一方で、ほかのクラスの運営については口を出そうとしない傾向があるようにみえる。

このような児童・生徒に対する姿勢は、「問題を抱え込むが、自分が責任を負うべき生徒ではないと判断すると途端に無関心となる」場合もあり、福祉の側からは受け入れがたい。

この視点の違いや問題へのアプローチの仕方の違いが、両者の間での行き違いを生じさせる。

Active Learning

クラス担任の仕事がどのようなものか、1日の流れや分掌業務量などを含めて考えてみましょう。

第6章 子ども家庭福祉のソーシャルワーク実践

4 「文化の違い」から「協働」へ

教育の世界では違和感がない「指導する者、される者」という関係は社会福祉の側からは、時として「子どもの人権や尊厳を軽んじている」ように映るだろう。ただし、教育の側からすれば、社会福祉職が大切にする「パートナーシップ」や「自己決定」という価値や態度は、「子どもを甘やかし」「保護者の主張を鵜呑みにしている」ようにみえる。

しかし、子どもの人権や尊厳を軽んじてもよいと考えている教員は、おそらく一人もいない。子どもが自立する力をつけなくてもよいと考えるソーシャルワーカーもいないだろう。

子ども自身に生きる力をつけさせようとする教育と子どもの権利を守ろうとする福祉は、互いに互いの専門性を認めあい、互いへの敬意をもって、「この子のために」という目的に向かい、互いに力を発揮しあって一つのチームとなることができる。

それこそが目指すべき協働のあり方だといえるのではないだろうか。

若者の自立支援にかかわる実践

学習のポイント

● 若者の自立支援は職業訓練、就労支援のみではないことを理解する
● 若者の支援は、本人のこれまでのライフステージを理解することが重要となる
● 若者の抱える困難や課題とその背景を考え、若者が社会とかかわる重要性を理解する

1 困難を抱える若者たちと自立支援

　近年、子ども・若者の貧困が注目されている。また、困難を抱える若者に対して、自立のため就労支援を行う重要性が指摘され、そのための、教育、福祉、保健、医療、雇用など多くの分野にまたがる施策や対策も出されている。

　若者の自立を妨げる困難や課題は、いくつもの事由が重複し複雑化している場合が多い。例としては、貧困、不登校、児童虐待、発達障害、いじめ被害、心身の疾患、友人関係のトラブル、非行、家庭環境（DV、親の病気…）等がある。

　一つひとつが深刻な問題であるため、それが重複するときわめて厳しい状況となる。そのような状況にある若者に支援を行う場合、面談によるアドバイスや、福祉機関、医療機関の紹介などによる解決は、家族が本人の自立に熱心な場合を除くとなかなか難しい。

　中学校、高等学校を進路が決まらないまま卒業してしまった若者や、高校を中途退学してしまった若者は、将来自立が困難になるリスクが高くなることが知られている。

　困難や課題を抱える若者が高校中退などで学校から離れてしまうと、支援が必要となっても自発的に相談することが困難であったり、相談機関を訪れるまでに長い時間がかかったりすることが多い。その結果、支援がより難しくなり、自立から遠ざかってしまう。

　また、不登校や中退からひきこもるなどして社会から孤立してしまう若者も少なくない。

Active Learning

文部科学省や都道府県教育委員会のホームページなどを通じて高校の中退者数やその推移を調べてみましょう。

事例1

困難を隠し続けてきたヤングケアラーの事例

高校生のNは、保健室で養護教諭に学校を辞めたいと打ち明けた。Nは、成績はよいが遅刻や欠席が多く、親しい友人はいない。生活保護世帯で母親と二人暮らしである。母親は精神疾患で通院しており、感情が不安定で、家事が滞りがちになる。Nは小学生のときは忘れ物が多いことや、服装のことでいじめられた。また、母親は浪費が激しく、Nは通学定期代などをアルバイトで賄っており、学業との両立で疲弊していた。最近、母親は不安感が激しく、Nの登校を引き止めたり、登校中に頻繁に帰宅を促すメッセージをSNSで送るようになった。Nは今までさまざまな大変さを誰にも訴えず、隠し続けてきた。

問　Nはこれまでなぜ、自分のつらさや大変さを隠し続けてきたのだろうか？

● 解説

保健室に来室したNが、母親からの引き止めやメッセージの多さへの疲れ、養護教諭に「学校を辞めたい」と訴えたことをきっかけに、学校内で、担任教諭、スクールソーシャルワーカーも加わり、Nの抱える問題や気持ちを聞き取った。そして、関係機関も参加してのケース会議を行うことになった。それらを通じて、Nも和らいだ表情を見せるようになった。

ケース会議では、母親の医療機関との情報共有や、各種関係機関の家庭への支援等、Nがスムーズに登校できるような環境の調整を行い、今後も定期的にチームでケース会議を開くことが決まった。母親が利用できる社会資源は多いので、Nの登校を安定させる方法を見出せる可能性は大きい。

しかし、登校が安定してもNへの心のケアは大切である。Nは幼少期からネグレクト状態で育ってきた。貧困のなかでいじめを受け、ヤングケアラー*として孤立し、子どもらしい生活をあきらめてきた。このままでは、Nは自己評価が低くなり、将来に前向きになれなくなることなどが懸念される。当面、継続的にスクールカウンセラーとの面談を調整するなどの配慮が必要である。

Nの自立を考える場合、高卒の資格をもつことは役立つが、それだけではなく、具体的に将来の進路を考えた支援が必要と考えられる。Nが大学進学を希望した場合、給付型の奨学金等の情報提供が必須となろう。また、Nが就職をした場合の生活保護の扱いなど、Nの経済的な自立が可能になる支援が必要となる。

★ヤングケアラー　本来なら大人が担うような家族の介護や世話をすることで、自らの育ちや教育に影響を及ぼしている子どものこと。障害、病気、精神疾患のある家族の介護や、年下のきょうだいの世話などをしている子どもは、学校を休みがちになったり、子どもならではの遊びや生活を楽しむことができなかったり、ネグレクトや心理的虐待に至る場合がある。

高校卒業を目前にして就職を拒む若者の事例

Fは小学校に入学してすぐに、学校生活が困難なことから医療機関の受診を勧められ、発達障害の診断を受けた。しかし、まもなく両親が離婚し、母親と暮らした。母親はパートで働くが、実家の破産、親の介護などで経済的に困窮した。そのためFは通院できず、療育も受けられなかった。中学校では通級指導教室[★]を利用したが、いじめに遭い不登校になった。高校に入学した時点での学力はきわめて低く、友人関係のトラブルも多かった。学校は丁寧に対応してくれ、学習支援も受け、登校を続けることができた。しかし、卒業を前にして、Fは就職したくないと主張した。対人関係がうまくいかないためと思われた。

問 これまでに、Fにどのような支援があったらよかっただろうか？

●**解説**

Fは、卒業後どこともつながらなくなり、将来にわたって社会から孤立してしまう可能性が予想されるため、福祉的な支援が必要であると考えられた。支援の前提として、本人、保護者の障害の受容と理解が大切であり、慎重に対応して、本人、保護者が支援を受けるかどうかを判断してもらわなくてはならない。

学校では、支援チームをつくり、本人、保護者から、困り感を丁寧に聞き取ることによって、福祉的支援の必要性と制度を理解してもらった。支援が可能となった段階で、医療機関受診の支援を行った。卒業後を見据え、切れ目なく外部の機関に支援を移行できるよう、障害者就業・生活支援センターを通じて就労支援事業所に卒業後の支援を依頼した。

普通高校には、Fに対するような支援は用意されていない。一人ひとりのニーズに合わせて、**図6-7**にあるような社会資源を組み合わせ、支援を組み立てていく必要がある。

図6-7　Fと母親をとりまく社会資源

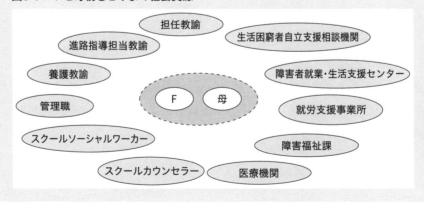

★**通級指導教室** 言語障害、難聴、LD、ADHD等の児童生徒に対して、一人ひとりの児童生徒の障害に応じた特別の指導を行う教室である。各教科の指導は主として通常の学級で受け、必要な時間を通級指導教室に通う。

2 ▶ 孤立する高校生に対する自立を目指した支援

　親の精神疾患は、乳幼児期・学童期・青年期を通じて、子どもの孤立の大きな原因となる。愛着形成やアイデンティティ形成がうまくいかないと、人との信頼関係をつくることを躊躇したり、人からの援助を受けにくかったりして、学校や地域で孤立してしまう傾向がある。虐待、いじめ、不登校・中退などの場合も同様に、孤立の原因となりやすい。

　事例1のNは保健室を利用していたので養護教諭と信頼関係がつくれ、SOSを出すことができた。今後、さまざまな役割や機関の人々との信頼関係をつくれるような支援が望まれる。学校のなかでは、スタッフによる支援ネットワークによって、安定した高校生活と卒業後の自立に向けて支援が必要である。

Active Learning

自殺防止対策に取り組んでいる団体の代表によれば、中・高・大学生からの相談がとても多いと聞きます。最近ではSNSでの相談も行われています。そうした団体の活動について調べてみましょう。

3 ▶ ソーシャルワークとしての若者の就労支援

　発達障害をもちながら、小中学校を通常の学級で過ごし、高等学校に入学してくる生徒は珍しくない。理由はさまざまであるが、本人、家族が障害に対してのスティグマをもつ場合、また、本人も家族も困り感がない場合は、支援が困難であることが多い。

　事例2のFの場合は、学校スタッフの支援チームが協力し、本人・母親に、福祉的支援とその制度を理解してもらい、関係機関との連携を構築することによって支援が可能になった。これは、ソーシャルワークとしての就労支援といえる。

第6章　子ども家庭福祉のソーシャルワーク実践

◇参考文献
・埼玉県教育局県立学校部生徒指導課「スクールソーシャルワーカー活用ハンドブック──福祉の視点を踏まえた児童生徒支援の方策」2020．https://www.pref.saitama.lg.jp/f2209/sswbook/sswhandbook.html
・「埼玉県ケアラー支援条例」2020．http://www.pref.saitama.lg.jp/a0609/chiikihoukatukea/jourei.html
・厚生労働省「平成30年度子ども・子育て支援推進調査研究事業　ヤングケアラーの実態に関する調査研究報告書」三菱UFJリサーチ＆コンサルティング，2019．https://www.mhlw.go.jp/content/11900000/000592954.pdf

障害児にかかわる実践

障害児およびその家族を対象にした社会福祉サービスを通じた支援の実際について

学習のポイント

- 障害児を対象にした支援の実際を理解する
- 障害児支援は、子どもを取り巻く家族や支援者への支援も重要であることを理解する
- 支援を進めるうえで重要な視点を理解する

1 障害児支援の前提

1 障害児やその家族に対するソーシャルワークの流れ

　ソーシャル・インクルージョンの理念の広がりとともに、共生社会を目指し障害児の生活環境を調整するソーシャルワークの必要性が高まっている。障害児を対象としたソーシャルワークの主な流れは、❶対象児童との面接、生活の場での行動観察、家族等からの情報収集、❷情報に基づいた対象児のニーズや課題の評価、❸援助の具体的方法を選定し、支援計画を立てる、❹支援計画の実施、❺支援開始後の経過の観察・評価である。このとき、子どもの支援と同時に子どもに最も身近な存在である親を支援することも重要である。

2 社会福祉サービス

　障害児支援は、子どもの生活ニーズを充足するため、さまざまな社会福祉サービスを活用して生活環境を調整する。このとき、ソーシャルワーカー（以下、ワーカー）は社会福祉サービスと子どもの仲介役となり、子どもや親が主体的にサービスを選択・決定できるよう支援する。社会福祉サービスを子どもへ「つなぐ」ことだけにとどめず、社会福祉サービスを通して支援体制を整え、ウェルビーイングの向上を目指す。

3 障害児支援のための多機関連携

　障害児支援は、さまざまな関係機関と連携して行う。関係者同士が共通の目標をもち、多面的な支援を行うことで、支援はより効果的なものとなる。そのためにケース会議を定期的に開催し、情報やアセスメントの共有、課題の整理等を行うことが重要である。

Active Learning

相談支援専門員について調べてみましょう。

問題行動のある子どもとその親の対応について保育士から相談があった事例

男児のA君は4歳の保育園児。思いどおりにならないと激しい癇癪を起こし自分の要求が通るまで暴れる。保育士はそのことを母親へ伝えるが、母親は保育士の対応が悪いからA君が問題行動を起こすのではないかと言う。A君は家でも思いどおりにならないと激しく癇癪を起こしており、母親は同居中の祖父母からA君の育て方が悪いと責められていた。そのため母親はA君が癇癪を起こさないよう、A君の要求をすべて受け入れていた。

問 あなたが巡回支援専門員で保育士から支援依頼があった場合、子どもや母親、保育士へどのような支援をするか。

●**解説**

事例1の母親は、A君の問題行動を、母親の育て方が悪いと祖父母から責められていた。保育士からもA君の問題行動を指摘されたため、拒否的な態度をとるようになった。A君は癇癪を起こすことで、家では自分の要求がすべて通るため、保育所でも自分の要求を押し通そうとして問題行動がエスカレートしていた。

この事例の支援のポイントは、❶A君の問題行動の背景、❷母親への支援、❸保育士への支援、❹家庭と保育所の連携である。このポイントをもとに、巡回支援専門員は以下のように支援を進めた。

巡回支援専門員は、まず保育士支援に取り組んだ。具体的には、A君の対応で困惑している保育士を労い、現在A君にどのような対応や取り組みを行っているかを確認し、その対応や取り組みからみえる保育士のストレングスやよい点をフィードバックした。そのうえでA君の行動観察等を行い、A君の問題行動の背景を理解したうえで、さらなる改善点として具体的な方法を助言した。また、母親へA君の問題点だけでなく、よい点や強みも同時に伝えることを助言し、保育士と母親との信頼関係修復を最優先に、保育士と対応方法を考えた。保育士は連絡帳でA君のよい点や1日の出来事を伝え続け、「A君の問題点」ではなく、「A君が困っていそうな点」に焦点を当て母親へアプローチした結果、巡回支援専門員の支援介入の同意を母親から得ることができた。

巡回支援専門員はA君との面接等でニーズを確認して母親と面接し、母親の現在の気持ちを受容、傾聴し、信頼関係を築いた。そのうえで母親が拒否的になっていた背景を理解し、それを保育士へ伝えることにより保育士の母親理解を促した。そして、母親と保育士とともにA君への共通理解を進め、対応や支援の方法を検討した。

ワーカーは対象者が拒否的な態度をとることを「悪いこと」と捉えず、その背景に何があるかを考え、真のニーズをつかむ。支援の過程では常に対象者のストレングスに着目する。

相談支援専門員が保健師から身体障害児の支援依頼を受けた事例

　男児のB君は1歳2か月の保育園児。発語は喃語程度。10分以上座位を保てず、前方へ倒れ込んでしまう。親は発達の遅れを少し心配していたが、まだ幼いので今後の成長の可能性を信じていた。しかし1歳半健診で病院受診を勧められ、そこで医師から神経・筋疾患の難病で、障害は重く、予後も厳しいとの説明を受けた。親は落胆し、保育士へ診察の結果を伝えると「うちの保育所ではB君の保育は難しい」と言われた。母親は動揺し、B君の今後について保健師へ相談した。保健師はB君や親へ社会福祉サービスを通した継続的な支援が必要になると考え、相談支援専門員を紹介した。

問　あなたが相談支援専門員だった場合、B君の支援をどのように進めるだろうか。

● **解説**

　事例2のように保育所在籍中に病気や障害が判明し、保育所が預かりを躊躇したり、拒むケースがある。動揺する親に対して、相談支援専門員は以下のように支援を進めた。

　紹介を受けた相談支援専門員は親と初回面接し、ショックを受け、今後の不安を抱いている親の気持ちを受容、傾聴し、落ち着いたところで相談支援専門員の役割等を説明し支援契約を結んだ。そして「楽しみながらできることを伸ばしてあげたい」「継続的に保育所を利用し、同年代の子どもとのかかわりをもたせたい」という親のニーズを確認した。その後、相談支援専門員は保育所を訪問してB君の行動観察を行い、保育士がB君の保育にどのような不安や課題を感じているのか情報収集した。これらの情報からアセスメントを行い、「児童発達支援」「保育所等訪問支援」という障害児通所支援を利用する計画案を作成し、親も利用を希望した。市町村による支給決定後、相談支援専門員は、親、保健師、保育所、児童発達支援事業所、保育所等訪問支援事業所の職員を交えたサービス担当者会議を開催し、B君の生活状況やニーズ等を共有した。特に保育所はB君の保育に困難さや不安を感じているため、保育所を訪問してB君や保育士へ専門的な支援を行う保育所等訪問支援事業所の職員との連携強化を促した。そして親の障害受容の段階を確認しながら、B君の就学や将来の生活も見据えて、身体障害者手帳と療育手帳について情報提供した。

　障害児支援を行うとき、事例のように親と関係機関の思いがずれることがある。ワーカーは両者の関係悪化で子どもの不利益が生じないよう、それぞれの思いに理解を示しながら両者の関係を丁寧に調整する必要がある。また、親の障害受容の段階に寄り添いながら、子どもの将来を見据えた支援を進めることが求められる。

▌4 家族支援の重要性

　障害児のいる家庭を支援するときに、子どもの生活の基盤となる家族を支援することは非常に重要である。障害受容の段階にはショック→否認→悲しみと怒り→適応→再起という過程があり、親の受容の段階に応じた丁寧な支援が必要である。ショック、否認、悲しみと怒りの段階でワーカーが対応を誤ると、親の傷つき体験になったり、支援の拒否につながる。そのため、この時期は傾聴や受容による信頼関係（ラポール）構築を重点としたかかわりを重ねる。また、家庭のなかで対立や葛藤等が生じることもあるため、ワーカーは家族をシステムと捉え、家族全体の機能や構造に即した支援を行い、本人の最善の利益を目指していく。

2 ▶ メゾ・マクロレベルの支援

　障害児およびその家族は日常生活を営むうえで、多くの困難や不安を抱えている。特に医療的ケア児や重症心身障害児は支援するに当たって専門的な知識や技術が求められるため、対応できる施設・事業所が少なく、親は昼夜を問わず子どものケアを行わなければならない。子どもの障害が重度であるほど、親は、❶就労の機会の制限、それに伴う経済的な不安、❷通院や緊急の用事等に行くことができない、❸きょうだい児の行事に参加できない、❹心身の不調、❺社会からの孤立感等、さまざまな困難が生じている。障害の有無にかかわらず、すべての子どもは平等に生活を保障される権利を有しているが、現実的にはそれが困難な状況である。

　医療の進歩で助かる命が多くなり、それに伴う医療的ケア児や重症心身障害児の増加、また発達障害児の急増により障害児総数は増加している。このような社会背景を踏まえて、障害児とその家族の支援体制の整備を図ることは喫緊の課題である。ワーカーは個別支援で得たさまざまなニーズや課題を集約し、メゾレベル（所属機関や社会）、マクロレベル（法律や制度）に働きかけ、子どもの最大限の利益を目指してソーシャルアクションを行うことが求められる。

Active Learning

父母の間で生じる感情のずれや、それを修復するなかで生まれる新たな信頼関係について考えてみましょう。

Active Learning

障害児のきょうだいが体験することや、それを通じて抱きやすい葛藤、あるいは獲得する強さや感受性について考えてみましょう。

第6章　子ども家庭福祉のソーシャルワーク実践

◇参考文献
・渡辺顕一郎『子ども家庭福祉の基本と実践——子育て支援・障害児支援・虐待予防を中心に』金子書房，pp. 43-65，2009.
・厚生労働省令和元年度障害者総合福祉推進事業「医療的ケア児者とその家族の生活実態調査報告書」三菱 UFJ リサーチ＆コンサルティング，2020.

当事者参画とアドボカシーにかかわる実践

学習のポイント

● 子どもが権利主体として、意見や思いが聴かれることの重要性について考える
● 社会的養育における当事者参画について考える
● 子どもアドボカシーの必要性について知る

1 社会的養護の子どもたちの声

★ Children's Views
& Voices
2001 年社会的養護経験者が立ち上げた社会的養護当事者をエンパワメントすることを目的に活動する任意団体。

　Children's Views & Voices（CVV）に参加する社会的養護経験者からは、「言いたくても言えない子どもに話しやすいかかわりをしてくれたら」「理不尽なことがあっても、しょうがないとあきらめていた。理由を話してほしかった」「施設を退所した後は、職員が忙しそうで相談しにくくなった。施設を出た後も相談しやすい環境にしてほしい」「子ども同士のいじめに気づいてほしい」「秘密は守ってほしい」といった声が聞かれている。これらの「声」は、傷つきや喪失体験を経験している子どもたちが安心して生活できる場の提供や、ケアする大人が子どもに寄り添う姿勢をあらためて見つめ直す必要性が示唆されている。

2 制度に当事者の声を反映させる（システムアドボカシー）

Active Learning

障害者福祉では、当事者抜きで当事者にかかわることを決めないことが当然のルールとなっています。なぜこの領域でそれが遅れてしまったのかを考えてみましょう。

　現在、子どもの権利の取り組みとして、子どもの権利ノートの配布、子どもの意見を汲み取る意見箱の設置、苦情解決の役割を担う第三者委員の設置などが挙げられる。しかし、生活している子どもが利用しやすいとは言い難い状況がうかがえる。また、アフターケアの制度に関しても、若者が相談しにくいといった声も聞かれており、子ども・若者のニーズと制度が乖離している状況にあるといえる。上記のことからも、社会的養育にかかわる制度に関し、当事者の参画が必要である。昨今、SNS等により経験者自身が声を発信する活動が増えつつある。「かわいそうな子」という社会の偏見をなくし、多様な環境で育った子ども・若者を受け入れる社会へと変わることが期待される。

一時保護された小学4年生の事例

　児童相談所に一時保護されて1週間が経った。学校にも行けず、外出できない生活がいつまで続くのかと不安に感じている。児童相談所の担当職員から何かを説明されたが、混乱していたため説明された内容を覚えていない。自分の家に帰りたいし、学校の友達とまた会えるのか心配。

問　あなたが本児から上記の相談を受けた際、どのような視点で子どもとかかわるか。

●解説

　現在の社会的養護の子どもたちの多くは、保護者と生活できない状況になったときに、「施設で生活したい」とか「里親家庭で生活したい」といった思いを聴いてもらえる機会は少なく、自分の思いに反して、住み慣れた地域を離れ生活をせざるを得ない状況にある。突然、知らない環境で生活を余儀なくされる子どもたちは、不安、恐怖、寂しさ、時には怒りを感じていることは、想像に難くないだろう。

　実際に対応する際には、以下の視点を留意されたい。

　子どもの不安な気持ちに寄り添い、共感した対応やエンパワメントの視点が求められる。また、子どもに見通しをもってもらうために情報提供は欠かせないと考える。小学4年生にわかりやすく伝えるためには、どのような工夫があるか考える必要がある。

　さらに、子ども自身が情報を提供されていること、子どもにかかわることに関しては、子どもの意向を確認することが重要である。

　特に、一時保護所や障害児入所施設等で、子どもの権利が侵害されやすい子どもたちや特別に配慮が必要な子どもたちにどのような視点でかかわるかは重要である。絵や図などを用いて説明するなど、わかりやすく伝えるための工夫が必要であり、大人が伝えたと満足するにとどめないことが重要である。子どもの不安感に寄り添う、子どもの気持ちや思いを代弁する大人、すなわちアドボケートが求められている。

　子どもが、アドボケートに求めることとしては、「話を最後まで聴いてくれる」「秘密にするといったことは、秘密にしてくれる」「自分のことをわかってくれる人」といった意見が聴かれている。

　さらに、子どもの気持ちや意向を聴くうえで、環境設定にも工夫が必要である。面接室において大人と対面で話すことに緊張をする子どもたちも少なくない。経験者からは、「面接室で大人とボードゲームをしながら話ができたのがよかった」「面接室ではなく、屋外などで話を聴いてもらったのでリラックスができた」との声も聞かれている。環境設定の工夫も子どもたちの不安な気持ちに寄り添う手段になり得るだろう。

児童養護施設で生活する高校3年生の事例

高校卒業後は、音楽の道に進むのが夢だった。経済的に専門学校には入学が難しいため、音楽に関連するアルバイトをしながら、バンド活動をしたいと何度も職員に話してきた。担当職員からは、「あなたのことを考えると不安定なアルバイトより、寮付きの会社の正規職員になるほうがいい」と言われ、何度伝えても意見を聞いてもらえなかった。もう担当職員に話しても無理だとあきらめている。

問 あなたが本児から相談を受けた際、どのような点に留意し対応するか。

● 解説

社会的養護下の子どもたちの進路選択の幅はまだまだ狭いといえるだろう。家族資源のなさから、保証人が必要な事柄に関して不利益を生じたり、住居と仕事がセットになっている職業しか選べなかったりといった状況にある。子どもの将来のことを考えると、「夢」を後押しできない現状にある。このことを踏まえ、以下に対応例を三つ挙げたい。

〈対応例①〉

「言っても無駄」という無力感があるなかで、気持ちを吐露してくれたその行動を労い感謝を示す。子ども自身を尊重することにつながり、より信頼関係が深まることが期待される。

〈対応例②〉

施設での生活についてや人生の重大な岐路（保護や措置解除、措置変更等）に立っている場合、子どもの意見を必ず聴くことが重要である。子どもを中心にしたかかわりを意識することで、子どもの意見が置き去りにされたり、大人の考えに従わせたりすることを防ぐことにつながる。

〈対応例③〉

子どもの最善の利益と子どもの権利行使について、相談を聴く立場によっては葛藤を生じる可能性があると思うが、子どもの気持ちに寄り添い、納得いくまで対話することが重要である。

日々の生活において子どもの声を聴く実践がされていると思うが、施設職員は多忙なこともあり、子ども一人ひとりに時間を取る余裕がないことも多い。里親家庭で育つ子どもにおいても、養育をしてくれている人に不満を言いにくいといった遠慮や配慮が生じやすい。今後、後述する独立アドボカシーが整備されることで誰にも言えずに悩んでいる子どもたちを少なくすることができるだろう。

また、社会的養護下の子どもたち一人ひとりに作成されている自立支援計画において、子どもの意向を反映する取り組みも積極的になされるべきであろう。

3 子どもアドボカシーの必要性

　1994（平成 6）年に批准した児童の権利に関する条約第 12 条において、児童に影響を及ぼすすべての事項について自由に自己の意見を表明する権利を確保するとあり、2016（平成 28）年児童福祉法改正においては、子どもが権利の主体であることを明確にし、守られる存在から、権利の主体者であることが位置づけられた。また、子どもの年齢や発達に応じて、意見が尊重されるよう明記されている。さらに、2019（令和元）年の児童福祉法改正（附則第 7 条第 4 項）において、法律の施行後 2 年をめどとして、児童の意見を聴く機会および自ら意見を述べることができる機会が確保されるような仕組みの構築が検討されるよう記載されている。

　今後、子どもの意見が当たり前に聴かれ、子ども自身が人生の決定にかかわれるようサポートする仕組み（子どもアドボカシーシステム）が必要といえる。すでに、子どもにかかわる専門職は、アドボケートとしての役割を果たしている人も少なくないが、質の向上や研修の提供については、不十分であるといわざるを得ない。特に、親や専門職（教師や施設職員など）から権利侵害を受けているときに、利害関係のない独立したアドボケートの存在は重要であろう。

　今後、日本における新たなアドボカシーシステムを考える際、❶制度設計（子どもがアクセスしやすいシステムになっているか）、❷人材育成（子どもとの信頼醸成や傾聴のスキルがあるか）、❸制度における当事者参画が課題といえる。当事者参画の際には、丁寧な説明と安全性の確保、パワーバランスの配慮（たとえば、複数人の参加を確保する）などを考慮することが重要である。

　上記の課題はあるものの、子どもの権利が保障される社会づくりに向けて、進みつつあるといえよう。

Active Learning

子どもアドボカシーに関する先駆的な取り組みについて調べてみましょう。

Active Learning

乳幼児や小学校低学年の子どもたちについては、どのようにその意思を把握し、決定への参加を保障できるのでしょうか。考えてみましょう。

第 6 章　子ども家庭福祉のソーシャルワーク実践

◇参考文献
・Children's Views & Voices・長瀬正子『社会的養護の当事者支援ガイドブック』2015.
・堀正嗣・子ども情報研究センター編著『子どもアドボカシー実践講座──福祉・教育・司法の場で子どもの声を支援するために』解放出版社，2013.

索引

最新 社会福祉士養成講座

編集

一般社団法人 日本ソーシャルワーク教育学校連盟 （略称：ソ教連）

統括編集委員 （五十音順）

中谷 陽明 （なかたに・ようめい）
ソ教連常務理事、桜美林大学大学院教授

松本 すみ子 （まつもと・すみこ）
ソ教連常務理事、東京国際大学人間社会学部教授

「児童・家庭福祉」編集委員・執筆者

編集委員 （五十音順）

岩永 靖 （いわなが・やすし）
九州ルーテル学院大学人文学部准教授

澁谷 昌史 （しぶや・まさし）
関東学院大学社会学部教授

宮島 清 （みやじま・きよし）
日本社会事業大学専門職大学院教授

執筆者および執筆分担 （五十音順）

石井 耕太郎 （いしい・こうたろう）⋯⋯⋯⋯⋯⋯⋯⋯⋯⋯⋯⋯⋯⋯⋯第 5 章第 10 節
千葉県中央児童相談所主席児童福祉司兼次長

伊藤 嘉余子 （いとう・かよこ）⋯⋯⋯⋯⋯⋯⋯⋯⋯⋯⋯⋯第 2 章第 2 節・第 3 節
大阪府立大学大学院人間社会システム科学研究科教授

岩永 靖 （いわなが・やすし）⋯⋯⋯⋯⋯⋯⋯⋯⋯⋯第 3 章、第 5 章第 4 節・第 13 節
九州ルーテル学院大学人文学部准教授

川松 亮 （かわまつ・あきら）⋯⋯⋯⋯⋯⋯⋯⋯⋯⋯⋯⋯⋯⋯⋯⋯⋯第 5 章第 5 節
明星大学人文学部常勤教授

窪 嘉代 （くぼ・かよ）⋯⋯⋯⋯⋯⋯⋯⋯⋯⋯⋯⋯⋯⋯⋯⋯⋯⋯⋯第 6 章第 14 節
熊本県菊陽町福祉生活部福祉課精神保健福祉士

小林 理 （こばやし・おさむ）⋯⋯⋯⋯⋯⋯⋯⋯⋯⋯⋯⋯⋯第 4 章第 4 節～第 6 節
東海大学健康学部准教授

佐竹 要平 （さたけ・ようへい）⋯⋯⋯⋯⋯⋯⋯⋯⋯⋯⋯⋯⋯⋯⋯⋯第 5 章第 6 節
日本社会事業大学通信教育科准教授

佐藤 まゆみ （さとう・まゆみ）・・第4章第1節〜第3節
淑徳大学短期大学部こども学科准教授

澁谷 昌史 （しぶや・まさし）・・第1章
関東学院大学社会学部教授

清水 冬樹 （しみず・ふゆき）・・第5章第7節
東北福祉大学総合福祉学部准教授

鈴木 昭子 （すずき・あきこ）・・第6章第4節
Mother&Child Group 母と子の関係を考える会ファシリテーター

鈴木 浩之 （すずき・ひろゆき）・・第6章第8節・第9節・第11節
立正大学社会福祉学部准教授

瀬戸本 むつみ （せともと・むつみ）・・・第6章第12節
東京都昭島市・あきる野市教育委員会スクールソーシャルワーカー

園田 巌 （そのだ・いわお）・・・・・・・・・・・・・・・・・・・・・・・・・第5章第3節・第12節、第6章第6節
東京都市大学人間科学部准教授

土屋 佳子 （つちや・よしこ）・・第5章第9節
日本社会事業大学社会福祉研修センター客員准教授

鶴 宏史 （つる・ひろふみ）・・第5章第1節
武庫川女子大学教育学部准教授

中板 育美 （なかいた・いくみ）・・・第5章第2節
武蔵野大学看護学部教授

中川 恵子 （なかがわ・けいこ）・・・第6章第10節
宮城県中央児童相談所所長

永野 咲 （ながの・さき）・・・第5章第11節
武蔵野大学人間科学部講師

中村 みどり （なかむら・みどり）・・第6章第15節
Children's Views&Voices 副代表

南野 奈津子 （みなみの・なつこ）・・第5章第8節
東洋大学ライフデザイン学部教授

宮島 清 （みやじま・きよし）・・・・・・・・・・・・・・・第2章第1節、第6章序節・第1節〜第3節・第5節・第7節
日本社会事業大学専門職大学院教授

吉永 惠子 （よしなが・けいこ）・・第6章第13節
埼玉県教育局県立学校部生徒指導課スクールソーシャルワーカー・スーパーバイザー

最新 社会福祉士養成講座

3　児童・家庭福祉

| 2021年2月1日 | 初 版 発 行 |
| 2024年2月1日 | 初版第4刷発行 |

編　集　　一般社団法人日本ソーシャルワーク教育学校連盟
発行者　　荘村明彦
発行所　　中央法規出版株式会社
　　　　　〒110-0016　東京都台東区台東3-29-1　中央法規ビル
　　　　　TEL 03（6387）3196
　　　　　https://www.chuohoki.co.jp/

印刷・製本　株式会社太洋社
本文デザイン　株式会社デジカル
装　　幀　株式会社デジカル
装　　画　酒井ヒロミツ